陈佩杰

博士，现任上海体育学院党委副书记、院长、教授、博士生导师，兼任国务院学位委员会第七届学科评议组（体育学）成员，全国高等学校体育教学指导委员会副主任委员，国际兴奋剂独立检测授权机构执委，国家体育总局全民健身指导专家委员会委员，教育部体育专业硕士教学指导委员会委员，中国体育科学学会理事，中国康复医学会理事，中国老年学和老年医学学会运动健康科学专业委员会主任委员，中国体育科学学会运动医学专业委员会副主任委员，中国体育科学学会运动生理生化专业委员会副主任委员，上海体育科学学会副理事长，上海康复医学会副会长，美国国家体育科学院外籍院士，*Journal of Sport and Health Science* (SCI/SSCI 期刊) 主编，《上海体育学院学报》主编，《体育科学》和《中国运动医学杂志》编委，国家自然科学基金委生命科学部、医学科学部专家评审组成员，*Plos One*、*Archives of Physical Medicine and Rehabilitation*、*European Journal of Physical and Rehabilitation Medcine*、*BMC Complementary and Alternative Medicine* 等多家 SCI 期刊的特约审稿专家。

长期从事运动医学研究，在运动性免疫抑制诊断与评价、“体医结合”运动康复、儿童青少年体质健康评估等领域有卓越贡献。主持国家自然科学基金面上项目 4 项，国家科技支撑计划 1 项，国家社会科学基金重大项目 1 项。已发表论文 300 余篇，以第一作者 / 通讯作者发表 SCI/SSCI 论文 45 篇（包括 *Lancet* 等），Q1 区论文占比 37.8%，主编教材及专著 10 部。先后获发明专利 8 项、国家科技进步奖二等奖 2 项、国家级教学成果奖一等奖 1 项、上海市科技进步奖一等奖 2 项及科技部科技奥运先进个人、教育部高校青年教师奖、上海市劳动模范、上海市优秀学术带头人等荣誉。

《中国儿童青少年体育健身发展报告（2016）》
编辑委员会

前言

Foreword

儿童青少年体质健康是中华民族保持旺盛生命力的基石，既关系到个体的健康成长，也关系到家庭的和谐幸福。我国政府历来十分重视儿童青少年的体质健康问题，颁布了一系列相关政策，为促进儿童青少年体质健康指明了方向。然而，我国儿童青少年体质健康水平依然不容乐观，与国家经济发展水平不相称。虽然，我国不断地修订《国家学生体质健康标准》，并投入大量人力、物力进行体质健康测试。但是，原有的测试评价体系侧重于结果评估，忽视了身体活动环境和行为的过程评估，这才导致对儿童青少年体质健康下降的认识处于“知其然而不知其所以然”的状态。以往的一系列政策不能落地生根产生实效，其原因是没有找出制约儿童青少年体质健康发展的关键问题。基于此，国家社会科学基金重大项目——《中国儿童青少年体育健身大数据平台建设研究》(项目编号：16ZDA227)课题组根据“2016年中国身体活动和体质健康调查——青少年研究”的数据撰写了本报告。这也是我国首次出版发行基于全国范围调研数据的儿童青少年体育健身及其相关环境、行为因素，并进行国际间比较的分析报告。

本报告有以下几个突出的特点：

第一，指标体系的突破性。1949年以来，我国儿童青少年体育健身的评估始终围绕着“促进儿童青少年积极参加体育锻炼和提高体质水平”而展开，尽管传统的儿童青少年体育健身评估体系不断丰富、测试项目不停更替，但始终存在着过程性评估指标的缺失、结果性评估的决策参考不全面、导向偏差、评估反馈机制不健全等问题。因此，本报告基于课题组研发的儿童青少年体育健身指数这一创新性评估指标体系，解决了在评估中存在的上述问题及面临的困境，在儿童青少年体育健身评估上有了重大突破。

第二，报告内容的全面性。除在第一章中对中国儿童青少年体育健身指数评估进行总报告之外，还逐个维度对中国儿童青少年体育健身环境(第二章)、中国儿童青少年体育健身行为(第三章)和中国儿童青少年体育健身效果(第四章)做了评估报告。国民经济和社会发展与儿童青少年的体育健身及其环境因素密切相关，因此，本报告将评价国民经济和社会发展的各指标对儿童青少年的体育健身指数指标体系进行相关分析(第五章)。此外，国际儿童青少年身体活动发展的动态(第六章)和儿童青少年身体活动发展水平的国际比较(第七章)结果也在本报告中得到呈现。报告内容做到了点面结合，中外对比的全面性。

第三，评估对象的代表性。本报告基于“2016年中国身体活动和体质健康调查——

青少年研究”数据，数据的采集采用多阶段分层抽样方法，范围包括31省、市、自治区及新疆建设兵团。每个省（市）按城乡和经济发展水平抽查8个市（区）、县，每个市（区）、县抽查2所小学，1所初中和1所初中，小学每个年级学生样本量至少为30人，初中和高中每个年级学生样本量至少为60人，男女比例对半，最终获取学生体质健康测试与学生及其家长问卷有效匹配数据为125 281对，以及来自960所学校体育教研组组长的有效调查问卷。评估对象涵盖全国，具有较好的代表性。

第四，结果分析的可比性。本报告的结果分析注重实现横向和纵向两方面的对比。在横向对比方面，指标体系在构建、选择、内容设置、计算方法上均充分考虑到我国不同区域间深度比较的需要。同时，为了实现国际间的比较，指标及结果分析中包含了大量国际常用的儿童青少年体育健身指标和算法，充分考虑到不同报告的需求。在纵向对比方面，评估数据平台建设与评估指标体系构建同步进行，为实现数据快速采集与纵向对比提供支持。同时，由于儿童青少年所处的家庭、学校、社会等环境因素会随着时间变化而不同，结果分析在项目、度量、权重等方面都可实现动态更新，为今后的纵向跟踪监测奠定基础。

第五，结论建议的指导性。本报告针对儿童青少年体育健身发展现状进行评估，不仅能够通过客观的数据多维度反映我国儿童青少年体育健身的水平，而且能够切中我国儿童青少年体育健身各指标体系的要害，为政府和相关部门干预学生体质健康和促进学生体育健身提供清晰的路径选择，为党和政府推动儿童青少年身心健康发展、促进儿童青少年体魄强健的决策过程提供有力的咨询。此外，报告内容以社会生态系统理论为基础，融合了制度、家庭、学校、社区和人际关系各个方面，为决策后的实践和干预提供技术支持和全面指导。

希望本报告能为我国儿童青少年体育健身测评和学校体育发展评估提供新的解决路径，同时也能为开展儿童青少年体质健康研究工作提供科学地测评工具和丰富的连续性数据。为提升我国青少年体质健康和身心全面发展，建设体育强国和健康中国做出贡献。

本报告在编写过程中得到了教育部、上海市教育委员会及全国各级教育主管部门、学校的大力支持和协助。同时，报告中参考、引用了一些学者的研究成果，在此一并表示衷心的感谢！

由于作者水平有限，加之时间仓促，书中不足之处在所难免，欢迎专家批评、指正。

主　编

2018年3月

目录

Contents

第四章　中国儿童青少年体育健身效果评估报告

第五章　中国国民经济和社会发展水平与儿童青少年体育健身发展

第六章　国际儿童青少年身体活动发展动态

第七章　儿童青少年身体活动发展水平的国际比较

第一章

中国儿童青少年体育健身指数评估总报告

健康是促进人类全面发展的必然要求，是人类生存、国家和社会发展的基本前提。党的十九大报告提出“实施健康中国战略”，少年强则国强，增强儿童青少年体质、增进儿童青少年健康对推进健康中国建设具有强烈的现实意义。体育健身是健康促进的主要手段，有利于儿童青少年生长发育、形成良好健康行为习惯。为积极促进儿童青少年参加体育健身、提高体质健康水平，我国相继制定与颁布了《关于加强青少年体育增强青少年体质的意见》（中发〔2007〕7号，以下简称“中央7号文件”）、《关于进一步加强学校体育工作的若干意见》（国办发〔2012〕53号，以下简称“国务院53号文件”）、《关于强化学校体育促进学生身心全面发展的意见》（国办发〔2016〕27号，以下简称“国务院27号文件”）等一系列文件。当前，在已颁布文件的基础上，有效执行政策、促使国家政策落地生根、产生实效是最主要的任务。控制论认为，“一切信息传递都是为了控制，进而任何控制又都有赖于信息反馈来实现”，为使国家政策执行做到有的放矢，首先需要对儿童青少年体育健身情况进行全面评估，掌握其发展状态，找出关键问题，明晰主要原因，唯有如此，才能为政府及有关部门制定相关政策和开展进一步的干预措施提供清晰路径和科学依据。

此外，“事物的发展是一个过程，一切事物只有经过一定的过程，才能实现自身的发展”，儿童青少年体育健身评估与儿童青少年体育健身发展相生相长，从当初物资匮乏到如今，我国儿童青少年参加体育健身的情况显现出不同的特点，与之相应的，儿童青少年体育健身评估也随之呈现出不同的时代特征。为保证研究的系统性，课题组首先对我国儿童青少年体育健身评估的历史变迁过程进行梳理，然后以此为基础构建并完善已有的评估指标体系，再应用完善后的评估指标体系对儿童青少年体育健身进行全面评估。本章内容由中国儿童青少年体育健身评估历史与变迁、评估方法、指数评估结果、评估现实意义与实际价值四部分构成。

一、中国儿童青少年体育健身评估历史与变迁

（一）儿童青少年体育健身评估历程

中华人民共和国成立以来，我国对儿童青少年体育健身的评估始终围绕着“促进儿童青少年积极参加体育锻炼和提高体质健康水平”而展开，依据时间和评估特征，可将其划分为初步形成阶段、单一维度多元评估早期阶段和单一维度多元评估改革阶段三个阶段。

1. 初步形成阶段（1950 ～ 1966年）

中华人民共和国成立初期，我国对儿童青少年体育健身评估主要以苏联“准备劳动与国防”制度为参考依据。1950年，为满足抗美援朝运动和军事干部学校的需求，我国多所学校开始有计划、有步骤地试行“准备劳动与国防”制度，试行取得了良好的效果，学校明确了体育锻炼方向，体育课开始有计划地教学①，学生的身体健康状况得到改善②。1951年，北京市在试行的基础上总结经验，制订出“北京市学生暑期体育锻炼标准”及其实施办法。1952年，中华全国体育总会成立，大会肯定了“体育锻炼标准”制度的优点和价值，正式把它列为贯彻开展群众性体育运动方针的具体办法之一。1954年，中央人民政府体育运动委员会同教育部等六部委《关于在中等以上学校中开展群众性体育运动的联合指示》中指出：“各学校中体育运动基础、师资、场地和领导条件较好者，还应有准备、有计划性地开展劳卫制预备级，以创造实行劳卫制的条件。”③1958年，《劳动卫国体育制度条例》（以下简称《劳卫制》）颁布，在13岁及以上青少年群体中广泛实行。

随着“体育锻炼标准”的试行和《劳卫制》的颁布，在以“增强学生体质”为主要指导思想时期，我国大范围内评价儿童青少年体育健身状况都是以是否达到《劳卫制》等级为标准。《劳卫制》项目测验标准形成了我国学生体质健康测试标准雏形，同时也标志着我国儿童青少年体育健身评估的初步形成。

2. 单一维度多元评估早期阶段（1975 ～ 2000年）

1971年，中美两国“乒乓球外交”打破了我国沉寂已久的体育事业，1966年被迫停止的《青少年体育锻炼标准》重新恢复，并在1973年改为《国家体育锻炼标准》继续试行④。随着改革开放政策的实施，我国体育事业发展也重新恢复，在1978年的全国体育工作会上强调体育部门要配合教育部门抓好学校体育，提高体育教学质量，开展以《国家体育锻炼标准》为主要内容的课外体育活动⑤。至此，国家对儿童青少年体育健身评估内容主要以《国家体育锻炼标准》为主。

此后，在1979 ～ 1989这十年期间，原国家体委会同国家教委等部门根据当时我国儿童青少年的实际达标能力和水平，先后三次对原《国家体育锻炼标准》的部分锻炼测试项目、测验方法、评分等级标准、各项目的基础线等进行适当地修改和修订，修订后的《国家体育锻炼标准》于1990年在全国正式施行⑥。此次修改按照学生年级和学段将学生分为儿童组（小学3 ～ 6年级，10 ～ 13岁）、少年乙组（初中，14 ～ 16岁）、少年甲组（高中，17 ～ 19岁）和成年组（大学或已毕业者，19岁以上），测试内容以身体素质和运动技能两个方面为主。

1987年，为应对学生体质水平下降，原国家教委制定了《中学生体育合格标准的试行办法》（以下简称《试行办法》）并在初中及以上学校进行试行。《试行办法》以法规的形式，规定了全面评价中学生体育成绩的内容，并把体育合格与否与学生的毕业要求和升学相挂钩⑦。经过四年的试行，1991年国家教委印发了《中学生体育合格标准实施办法》，要求身体正常的学生必须达到以下三项要求：① 体育课成绩及格；② 参加《国家体育锻炼标准》测试，每一单项达30分；③ 早操、课间操和课外体育活动的无故缺勤次数，一学年累计不得超过应出勤总次数的1/10；因病、事假的缺勤次数，一学年累计不得超过应出勤总次数的1/3⑧。1992年又颁布了《小学生体育合格标准实施办法》，评定内容由体育课成绩、《国家

---

① 孜明.我校半年来试行“劳卫”制的收获[J].新体育，1951（14）：20-21.
② 龚北.北京市第四中学试行“准备劳动与卫国”制度[J].新体育，1951（12）：18-19.
③ 关于在中等以上学校中开展群众性体育运动的联合指示[J].新体育，1954（43）：4.
④ 苏竞存.我国学校体育思想四十年的曲折发展[J].体育文史，1989（04）：4-7.
⑤ 专栏作者.高速度发展我国体育事业[J].新体育，1978（02）：4-6.
⑥ 陈孝平，郑洲，邱瑞兰.《国家体育锻炼标准》与《军人体育锻炼标准》的比较研究[J].解放军体育学院学报，1999（03）：30-37.
⑦ 陈建华.认真执行《中学生体育合格标准实施办法》[J].人民教育，1991（09）：43.
⑧ 中学生体育合格标准实施办法[J].人民教育，1991（09）：41-42.

体育锻炼标准》测试成绩和课外体育活动参与三部分组成，成绩占比分别为60%、30%和10%[①]。《中学生体育合格标准实施办法》与《小学生体育合格标准实施办法》（以下简称《学生体育合格标准》）对儿童青少年体育健身的评估兼顾了体育课和课外体育两个方面，同时还兼顾了对学习结果和学习过程的评价。

随着《国家体育锻炼标准》的进一步修改和《学生体育合格标准》的颁布，这一时期全国范围内儿童青少年体育健身评估由早期的单一方式转向了由两者组成的综合评估方式。评估过程从单纯的输入促进环节转向结果输出环节的监测，同时发挥着促进和监测的作用。从评估视角和内容来看，此时我国儿童青少年体育健身评估具有“单一维度多元内容”的特点，具体表现为以下两点。

（1）以“学校”为评估维度，侧重结果性评价：综合评估方式的评估维度限定于学校环境，以评价体育课教学效果和课外体育活动锻炼效果为主。

（2）评价内容多元化：综合评估方式中《国家体育锻炼标准》侧重于评价身体素质和运动技能两个方面，《学生体育合格标准》侧重于评价身体素质、运动技能和运动参与三个方面。

3. 单一维度多元评估改革阶段（2001年至今）

2001年，《关于基础教育改革与发展的决定》中强调要“加快构建符合素质教育要求的新的基础教育课程体系”，“贯彻‘健康第一’的思想，切实提高学生体质和健康水平”。为积极贯彻国家教育方针政策，教育部门通过改革体育基础课程、出台《体育与健康课程标准》、制定《学生体质健康标准》等路径来推进素质教育的发展。《体育与健康课程标准》从课程理念、课程目标、课程内容、课程评价等方面对体育课程进行了全方位的变革，将课程学习内容划分为运动参与、运动技能、身体健康、心理健康和社会适应五个学习领域，根据课程发展建立了新的评价体系。新的评价体系融合了多个先进的教育理念，对学生体育学习的评价由传统的目标评价转向主体评价和过程评价，重点突出评价主体和评价方法多元化、兼顾学习过程和学习结果。在评价方法上，强调定量评价与定性评价相结合、终结性评价与过程性评价相结合、绝对性评价与相对性评价相结合等。

此外，为应对当时持续下降的学生体质，教育部于2002年出台《学生体质健康标准》（试行方案），并于2004年在全国各级各类学校全面实施。《学生体质健康标准》在“健康第一”的指导思想下，从身体形态、身体机能和身体素质三个方面对学生体质健康水平进行综合评分，适用于全日制小学、初级中学、普通高中、中等职业学校和普通高校的在校学生。在试行5年后，教育部根据“中央7号文件”及学校体育改革与发展新的形势于2007年和2014年对《学生体质健康标准》进行了修订，修订后更名为《国家学生体质健康标准》。2014年，教育部又对《国家学生体质健康标准》进行进一步的修订。后者较前者在测试项目体系、评估指标体系、评分与评价方法等有关标准的结构和内容方面均有实质性的改变[②]，并提出将学生体育测试成绩与毕业、评优和升学相挂钩[③]。

伴随新世纪体育课程改革的逐步深入及《国家学生体质健康标准》监测体系的日趋完善，我国全国范围内儿童青少年体育健身评估步入“单一维度多元评估改革阶段”。主要特点有：① 评估范围仍局限于学校环境，但评估视角从以目标导向为主的效果评价转向过程评价和主体取向的评价；② 评估对象覆盖了小学一年级至大学的所有学生；③ 评估内容进一步丰富，包含身体形态、身体机能和身体素质三大方面；评估标准日渐客观合理，体质健康数据平台投入使用。

---

① 本刊记者. 国家教委颁发《小学生体育合格标准实施办法》[J]. 学校体育，1992(03)：4.

② 祁国鹰.《国家学生体质健康标准》的结构与内容解读[A]. 中国体育科学学会. 第八届全国体育科学大会论文摘要汇编（一）[C]. 中国体育科学学会：2007：1.

③ 《国家学生体质健康标准（2014年修订）》相关问题解答[J]. 广西教育，2014(40)：9.

（二）儿童青少年体育健身评估演进特征

1. 评估以时代需求为导向，以“增强体质、促进参加体育锻炼”为主线

儿童青少年体育健身评估指导思想以时代需求为导向，随着时代变迁呈现出“国家需求—集体需求—群体需求”的变化特点。20世纪50年代，我国体育健身评估指导思想以国家的国防建设需求为导向，表现出强烈的国家意志。70年代以后，我国国防充分巩固，政治环境得到了稳定，紧紧围绕经济建设成为时代主题，体育健身评估指导思想以社会需求为导向，表现出强烈的集体意志。进入21世纪，随着社会的发展，经济水平的提高，生活方式的改变，有效应对儿童青少年日益下降的体质健康水平成为新时代的主要任务，儿童青少年体育健身评估指导思想以群体需求为导向。

从1958年《劳卫制》提出“鼓励人民积极参加体育锻炼，促进体育运动的广泛开展，提高运动技术水平，使人民身强力壮，意志坚强”，到2014年《国家学生体质健康标准》提出“促进青少年身心健康、体魄强健、全面发展”，从1991年《学生体育合格标准》提出“促进学生认真上好体育课，积极参加〈国家体育锻炼标准〉的测验和课外体育活动，不断增强体质，增进身心健康，活跃课余文化生活”，到2001年《体育与健康课程标准》设立“运动参与、运动技能、身体健康、心理健康和社会适应”五个领域目标，历次儿童青少年体育健身评估都是紧紧围绕“增强体质、促进积极参加体育锻炼”主线而展开。与此同时，随着时代的变迁，评估目的也随着指导思想的变化呈现出不同特征。20世纪中期至20世纪末期，在竞技体育思想的影响下，“提高运动技术水平”是儿童青少年体育健身评估的主要目的之一；进入21世纪后，随着“素质教育”“终身体育”等理念的提出，“提高健康水平”“养成良好的锻炼习惯”“促进全面发展”成为儿童青少年体育健身评估的主要目的。

2. 评估指标体系内容不断丰富，测试项目更替幅度大

儿童青少年体育健身评估在初步形成阶段主要以《劳卫制》中的体操、身体素质和运动技能三个方面为主。其中身体素质指标包括速度（移动速度）、力量（爆发力、力量耐力）、耐力（有氧耐力）和灵敏（跳绳）四种身体素质，运动技能指标重点体现在国防训练领域（如手榴弹、射击）和竞技体育领域（如百十公尺低栏、跳高）。发展至多元评估早期阶段，《国家体育锻炼标准》在原有指标体系上删除了体操指标，同时《中小学学生体育合格标准》加设了运动参与的评估。在多元评估改革阶段，《体育与健康课程》则从以往的“三基”（基本知识、基本技术、基本技能）教学评估转向了运动参与、运动技能、身体健康、心理健康和社会适应五个领域的评估。《学生体质健康标准》删除了运动技能指标，加设了身体形态（身高、体重）、身体机能（肺活量）和柔韧素质（坐位体前屈）指标，2007年和2014年《国家学生体质健康标准》中“运动能力”指标又反复出现和删除。从整个变迁过程来看，儿童青少年体育健身评估指标体系的内容不断丰富，但同时也出现了指标设置反复增加和删减的现象。

由于评估指标体系指标增减的情况时常发生，不同时代儿童青少年体育健身评估的具体测试项目更替幅度很大，这种更替主要体现在数量、项目性质和选测项目替换方面。1954年《劳卫制》的测试项目繁多（共4类，20～32项），在实行过程中出现了问题，1958年便进行了大幅度删减（6类19项）。20世纪70年代后，我国儿童青少年体质普遍下降，1975年《国家体育锻炼标准》的测试项目又有所增设（6类24项）①，而在后续不断修订的过程中，测试项目又反复增设和删减。测试项目性质时常跟随时代需求而发生改变，例如，《劳卫制》时期的手榴弹、行军拉练指标，《国家体育锻炼标准》中的举重物指标，《学生体质健康标准》中的身高、体重、肺活量等指标随着时代的变迁而删除与增设。选测项目替换方

① 任弘．我国青少年体育锻炼标准的演变及特点［J］．中国青年研究，2016（06）：27-32.

面，由于同一类选测指标属性不同，实际执行过程中的“避重就轻”等问题[①]，选测项目指标不断发生变化，如台阶试验与800/1 000米选测项目。

3. 评估模式由“促进”转向“促进+监测”

我国儿童青少年体育健身评估初期主要发挥着促进功能，例如，1951年“体育锻炼标准”试行解决了学校体育“会什么教什么”“放羊式”等问题[②]，1955年全国有187所中等以上学校试行[③]，1956年全国有两百余万青少年参加劳卫制锻炼[④]，截至1965年，全国历年累计共有4 280万青少年达到《劳卫制》的各级标准[⑤]。1975年，《国家体育锻炼标准条例》的施行再次促进了体育教学改革、丰富了课外活动内容、促进了儿童青少年坚持参加体育锻炼以及提高了体育技术水平[⑥]。至1979年，我国对16个省、市、区1 210所大、中、小学校的18万名学生进行形态、技能和素质调查研究[⑦]后，儿童青少年体育健身评估由单纯的“促进”模式转向了“促进+监测”模式。1982～2014年，我国先后对《国家学生体质健康标准》进行了6次修订（修改）[⑧]，并于2002年在全国试行，形成规范的制度性调查机制，儿童青少年体育健身评估“促进+监测”模式得到不断发展。

（三）儿童青少年体育健身评估存在的不足

1. 评估指标体系不完善，过程性评估指标缺失

当前我国逐渐步入全民健身时代，尤其在“健康中国”战略提出以后，我国国民对健康的需求从“群体需求”转向了“个体需求”，儿童青少年亦是如此。与之相应的，儿童青少年体育健身评估目的也被赋予了新的社会含义。从评估的核心目的来看，儿童青少年体育健身评估不仅需要关注结果如何（体质的增强），还需要关注儿童青少年体育健身的过程如何（参加体育锻炼的方式和因素）。换句话说，儿童青少年体育健身评估指标体系既需要包括身体机能素质等结果性评价指标，也需要包括其所处体育健身生态环境和自身的体育健身行为等过程性评价指标。然而，从历次评估指标体系可以看出，评估儿童青少年体育健身的过程性评价指标严重欠缺。这种过程性评估指标的缺失，严重制约了儿童青少年参与体育健身的发展，具体表现为以下四点。

（1）限制了评估导向激励功能的实现，不利于调动儿童青少年参与体育健身的积极性。

（2）儿童青少年体育健身环境和健身行为过程评估被忽视，导致难以客观把握儿童青少年体质健康水平下降的原因。

（3）阻碍科学制定针对性的干预路径、方案和策略，难以从微观、中观和宏观三个层面进行调控与优化。

（4）不利于正确导向社会认知和正确归因，不利于动员全社会的力量。

2. 结果性评估存在决策参考不全面和导向偏差的问题

当前我国儿童青少年体育健身结果性评估存在决策参考不全面和导向偏差两个问题。

一方面，大规模决策导向评估模式认为“评价是关于方案、项目、服务或其他利益目标的优点和价

---

① 张一民.切实提高学生体质健康水平——《国家学生体质健康标准（2014年修订）》解读［J］.体育教学，2014（09）：5-10.

② 华东暨上海“体育锻炼标准”研究工作组.关于上海市中等以上学校推行“体育锻炼标准”若干问题的研究报告［J］.新体育，1953（31）：7-8.

③ 社论.努力做好中等以上学校推行劳卫制的工作［J］.新体育，1955，（53）：12-13.

④ 社论.劳卫制推行工作的几项原则［J］.新体育，1956，（17）：5-6.

⑤ 王荣辉.《国家体育锻炼标准》与《国家学生体质健康标准》的关系及演变［J］.青少年体育，2012（01）：104-105.

⑥ 郭学休.施行《国家体育锻炼标准》的好处［J］.新体育，1978（05）：41.

⑦ 卢元镇.新中国青少年体质的发展［J］.新体育，1984（10）：8-9.

⑧ 张洋，何玲.中国青少年体质健康状况动态分析——基于2000—2014年四次国民体质健康监测数据［J］.中国青年研究，2016（06）：5-12.

值的一种系统调查过程”，包括背景评价、输入评价、过程评价和结果评价四个方面[①]。但从历次评估指标可以看出，我国儿童青少年体育健身以身体素质达标结果评价为主，对于时代背景、环境支持、主体行为方式等系统的评价涉及较少，甚至处于缺失状态。因此，当前我国儿童青少年体育健身评估获取的信息很难多方位地为相关政府机构、学校、家庭、社区和儿童青少年个体提供全面的决策参考，更难为“社会—学校—家庭”深度融合的组织形式和长效机制的建立提供指导。

另一方面，进入21世纪，尽管《体育与健康课程》从运动参与、运动技能、身体健康、心理健康与社会适应四个方面设立了学习目标，但由于没有可操作化的评价标准，现实中常用《国家学生体质健康标准》中的身体健康来评估整个《体育与健康课程》的目标。这种片面化结果性评估引发社会导向偏差问题，例如，社会体质情节的泛滥，学校体育把体质上的“成功”等同于体育的成功，体质健康测试上报虚假数据（广东省2013年抽测数据与上报数据一致率为47.9%，2014年仅为26.2%等）[②~④]。而即便如此，评估身体健康的《国家学生体质健康标准》也存在着不少问题，如几经修订后出现了测试项目数量逐渐减少，测试项目内容日趋简单，及格标准逐年降低，其本身促进锻炼的功能弱化[⑤]等问题。

3. 评估反馈机制不健全

以《国家学生体质健康标准》为主的儿童青少年体育健身监测取得了很大的进步，但反馈环节仍然存在机制不健全的问题，具体表现在标准制定、标准测试和结果反馈三个方面。

（1）《国家学生体质健康标准》采用常模参照标准的思路制定标准，只能反映某一个体相对于学生群体的比较水平，而难以为学生提供具有个体特征的报告。

（2）学生体质健康测试反馈机制没有有效建立，不少地区和学校进行体质健康测试后没有把结果及时反馈给学生和家长，学生不了解自身体质状况，家长也无法了解孩子体质情况[⑥]。

（3）终结性的结果反馈，难以对未来儿童青少年体育健身起到长久的促进和干预作用。由于反馈机制的不健全，儿童青少年体育健身政策在制定过程中缺少社会、家庭、儿童青少年等参与主体，导致政府决策存在偏差、政策制定不完善[⑦]，难以进一步干预和改善儿童青少年体育健身状况。

（四）儿童青少年体育健身评估经验小结

从上可以看出，依据时间和评估特征划分，中华人民共和国成立以来，我国儿童青少年体育健身评估经历了初步形成阶段、单一维度多元评估早期阶段和单一维度多元评估改革阶段三个阶段。纵向梳理发现我国儿童青少年体育健身评估具有以时代需求为导向、以“增强体质、促进参加体育锻炼”为主线、评估指标体系内容不断丰富、评估模式由“促进”转向“促进+监测”等特征。同时也存在过程性评估指标缺失，结果性评估决策参考不全面，评估反馈机制不健全等方面的不足。基于已有经验，面向未来，我国儿童青少年体育健身评估需要做到拓宽评估维度，强化行为评估，完善结果评估和健全评估反馈机制。

---

① 肖远军.CIPP教育评价模式探析[J].教育科学，2003（03）：42-45.

② 白莉莉，冯晓露.立足体育本质，反思当代学校体育误区——熊晓正教授学术访谈录[J].体育学刊，2016（02）：1-4.

③ 黄爱峰，王健.学校体育发展的10大问题省思[J].北京体育大学学报，2015（02）：95-99.

④ 徐荥，蒲毕文，徐焰.《国家学生体质健康标准（2014年修订）》实施制约因素的调查与分析[J].体育学刊，2015（05）：121-123.

⑤ 任弘.我国青少年体育锻炼标准的演变及特点[J].中国青年研究，2016（06）：27-32.

⑥ 蒋立兵，李永安.青少年体质问题致因分析与健康促进协同机制研究[J].中国青年研究，2016（06）：13-19.

⑦ 秦婕.基于政策视角下的青少年体质健康促进研究[J].西安体育学院学报，2015（01）：71-74.

二、中国儿童青少年体育健身评估方法

（一）儿童青少年体育健身评估指标体系构建理论基础

儿童青少年体育健身评估指标体系构建以CIPP评估模式和社会生态系统理论为基础。

1. CIPP评估模式

CIPP评估模式，由美国教育评估专家Stufflebeam提出，他认为："评估监测的最终目的不在于证明，而在于改进。"CIPP评估模式包括背景评估（context evaluation）、输入评估（input evaluation）、过程评估（process evaluation）和结果评估（product evaluation）四种评估①。同时，CIPP评估模式整合了诊断性评估、形成性评估和终结性评估，突出了评估的发展性功能②。

CIPP评估模式的特点有：① CIPP评估模式通过将四种评估结合起来加以综合评判，具有很强的针对性、政策性和前瞻性，适宜政策制定服务；② CIPP评估模式对事物的评估是一个长期的过程，兼顾计划、组织、实施和再循环四方面决策类型，具有全程性特点；③ CIPP评估模式以形成性评估思想和改进导向的功能定位为主要特征，注重过程评估和过程改进；④ CIPP评估模式整合了诊断性评估、形成性评估和终结性评估，评估策略灵活，可操作性强；⑤ 评估方法上兼顾对描述性资料与判断性资料的收集与运用，提高了评估的认知度和可行度；⑥ 适用于大规模方案，需要有各类信息源的配合、充裕的经费及科学的分析技术，适用于制度化的持续性评估。

研究中借鉴CIPP评估模式构建儿童青少年体育健身评估指标体系的适切性主要体现在以下四点。

（1）影响儿童青少年体育健身的因素纷繁复杂，涉及政府、学校、家庭、社区、儿童青少年个体等多个利益相关主体。儿童青少年体育健身指标体系旨在综合评估多方面因素，明晰不同因素对儿童青少年体育健身的影响，从而积极寻求解决方案。借鉴CIPP评估模式，可以为多个政府部门制定针对性的发展对策服务。

（2）儿童青少年体育健身评估需要兼顾过程评估和结果评估。当前，随着中国经济的高速发展、生活方式的改变，影响儿童青少年体育健身的因素日益复杂。在新的历史发展背景下，以单纯的体质健康测试为主的结果评估受到了极大的挑战。从时代需求和国家促进儿童青少年体育健身发展要求来看，我国儿童青少年体育健身过程评估亟待完善。

（3）儿童青少年体育健身生态网络一直处于动态变化状态，对儿童青少年体育健身进行评估需要立足于全过程，才能使理论紧密联系于实践，确保儿童青少年体育健身评估指标体系的实用性。CIPP评估模式兼顾计划、组织、实施和再循环四方面决策类型，立足于事物发展的全过程评估方式为本研究提供了指导。

（4）儿童青少年体育健身评估工作依托于教育部门，评估对象为在校中小学生，应用范围广泛，信息资源丰富、资金支持充裕和构建技术科学，这些都为研究中借鉴与应用CIPP评估模式提供了肥沃的孕育土壤。

综合CIPP评估模式特点和对本研究的适切性，本研究从体育健身环境、体育健身行为和体育健身效果三个维度，立足于儿童青少年体育健身发展全过程构建评估指标体系。

---

① 高书国.教育指标体系——大数据时代的战略工具［M］.北京：北京师范大学出版社，2015：44.

② 肖远军.CIPP教育评价模式探析［J］.教育科学，2003（03）：42-45.

2. 社会生态系统理论

在现代科学相互交叉与综合发展的过程中，生态学与各门科学的融合渗透尤为突出，在经历从全球生物圈到社会智慧圈、自然生态系统到社会生态系统、“生态主人”到“生态系人”、自然生态研究到社会生态研究、自然生态学到社会生态学五大转变与过渡以后，社会生态系统整体得到了不断优化和进一步完善[①]。在社会生态系统发展的基础上，与健康促进相关的社会生态学模式也得到了发展，主要代表人物有Stokols、Mcleroy、Sallis、Emmons等。

社会生态系统理论把人类成长生存于其中的社会环境（如家庭、机构、团体、社区等）看作是一种社会性的生态系统，强调生态环境（人的生存系统）对于分析和理解人类行为的重要性，注重人与环境间各系统的相互作用及其对人类行为的重大影响[②]。社会生态学模型在体育运动领域的运用可以分为三要素说、四维度观和五层次论，三要素说认为倾向性因素、促成性因素和强化性因素是影响行为的三大因素；四维度观即微观系统维度、中间系统维度、外围系统维度和宏观系统维度；五层次论指个体层面、人际间水平、机构层面、社区层面和公共政策层面[③]。社会生态学模式下不同层次的许多因素都可能同时并相互影响个人的健康行为，主要表现在：① 行为影响的多维性；② 维度之间的相互作用；③ 环境影响的多层次性；④ 直接影响行为的环境；⑤ 特定行为的生态模式[④]。

本研究借鉴社会生态系统理论构建儿童青少年体育健身环境维度指标的适切性主要体现在：① 儿童青少年是社会中的人，在成长过程中受到多个环境的影响，并且每个成长环境都会对其体育健身行为和效果产生特定的影响；② 不同影响环境具有多层次性，如家庭和同伴是影响儿童青少年成长的微系统，制度环境是宏观影响系统；③ 多个环境既可以直接影响儿童青少年体育健身行为及效果，也可通过交互作用共同产生影响，如家庭、学校和社区环境共同作用于儿童青少年体育健身行为及效果。

综合社会生态系统理论特点和对本研究的适切性，本研究从与儿童青少年成长密切相关的家庭环境、学校环境、社区环境、人际环境和制度环境五个方面构建儿童青少年体育健身环境维度指标，以便深入了解不同环境对儿童青少年体育健身的影响机制，以及不同环境之间对儿童青少年体育健身的交互影响机制。

（二）儿童青少年体育健身评估指标体系构建的国际借鉴

通过对国际儿童青少年体育健身评估相关文献的梳理，并与国际组织展开深度交流，课题组在研究中主要借鉴国际活力健康儿童全球联盟（Active Healthy Kids Global Alliance, AHKGA）评估经验。AHKGA成立于2014年，是一个汇集世界各地研究者、健康专家和利益相关者为促进儿童青少年身体活动发展共同工作的联盟[⑤]。其主要目的是联合世界各国共同应对儿童青少年身体活动不足的危机，通过客观评估儿童青少年身体活动发展现状，积极寻求问题解决方案，最终促进儿童青少年健康发展。AHKGA儿童青少年身体活动评估指标体系主要由5个行为指标（身体活动水平、组织化体育运动参与、自主活动、积极的交通方式和静态行为）和4个关键影响指标（家庭和同伴、学校、社区和建成环境、政府策略和投资）构成，不同指标由一个或多个观测点组成[⑥]，具有科学性、全面性、易行性和可比性四个显著特点。

---

① 叶峻.从自然生态学到社会生态学［J］.西安交通大学学报（社会科学版），2006（03）：49-54+62.

② 胡国鹏，冯魏，郭宇刚等.社会生态学理论观照下体力活动促进研究的历史、现在与未来［J］.首都体育学院学报，2015（04）：367-370.

③ 杨剑，邱茜，季浏.锻炼行为生态学模型及其在体育领域的应用［J］.武汉体育学院学报，2014（10）：75-81.

④ 朱为模.从进化论、社会—生态学角度谈环境、步行与健康［J］.体育科研，2009（05）：12-16.

⑤ Active Healthy Kids Global Alliance. http://www.activehealthykids.org/about［2017-09-08］.

⑥ 张加林，唐炎，胡月英.加拿大儿童、青少年身体活动评价的经验与启示［J］.体育科学，2015，35（09）：90-96.

（1）科学性：该指标体系以已有科学研究成果为基础，具有充足的支撑证据。同时，指标体系构建过程中广泛征询儿童青少年身体活动领域专家和实践专家的意见，经过严格的德尔菲法程序遴选指标。

（2）全面性：AHKGA将儿童青少年置于社会环境中，其评估指标体系不仅考虑到儿童青少年自身行为对身体活动水平的影响，同时充分考虑到社会环境对其身体活动水平的影响，拓宽了评估范围。

（3）易行性：简单易行的百分比评价方式为各个国家顺利发布报告创造了有利的条件。

（4）可比性：由于评价指标和评价方式相对固定，不同国家可实现跨国横向对比。

以上AHKGA宝贵的评估经验为我国构建儿童青少年体育健身评估指标体系提供了诸多有益参考。

（三）儿童青少年体育健身评估指标体系构建原则

1. 科学性原则

科学性原则始终贯穿儿童青少年体育健身评估指标体系整个构建过程：首先，从已有大量文献中筛选指标，保证指标具有科学性和客观性；其次，注重理论和实践相结合，通过多次召开专题会议和专家咨询活动，反复论证所构建的评估指标体系与实际的契合程度，确保儿童青少年体育健身评估指标体系的全面性和实用性。最后，在指标筛选、专家选择、权重确定等环节采用严格的方法程序，为充分实现儿童青少年体育健身评估指标体系的实践价值和理论价值提供保障。

2. 可操作性原则

为实现儿童青少年体育健身评估指标体系评估功能，遵循着可操作性原则：第一，儿童青少年体育健身评估指标体系结合当前中国儿童青少年体育健身发展的实际情况来构建，选取的指标简单明确，数量适当，标准适宜；第二，评估指标具有可测性，充分考虑了被调查者能否恰当的理解和领会指标指示意图，保证数据有效采集；第三，确保指标统计口径及计算方法的一致，便于实现量化和对比。

3. 可比性原则

儿童青少年体育健身评估指标体系注重实现横向和纵向两个方面的对比。

（1）横向对比：儿童青少年体育健身评估指标体系在构建、选择、内容设置、计算方法上均充分考虑到了我国不同区域间深度比较的需要。同时，为实现国际比较，课题组认真研究了AHKGA指标体系的构成及评价标准，充分考虑到不同报告的需求。

（2）纵向对比：儿童青少年体育健身评估数据平台建设与儿童青少年体育健身评估指标体系构建同步进行，为实现数据快速采集与纵向对比提供支持。同时，由于儿童青少年所处的家庭、学校、社会等网络内部元素会随着时间变化而不同，儿童青少年体育健身评估指标体系所选择的指标在项目、度量、权重等方面都可实现动态更新，为今后的纵向跟踪监测奠定基础。

（四）儿童青少年体育健身评估指标体系构建程序

如图1-1所示，儿童青少年体育健身评估指标体系构建是一项系统工程，主要通过五个步骤完成：① 通过已有文献、国际借鉴和定性定量多重论证筛选指标形成指标库；② 基于CIPP评估模式和社会生态系统理论，初步构建儿童青少年体育健身评估指标体系；③ 通过3轮专家咨询和多重论证，确定评估指标体系及获取指标权重；④ 通过调研获取数据，运用评估指标体系对我国儿童青少年体育健身现状进行评估与诊断；⑤ 基于已获取数据，运用数理统计方法验证理论模型的科学性与合理性。

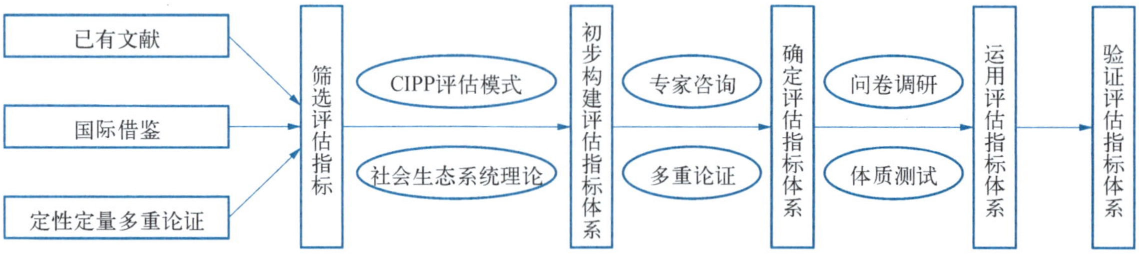

图1-1 儿童青少年体育健身评估指标体系构建程序

1. 筛选评估指标

由于影响儿童青少年体育健身因素纷繁复杂、相互交错，课题组从以下三个方面进行指标筛选：① 阅读大量国内外相关文献，通过利用Citespace Ⅲ 软件，实现中国知网（China National Knowledge Infrastructure, CNKI）和Web of Science等文献检索网站可视化分析功能，初步筛选出影响儿童青少年体育健身主要因素指标；② 认真研究和借鉴国外儿童青少年身体活动评估指标、观测点及评价标准；③ 采用头脑风暴、专题会议、专家论证等方法对评估指标筛选，评估指标内容选择，评估标准确定等进行多轮论证。最后，通过三条路径的同步进行指标筛选，形成指标库。

2. 构建评估指标体系

基于已有指标库，结合CIPP评估模式和社会生态系统理论的指导，初步构建出儿童青少年体育健身评估指标体系。为了充分论证评估指标体系的合理性，课题组从2013年至2015年先后召开多次专题会议、非正式会议及校外专家论证等活动。专题会议的主要内容为：① 讨论、论证初步构建的评估指标体系主要维度、指标和观测点；② 研究、讨论AHKGA儿童青少年身体活动评估指标体系；③ 讨论调查问卷的编制及数据采集等细节问题；④ 讨论儿童青少年体育健身数据库平台建设相关事宜。校外专家论证主要围绕儿童青少年体育健身评估指标体系构建的合理性、全面性、简洁性、客观性和核心性，数据的采集来源、保留、利用和动态跟踪等内容展开讨论。由此，在历时两年反复论证的基础上，课题组进一步完善和优化了儿童青少年体育健身评估指标体系。

3. 确定评估指标体系

在已构建的儿童青少年体育健身评估指标体系基础上，运用德尔菲法在全国范围内遴选咨询专家，并进行三轮专家咨询工作，确定最终评估指标体系和获取指标权重。

专家咨询工作的首要环节为选取咨询专家，选取的客观性、权威性和代表性直接关乎咨询结果的可靠性。为此，课题组运用CiteSpaceIII软件对“儿童青少年身体活动”和“学校体育”两个领域已有文献进行分析，遴选专家形成专家咨询库。然后，结合近五年专家研究方向等因素，确定最终专家名单。经过分析和综合考虑，最终选取“儿童青少年身体活动”领域13名和“学校体育”领域16名共29名全国专家作为咨询对象。之后，根据需求开展三轮专家咨询工作，且每轮都有不同主要目的。

（1）第一轮主要目的：请专家对初步构建的评估指标体系各级指标进行筛选，并推荐其他相关指标。

（2）第二轮主要目的：请专家再次对修订后的评估指标体系各级指标进行筛选，并对一至三级指标进行打分（采用A1+A2+A3=10方式）。结合两轮指标筛选和指标权重的平均值、变异系数等参数，确定最终儿童青少年体育健身评估指标体系。

（3）第三轮主要目的：采用层次分析法对同一级中的不同指标进行一一比较，获取各个指标的权重。

最终，经过三轮专家咨询工作后，我国儿童青少年体育健身评估指标体系由体育健身环境、体育健身行为和体育健身效果3个一级指标，10个二级指标（高中11个）和20个三级指标（高中21个）构成，具体指标及权重如表1-1所示。

表1-1　中国儿童青少年体育健身评估指标体系的构成及权重

一级指标	权　重	二 级 指 标		权　重	三 级 指 标	权　重
健身环境	23.8%	制度环境		21.0%	政策执行情况	49.7%
					部门协同情况	32.7%
					政策社会知晓情况	17.6%
		学校环境		32.7%	学校领导重视	30.7%
					场地器材情况	16.8%
					体育师资情况	15.2%
					体育时间保障	24.6%
					学校体育氛围	12.6%
		家庭环境		25.8%	家长主观支持	41.0%
					家长客观表率	59.0%
		社区环境		10.4%	社区体育设施	38.1%
					社区体育组织	30.2%
					社区体育活动	31.7%
		人际环境		10.1%	同伴支持	/
健身行为	46.6%	身体活动方式		42.3%	体育课	28.8%
					组织化体育锻炼	27.8%
					课外体育训练	17.5%
					自主性课外锻炼	25.9%
		静态行为方式		14.8%	前一周静态行为时间	/
		身体活动水平		42.9%	前一周身体活动水平	/
健身效果	29.6%	小学	健身意识	49.9%	体育健身意愿	/
		初中	体质健康水平	50.1%	体质健康水平达标情况	/
		高中	健身意识	34.8%	体育健身意愿	/
			运动技能	35.1%	掌握的运动技能	/
			体质健康水平	30.1%	体质健康水平达标情况	/

（五）儿童青少年体育健身评估指标体系验证

1. 数据采集

本研究数据采集分为儿童青少年体育健身问卷数据采集和学生体质健康测试数据采集两部分。第一部分工作由上海体育学院上海市学生体质健康研究中心培训的32支队伍负责完成，第二部分工作由全国32所高校体质健康测试队伍负责完成。儿童青少年体育健身的调研部分，以小学四年级至高中三年级学生、学生家长和体育教师为调查对象，发放相应的学生问卷、家长问卷和教师问卷。为确保调查问卷的有效性和可靠性，课题小组对调查问卷进行了效度和信度检验。问卷终稿经50位专家对效度进行评分，家长问卷和学生问卷平均得分分别为98分和96分，家长问卷和学生问卷的同一份问卷的两次回答的组内相关系数平均值分别为0.49和0.47*。体质健康测试部分，按照《国家学生体质健康标准》技术规范，对小学四年级至高中三年级学生分别进行不同项目的测试。

数据采集采用多阶分层抽样方法，对31个省市自治区及新疆兵团每个省（市）抽查8个市（区），每个区（县）抽查2所小学、1所初中和1所高中，小学每个年级学生样本量至少为30人，初中和高中每个年级学生样本量至少为60人，男女生比例为1 ∶ 1。问卷统一由经过培训的调研人员发放，学生问卷和

* 组内相关系数（ICC）是衡量和评价观察者间信度和复测信度的信度系数之一，适用于定量资料和分类资料信度检验。1966年，Bartko最先使用ICC测量和评价信度的大小；1977年，Landis和Koch将ICC值划分为五个等级，分别为0 ～ 0.20差（poor）、0.21 ～ 0.40一般（fair）、0.41 ～ 0.60中等（moderate）、0.61 ～ 0.80较好（substantial）、0.81 ～ 1很好（almost perfect）。因此，本研究中的学生问卷和家长问卷重复测量系数分别为0.47和0.49，处于中等水平。

教师问卷当场填写当场回收，家长问卷由学生带回由家长填写，由学校负责人统一回收。问卷填写采用网络填写和纸质版填写两种方式，体质健康测试数据由现场测试后进行采集。体育健身问卷调研和体质健康测试对象一一对应，两部分工作于2016年10～11月份同步完成，最终获取全国学生体质健康测试数据与学生问卷、家长问卷有效匹配数据为125 281对，体育教师有效问卷为960份。

2. 中国儿童青少年体育健身指数计算流程及方法

数据采集完成后，根据评估指标体系构成，采用如图1-2所示的流程图计算指数，即先求出观测点得分，然后依据专家问卷确定的权重，用下层指标得分乘以上层指标权重得到上层指标得分，依此类推，直至计算出总指数。指数得分采用百分制方式呈现，各级指标最低分为0分，最高分为100分。

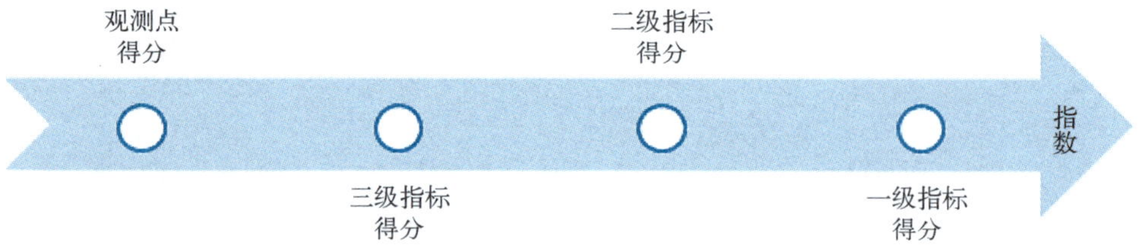

图1-2　儿童青少年体育健身指数计算流程

由于问卷题目的选项不尽相同，数据取值标准不一，指数计算过程中观测点得分计算较难处理。本研究中的观测点得分涉及四种类型赋值问题，处理方法如下。

（1）选项为等级类的，采用等级赋值。例如，“您对《国家学生体质健康标准》的了解情况是（ ）？”包含“非常了解、比较了解、一般、不太了解、很不了解”五个选项，依次赋值为5、4、3、2、1。

（2）选项为是否类的，采用百分比取值。例如：“学校学生体质健康测试仪器配备是否齐全？”包含“是、否”两个选项，取“是”选项的比例。

（3）选项为等级类，但具有明确取值标准的，采用百分比取值。例如，“在过去一周中，周一至周五你参加中高强度身体活动每天累积至少60分钟的天数是（ ）？”选项为“0、1、2、3、4、5”；“在过去一周中，周六和周日你参加中高强度身体活动每天累积至少60分钟的天数是（ ）？”，选项为“0、1、2”，取两题之和获取7天的比例，即达到每天至少60分钟中高强度身体活动国际推荐量的比例。

（4）体质健康测试中不同年级包含不同的测试项目，按照《国家学生体质健康测试标准》中的权重计算总分，最终取总分大于等于60分的百分比。

3. 不同学段中国儿童青少年体育健身评估指标体系验证

根据已构建的儿童青少年体育健身评估指标体系绘制模型验证图，如图1-3和图1-4所示，小学和初中模型验证图由4个潜在变量、10个观察变量构成；高中模型验证图由4个潜在变量、11个观察变量构成。为全面验证实测数据与儿童青少年体育健身评估指标体系模型的拟合情况和模型的稳健性，本研究在全国数据库中随机抽取每个省10%的有效关联数据（共952所学校，样本量为12 405个），运用SEM二阶验证性因素分析（采用极大似然法）对不同学段理论模型进行验证。

从表1-2可以看出，不同学段中国儿童青少年体育健身评估模型路径回归系数均达到0.01的显著水平，说明各个观察变量能够有效反映所测量的潜在变量，具有良好的效度。“健身环境”“健身行为”“健身效果”三个一级指标标准化路径系数均在0.70以上，能够很好地反映“体育健身”要测得的概念特质。通过计算，小学、初中、高中“体育健身”组合信度分别为0.943、0.903、0.936，平均变异量抽取值分别为0.847、0.758、0.830，说明体育健身评估指标体系构建具有良好的信度。同时，经过计算发现“体育健身”和13个指标（高中14个）测量误差值均为正数且达到0.05显著水平（高中e14除外），小学、初中、高中变异量标准误估计值分别介于0.003～0.035、0.003～0.044、0.003～0.022，表明无模型界定错误。从整体上来看，不同学段儿童青少年体育健身评估模型内在结构适配度较佳，模型基本适配度良好。

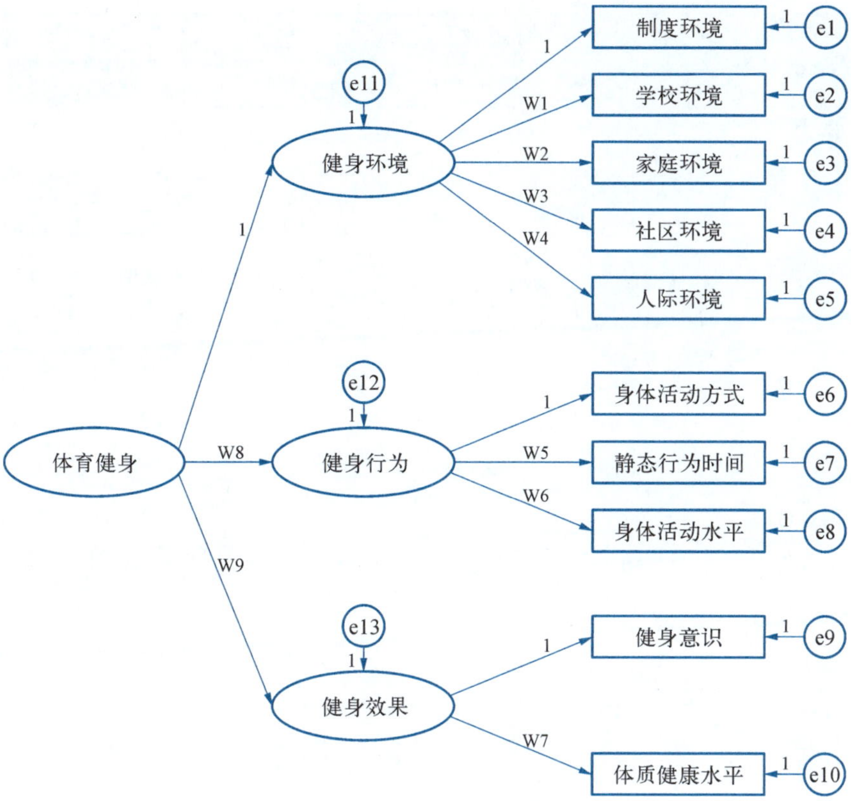

图1-3　中国儿童青少年体育健身评估指标体系模型验证图（小学、初中）

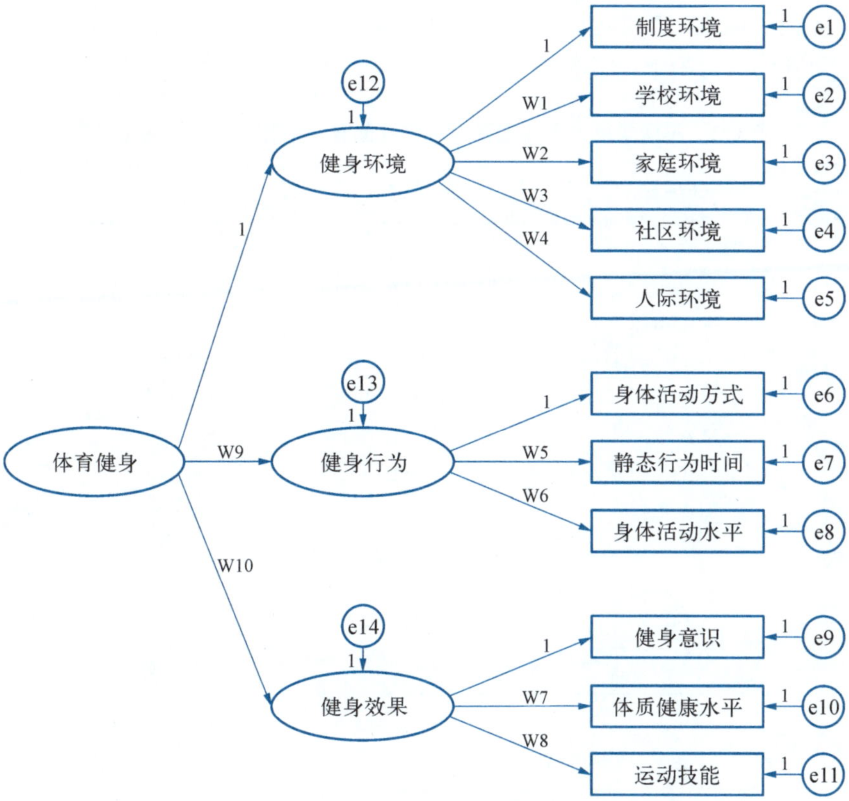

图1-4　中国儿童青少年体育健身评估指标体系模型验证图（高中）

表 1-2　不同学段中国儿童青少年体育健身评估模型未标准化和标准化回归系数

	未标准化系数			标准化系数		
	小　学	初　中	高　中	小　学	初　中	高　中
健身环境←体育健身	1	1	1	0.945	0.840	0.810
健身行为←体育健身	2.084***	2.740***	3.512***	0.946	0.951	0.958
健身效果←体育健身	2.034***	2.611***	3.060***	0.868	0.814	0.957
制度环境←健身环境	1	1	1	0.309	0.238	0.216
学校环境←健身环境	1.153***	1.184***	1.122***	0.344	0.290	0.250
家庭环境←健身环境	1.144***	1.616***	1.919***	0.354	0.399	0.403
社区环境←健身环境	2.258***	2.331***	2.375***	0.637	0.578	0.545
人际环境←健身环境	1.986***	2.575***	3.047***	0.578	0.650	0.659
身体活动方式←健身行为	1	1	1	0.615	0.653	0.664
静态行为时间←健身行为	−0.320***	−0.170***	−0.080**	−0.20	−0.09	−0.06
身体活动水平←健身行为	1.006***	1.091***	1.107***	0.611	0.694	0.716
健身意识←健身效果	1	1	1	0.610	0.673	0.613
体质健康水平←健身效果	0.502***	0.402***	0.401***	0.334	0.257	0.241
运动技能←健身效果	/	/	0.777***	/	/	0.412

注： ***代表 $p<0.001$，**代表 $p<0.01$，*代表 $p<0.05$，下同。

从表 1-3 可以看出，整体模型适配度检验中绝对适配度指数、简约适配度指数与增值适配度指标参数均达到模型可接受的标准，表明儿童青少年体育健身评估指标体系理论构建的模型与实测数据可以契合，整体模型适配度良好，模型的外在质量佳。

表 1-3　不同学段中国儿童青少年体育健身评估整体模型拟合参数①

统计检验量	适配标准	小　学	初　中	高　中
绝对适配度指数				
CMIN/DF 值	＜5	3.347	3.952	4.901
GFI 值	＞0.90 以上	0.996	0.994	0.992
AGFI 值	＞0.90 以上	0.992	0.989	0.986
RMSEA 值	＜0.08	0.023	0.027	0.031
简约适配度指数				
PNFI 值	＞0.50 以上	0.592	0.632	0.656
PGFI 值	＞0.50 以上	0.489	0.524	0.556
增值适配度指数				
NFI 值	＞0.90 以上	0.986	0.981	0.975
CFI 值	＞0.90 以上	0.990	0.986	0.980
IFI 值	＞0.90 以上	0.990	0.986	0.980

① 吴明隆. 结构方程模型——AMOS 的操作与应用（第 2 版）[M]. 重庆：重庆大学出版社，2010，52.

综观上述分析，小学、初中、高中三个学段的中国儿童青少年体育健身评估指标体系理论模型和实测数据得到良好拟合，模型内外质量均通过检验，说明中国儿童青少年体育健身评估指标体系构建合理。

三、中国儿童青少年体育健身指数评估结果

（一）儿童青少年体育健身指数总体得分情况

如图1-5所示，我国儿童青少年体育健身情况不容乐观。按满分100分的指数总分，全国各省市中指数得分最高为67.6分，最低为52.2分，总平均分仅为59.2分，尚不及格。各一级指标中，“健身环境”全国平均分72.1分，“健身行为”全国平均得分仅40.8分，“健身效果”全国平均得分77.9分，“健身行为”是当前我国儿童青少年体育锻炼中最为薄弱的环节，离及格线尚有较大差距，“健身效果”发展情况相对较好。

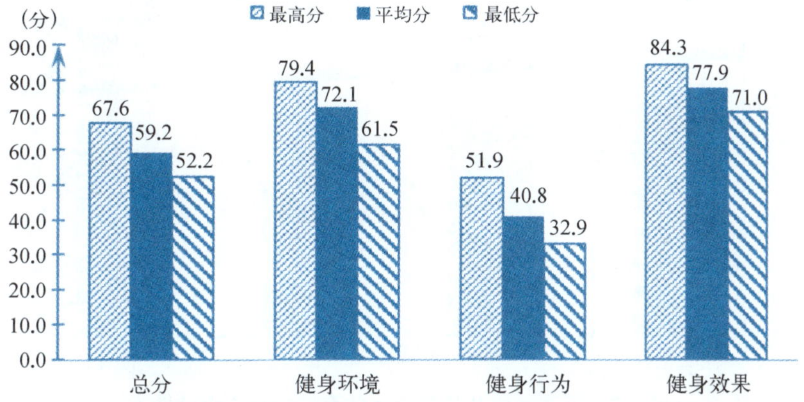

图1-5　中国儿童青少年体育健身指数总体得分情况

从以上得分可以看出：①“健身行为”的低水平是当前中国儿童青少年体育健身发展中最为薄弱的环节；②我国儿童青少年体育健身事业发展呈现出“健身效果”与“支撑条件”倒挂现象；③该倒挂现象表明，目前我国儿童青少年体质健康水平促进的基础不扎实，可持续发展的前景堪忧。

（二）不同性别儿童青少年体育健身指数得分情况

如图1-6所示，男生的指数总分59.9分，女生的指数总分58.8分，男生略高于女生；一级指标中男、女生则各有优劣，男生在“健身环境”方面低于女生，在“健身行为”和“健身效果”方面都高于女生，尤其是“健身效果”的得分高于女生近2分。这说明，女生在“健身环境”上较男生具有一定优势，但未能将这种优势有效地转换为“健身行为”或“健身效果”，从而使女生的指数总分低于男生。

（三）不同学段、不同年级儿童青少年体育健身指数得分情况

如图1-7所示，不同学段儿童青少年体育健身指数总分及各一级指标的得分，都呈现出明显的随学段的递增而下降的趋势。在小学学段，指数总分尚能保持在64.0分的及格线之上，而至初中、高中学段则出现明显下降，从而使最终指数总分的平均值仅为59.2分，尚不及格；各一级指标中，“健身行为”下降幅度最明显，高中学段得分仅为35.2分，降幅达到24.8%。

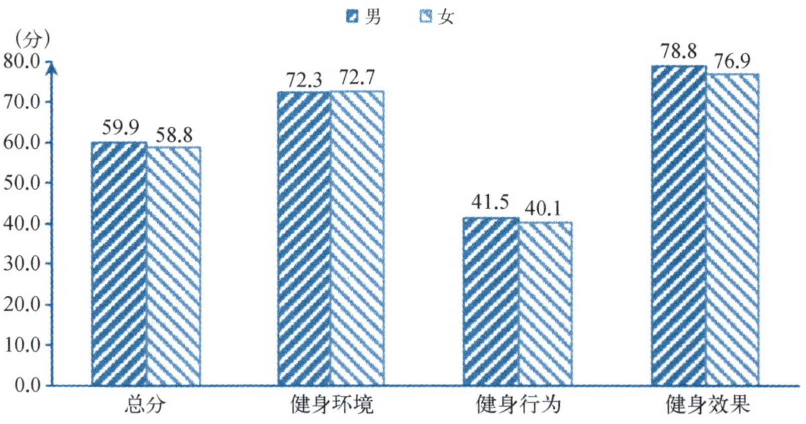

图1-6　不同性别儿童青少年体育健身指数得分情况

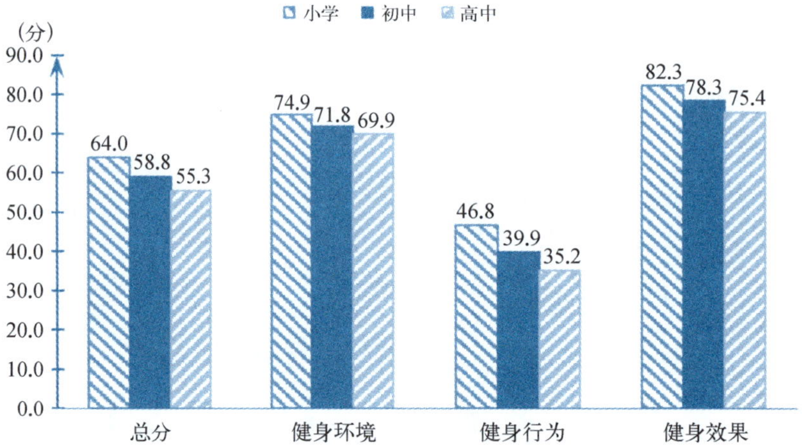

图1-7　不同学段儿童青少年体育健身指数得分情况

根据图1-8中各年级得分情况可以看出，各年级指数总分及各一级指标的得分，整体上大致呈现随年级升高而下降的趋势。细观各项数据可发现以下两个特点。

（1）在初中学段，“健身效果”的得分呈现随年级升高而增长的特殊情况，在该一级指标的影响下，指数总分也随年级升高而小幅增长。参考该指标的构成及年级的特殊性，该情况应与体育被纳入中考必考科目的政策有关，自初一年级开始，学生就会为体育中考的各个项目进行学习和

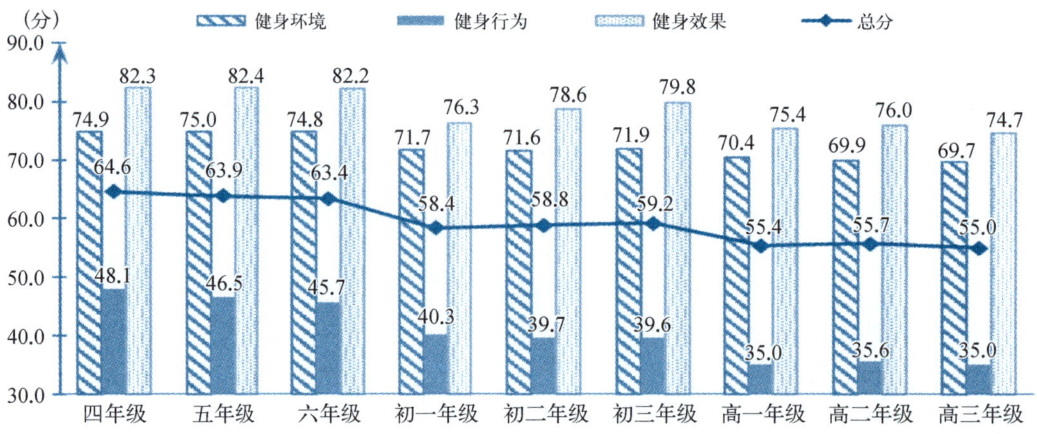

图1-8　不同年级儿童青少年体育健身指数得分情况

练习，并随年级的升高在相关项目中取得一定的进步，从而使初中阶段的“健身效果”指数总分升高。

（2）同一学段的各年级中，各项得分下降幅度并不明显，但在小升初、初升高的学段拐点，指数总分及各一级指标的得分下降明显，从而造成各学段整体之间差距明显。例如，指数总分在小学阶段仅相差1.2分，而在小升初的学段拐点相差高达5分；指数总分在初中阶段有所上升，而在初升高的学段拐点则下降3.8分。

（四）城、乡儿童青少年体育健身指数得分情况

如图1-9所示，城市指数总分59.4分，乡村指数总分59.2分，城乡间指数总分差距较小。各一级指标中，乡村的“健身环境”指数落后城市2.4分，这提示我们应加快在乡村地区贯彻落实各项体育政策，提高乡村学校对体育的重视，普及家长的体育相关知识，加快社区体育硬件设施的建设，缩小两者在制度、学校、家庭、社区、人际环境上的差距，尽快改变在“健身环境”方面落后于城市的现状。“健身行为”和“健身效果”方面城市都不及乡村，仅依靠“健身环境”的较大优势才在指数总分上略优于乡村。进一步比较“健身行为”及“健身效果”下的二级指标发现：二级指标中，仅“静态行为方式”指数城乡差异明显（城市15.2分，乡村18.7分），其余二级指标城乡之间各有优劣，且差异较小。鉴于静态行为方式对儿童青少年健康的危害，如何采取针对性策略减少儿童青少年的静态生活时间，尤其是城市儿童青少年在家中看电视、玩电脑、手机、平板等的时间将成为我们下一步面临的紧要任务。

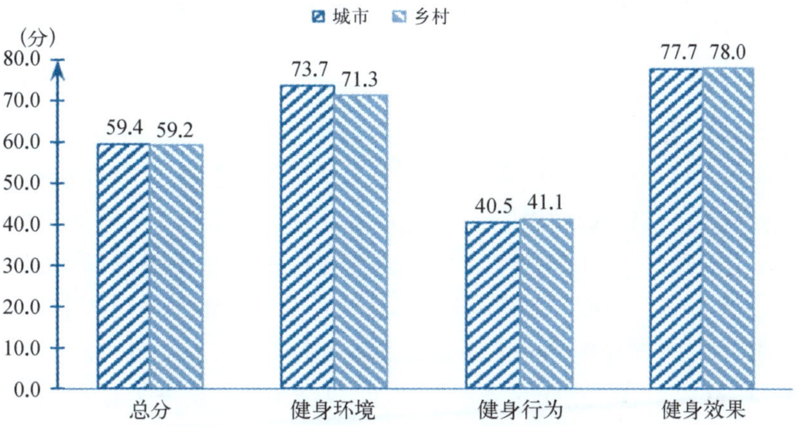

图1-9　城、乡儿童青少年体育健身指数得分情况

（五）各区域儿童青少年体育健身指数总分得分情况

依照中国七大行政地理区域划分（华东、华南、华北、华中、西南、西北、东北），计算各区域儿童青少年体育健身指数总分平均分。图1-10所示，华东地区的儿童青少年体育健身情况最好，其指数总分平均分为61.4分，其区域内三分之二省份的均在60分以上；西南地区的指数总分平均分仅次于华东地区，为60.3分，但两级差异较明显，分数最高与最低省份相差11.4分；华中地区的指数总分平均分为60.2分，各省分数较为平均；华北地区、东北地区指数总分平均分均为59.1分；西北地区的儿童青少年体育健身情况较不理想，指数总分平均分仅为58.8分，该地区内两级差异也较明显；华南地区的指数总分平均分最低，仅为54.2分，比最好的华东地区低7.2分，其区域内各省分数均较低。

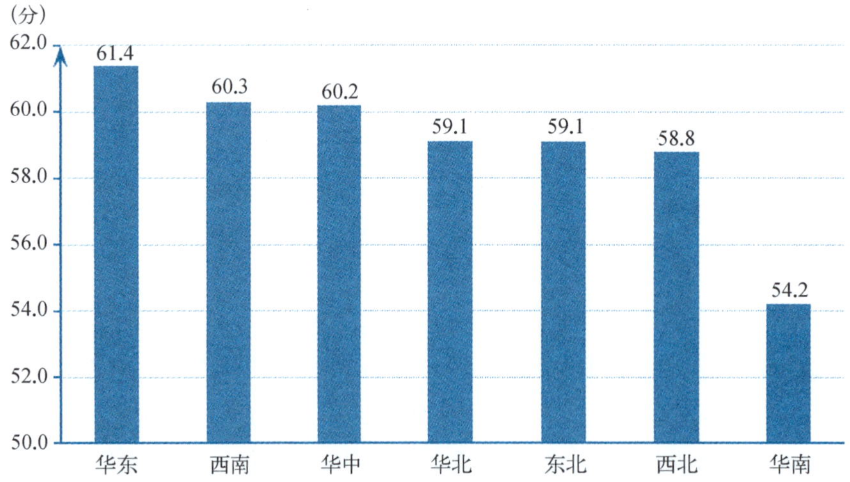

图1-10　我国七大行政地理区域的儿童青少年体育健身指数总分平均分情况示意图

四、中国儿童青少年体育健身评估现实意义与实际价值

（一）现实意义

1. 凝聚共识，形成全社会共同支持儿童青少年体育健身的良好氛围

对处在学龄期的儿童青少年来说，体育不仅是学习科目，更是其生活要素。毛泽东同志在《体育之研究》中论述道："体育于吾人实占第一之位置。体强壮而后学问道德之进修勇而收效远。"作为贯穿儿童青少年生命成长期的体育健身活动，不仅与学校有关，也与家庭、社区有关；促进儿童青少年参与体育健身，不应只是教育和体育部门的工作重点，也应是其他部门和社会力量的关注点。通过对美国、加拿大、日本等多个国家的研究表明，部门协同与社会力量支持是有效推动儿童青少年参与体育健身的重要组织因素。在我国，儿童青少年因其"学生"身份的原因，一直以来由教育部门以"体质健康"为目的推动其参与体育健身。多年来，儿童青少年体质健康未见明显起色的现实已表明：独木虽坚，难撑大厦之危！我国儿童青少年的体育健身促进与体质健康水平的提升，亟待更多的社会力量加入进来。本研究通过对儿童青少年体育健身构建立体、多层次评估，可以强化社会各方力量在儿童青少年体育健身事业上的责任，明确行动方向，明晰发挥作用的空间，进而凝聚共识，形成全社会共同支持儿童青少年体育健身的良好氛围。

2. 激发活力，推动儿童青少年体育健身服务行业进行业务拓展

近年来，国内、外的体育发展实践越来越表明一个事实：健身既可以是一项公共性的事业，也可以是一项效益可观的产业。2014年，国务院出台的《加快发展体育产业促进体育消费的若干意见》提出"到2025年实现体育产业规模超过5万亿的目标"，并且在有关体育产业体系中表明"'健身休闲'是第一个被提及的产业类型"。当前，我国学龄阶段的儿童青少年有近3亿人，对于健身休闲产业的发展来说，儿童青少年是一个不能绕过也无法绕过的大目标人群。针对该类目标人群，如何突破现有以单一项目技能培训为主的模式弊病，更好地实现经营范围和模式新拓展，是儿童青少年体育健身服务行业迫切需要解决的问题。而通过对儿童青少年体育健身进行全面评估，就能够为健身服务行业提供准确的数据，为其寻找儿童青少年健身需求提供强有力的信息支撑。在"互联网+"时代，信息就是商机。以此来看，基于儿童青少年体育健身评估，对帮助儿童青少年体育健身服务行业进行业务拓展，激发社会资本参与经营儿童青少年体育健身服务产品的活力将会起到积极的作用。

3. 提升影响，扩大中国儿童青少年体育健身领域的国际话语权

十八届五中全会报告提出，"十三五"时期必须牢固树立并贯彻"创新、协调、绿色、开放、共享"的发展理念。其中，在有关"开放"的发展理念中明确指出："开创对外开放新局面，必须丰富对外开放内涵，提高对外开放水平，协同推进战略互信、经贸合作、人文交流，努力形成深度融合的互利合作格局。"儿童青少年体育健身促进与体质健康水平提升是当前世界范围内共同关注的话题，具有广阔而深入的交流合作空间。目前，在世界性的有关儿童青少年体育健身（身体活动）组织中，我国的话语权还十分有限，在有关儿童青少年体育健身领域的国际比较研究中，目前还主要以借鉴国际经验为主，中国观点、中国方式、中国经验的输出还不充分。究其原因，在于我国在儿童青少年体育健身领域的基础性研究工作不深厚，特别是基于客观科学的规范性数据积累及其深入分析方面做得不够好。因此，本研究的工作在立足国家视野的基础上，深入开展我国儿童青少年体育健身指数相关数据的采集、分析和运用，不仅能够对国际儿童青少年体育健身指数评估研究领域的经验与缺陷进行客观把握，也能够夯实当前我国儿童青少年体育健身指数评估研究领域的薄弱环节。从前期所做的部分研究来看，后期持续深入的研究工作对提升我国儿童青少年体育健身指数研究领域在全球范围内的影响，扩大我国在该领域的国际话语权将会起到明显的作用。

（二）实际价值

1. 为党和政府推进儿童青少年体质健康工作提供决策咨询

关心儿童青少年身心健康成长，促进儿童青少年体魄强健是党和政府历来高度关注并着力推进的事业。从2007年"中央7号文件"的颁布到2013年十八届三中全会的决定，从2012年"国务院53号文件"到2016年"国务院27号文件"的出台，从国家"十三五"规划将"健康中国"上升为国家战略的重大举措，无不显示着党和政府对儿童青少年体质健康的关切。如何将党和政府提升儿童青少年体质健康水平的政策要求落地生根、产生实效；同时，如何保证党和政府后续有关儿童青少年体质健康政策的精准出台；保证党和政府有关儿童青少年体育健身资源配置的精准性。对这些重大问题的有效解答，都有赖于对儿童青少年体育健身事业的发展现状、存在的关键问题、引起问题的主要原因等信息的掌握的准确性。本研究针对儿童青少年体育健身发展现状进行评估，不仅能够通过客观的数据多维度反映我国儿童青少年体育健身的水平，而且能够切中我国儿童青少年体育健身各指标体系的要害，为政府和相关部门干预学生体质健康和促进学生体育健身提供清晰的路径选择。由此，为党和政府推动儿童青少年身心健康发展、促进儿童青少年体魄强健的决策过程提供有力的咨询。

2. 为相关部门开展儿童青少年体育健身实践行动提供技术支持

政策的效力取决于执行，政策科学研究认为，在政策目标的实现过程中，政策文本的功能只占10%，其余的90%取决于能否有效执行。由此看来，对我国儿童青少年体育健身指数进行准确有效的评估如果仅仅只是为政策的出台提供了有效的决策咨询，还不足以显示出其应有的内涵与作用。为此，本报告的布局除了考虑到为决策咨询之用外，更考虑到为决策后的实践行动提供技术支持。例如，本报告以社会生态系统理论为基础，融合了制度、家庭、学校、社区和人际关系各个方面，在实践中能够为儿童青少年体育健身环境干预提供全面指导。同时，通过深入探究不同环境支持系统之间的相互作用对儿童青少年体育健身行为及效果的影响，能够打破不同儿童青少年体育健身环境支持系统之间的壁垒，在实践中指导创建新的协同机制和促进新的联合机制形成。再如，本报告综合儿童青少年体育健身意识、行为、技能、知识、效果等指标的数据，基于国际认可的加拿大体育素养测评体系，开发出适用于我国儿童青少年的个体体育素养测评技术，同样能够很好回应"国务院27号文件"中提出的"全面提高学生的体育素养"的政策要求，并为教育部门开展学生体育综合素质评价，以及为即将试行将体育综合素质纳入学生高考参考的试验省、市（上海市）提供技术支撑。

3. 为儿童青少年科学参与体育健身活动提供方案支撑

“不参与，无体育”，所有围绕儿童青少年体育健身问题开展的研究工作，最终都应指向促进儿童青少年科学有效地参与体育健身活动上来。广义上来看，凡是能够对身体起到有效刺激的身体活动或体力活动，都可以纳入儿童青少年体育健身活动的范畴。这包括学校里进行的体育课、各种形式的课外体育锻炼、在社区或家庭参与的各种体育活动以及日常生活中采用身体活动为手段的各种行为。然而，在儿童青少年实际参与体育健身活动过程中面临着三个问题：第一，不同生活学习环境下的儿童青少年所体验到的身体活动要素在结构上是有区别的，儿童青少年应该如何科学搭配其生活学习中的身体活动要素？第二，儿童青少年参与的身体活动（如体育课、大课间等）是否符合其身体对运动量的需求？第三，儿童青少年及家长如何才能便捷地知道日常生活学习中的身体活动是否充分？儿童青少年体育健身实践层面的操作者（如体育教师、社区青少年体育俱乐部指导员、家长以及儿童青少年自身）急需得到关于这些问题的确切答案。本研究通过运用儿童青少年体育健身评估指标体系，能够全面搜集相关数据，基于数据的客观分析创建儿童青少年体育健身促进示范区，可以确切地回答这些问题，并为儿童青少年体育健身实践提供参考方案，这将为儿童青少年科学参与体育健身活动起到显著的支撑作用。

4. 为儿童青少年各类体育健身数据的整合提供信息化平台

儿童青少年是国家的未来，是民族的希望，是“健康中国”建设的重要目标人群。儿童青少年身心健康、体魄强健是我国建成人力资源强国的基础性保障，也是国家走向持续发展的永恒主题，持续恒久地推动儿童青少年积极有效地参与体育健身是国家持续发展的题中之意。如何保证儿童青少年的体育健身实践得到持续恒久的推动，其先决条件是基于丰富的数据信息准确把握儿童青少年体育健身实践中的问题。然而，目前我国除了在儿童青少年体育健身效果（体质健康）方面有较好的数据积累之外，在有关儿童青少年体育健身意识、健身行为、健身环境、健身技能、健身知识等其他方面的数据收集仍非常匮乏，导致无法客观全面地分析当前我国儿童青少年体育健身发展现状，在实践上也难做到精准干预。本研究通过儿童青少年体育健身评估指标体系的构建与运用，为有关儿童青少年体育健身数据收集提供了条件，也为各类相关数据的整合提供了信息化的平台。

唐炎、胡月英、范卉颖、胡小清

第二章

中国儿童青少年体育健身环境评估报告

儿童青少年的健康水平不仅关系个人的成长和生活，而且关系整个民族健康素质与我国人才培养的质量。目前，我国已经建立了由5年一次的“全国学生体质健康调研”和2年一次的“全国学生体质健康监测”组成的学生体质健康监测体系。2010年以前，近20年的体质调查结果显示我国儿童青少年体质在不断下滑；2010年，全国学生体质健康调查结果显示学生体质与健康状况总体有所改善，但还是存在一些问题，与2005年的调查数据相比，学生的形态发育水平继续提高，肺活量水平增强，身体素质下滑趋势得到抑制，学生视力不良检出率继续上升，且出现低龄化倾向，肥胖检出率也在继续增加，学生体育锻炼时间不足。

教育部体育卫生与艺术教育司司长杨贵仁在2006年“首届中国青少年体质健康论坛”上指出：“我国青少年体质下降的原因是多方面的，但缺乏运动是主要原因。”这一问题引起了广大体育工作者的高度关注和思考。针对我国儿童青少年体质的现状，中共中央国务院陆续制定并出台了相关政策来促进儿童青少年的体质健康。1995年，国务院发布《全民健身计划纲要》指出“全民健身计划以青少年和儿童为重点”。2007年，“中央7号文件”中指出：“要培养青少年良好的体育锻炼习惯和健康的生活方式，提高我国青少年耐力、力量、速度等体能素质，降低营养不良、肥胖和近视的发生率。”2010年《国家中长期教育改革和发展规划纲要（2010—2020年）》中也明确指出：“要牢固树立健康第一的思想，确保学生体育课程和课余活动时间，促进学生身心健康、体魄强健、意志坚强。”2016年，“国务院27号文件”中提出：“学生体质健康水平仍是学生素质的明显短板，为促进学生身心健康，要强化体育课与课外锻炼。”

体育健身环境对于儿童青少年体力活动有着直接影响。对于儿童青少年的体力活动而言，体育健身环境包括学校环境、社区环境和家庭环境。学校是为儿童青少年提供体力活动环境的主要组成部分，学校除了提供以静坐为特征的学科教育外，学校的体育课、小课间、大课间，校内课外活动都为儿童青少年体力活动提供了场所和机会，这些共同构成了儿童青少年体育健身的学校环境。社区环境是指社区居民自主组织进行体力活动的场所，它是体育健身环境的重要组成部分。家庭环境是儿童青少年成长的主要环境之一，父母对子女的性格特征、行为特点、心理成长有着重要影响。在儿童青少年参与体育健身方面，许多研究也发现父母对其子女有显著性影响。基于以上观点，本研究从家庭环境、学校环境与社区环境三个方面阐述与讨论我国儿童青少年体育健身环境情况，分析影响我国儿童青少年体力活动的因素，进而发现我国儿童青少年体育健身中存在的环境问题，并提出促进我国体力活动开展的对策。评估报告的结果将对全面贯彻国家教育方针、落实“阳光体育”的精神、提高儿童青少年的健康水平、促进儿童青少年全面发展具有重要意义。

一、研究方法

（一）调查对象

研究中数据来源于2016年全国儿童青少年体育健身数据库。为全面了解我国中小学生体力活动情况，国家教育部在2016年对全国31个省、市的儿童青少年进行了体育健身抽样调查。抽样调查的对象包括学生、体育教师及学生家长，各地所辖市（区）按照社会经济发展水平分为4类抽样片区，采用随机方式从每类片区抽取1个市（地、区）。从每个抽样地（不含直辖市）中抽取2个县（市、区）为抽样点。即每个省、直辖市、自治区抽取4个地、市（区）、8个区、县。在每个抽样点内分别抽取2所小学（小学四年级至六年级）、1所初中（初中一年级至初中三年级）、1所高中（高中一年级至高中三年级）。抽查学生数的确定是按照每校每年级整群抽取2个教学班，有效样本数至少60人（男生至少30人，女生至少30人）。最终抽取小学四年级只高中三年级学生共125 281人，以及相应的学生父母共125 281人进行调查。同时，每所学校随机抽取3名体育教师（其中1名为体育组组长）进行调查。

（二）调查问卷

研究中所用问卷共3类，分别为：儿童青少年体育健身调查问卷（学生问卷）、儿童青少年体育健身调查问卷（教师问卷）、儿童青少年体育健身调查问卷（父母问卷），分别由学生、体育教师及学生的父母或监护人完成。问卷均经过严格的信效度检验，具有较高的信效度。

（三）调查过程

问卷由上海市学生体质健康中心专门培训的调研人员发放。所有调查主要由任课老师召集，在相对集中的时间内完成。在发放问卷的过程中，调研人员首先向受试者解释研究目的，并告之调查结果被完全保密，仅用于科学研究。44.2%的学生是通过网上在线填写问卷，55.8%的学生则通过纸质问卷填写，填完问卷后当场上传或回收；教师问卷则全部由教师完成纸质问卷，并当场回收；父母问卷则由学生带回给家长填写，由学校负责人统一回收，问卷发放时间为2016年10月至12月。

（四）数据分析

根据研究目的，使用SPSS 21.0软件对所有问卷调查的分析结果进行编号、赋值，并将数据输入电脑。此项研究为描述性研究，主要运用频数及百分比描述父母对儿童青少年体力活动的支持，学校对于儿童青少年体力活动提供的场地、器材和时间支持，以及社区的场地、培训和组织上的支持。研究中还通过百分比的比较，分析不同学校与不同家庭对儿童青少年体力活动支持的差异。

二、家庭环境

家庭环境是儿童青少年接受体育教育的起点，是学校环境、社区环境乃至整个儿童青少年体育环境建设的基础。家庭环境中的体育包括家长为孩子创造参加体育活动机会、家长日常体育参与、家长同孩子一起参加体育活动以及儿童青少年之间相互鼓励、支持参加体育活动等内容[①]。家庭作为培养儿童青少年体育锻炼习惯的初始环境，家庭中主要成员的示范作用，对儿童青少年体育锻炼行为的培养、终身体育习惯的养成发挥着至关重要作用[②]。儿童青少年在家庭环境中参与体育，不仅有利于其对体育建立初步的认知、态度及价值观，同时还会影响其在社区环境、学校环境等其他环境中的体育参与态度和价值观的养成。因此，家庭环境不仅对儿童青少年的体育参与习惯的养成起到积极的促进作用，同时还会对学校、社区等其他环境中体育的发展产生深远影响。

家庭作为以婚姻关系和血缘关系为纽带所构成的社会生活共同体，决定了家庭是社会的最基本单位。因此，与社会相关的地域、经济、文化、政治、教育等因素都会对家庭环境产生不同程度的影响，这些因素同时也会间接地影响着儿童青少年在家庭环境中的体育参与。鉴于我国地域辽阔、城乡发展不均衡、家长主导作用强、儿童青少年体质持续下降等因素，在我国家庭环境总体状况的基础上，从地理区域、城乡结构、家长学历、家庭收入、孩子性别、孩子所处学段等6个维度，对我国儿童青少年在家庭环境中的体育参与情况进行分析。

（一）家庭环境的总体状况

1. 家长的主观支持和客观表率是构成我国家庭环境的两大方面

家长作为家庭环境的主要创设者，扮演着儿童青少年参加体育健身的支持者和引导者的角色。主要体现在主、客观两个方面，主观上支持鼓励儿童青少年参与体育健身，客观上以身示范引导儿童青少年参与体育健身。因此，针对我国的家庭环境总体状况，将围绕家长对儿童青少年体育参与的主观支持和客观表率两个方面进行说明。

（1）家长对儿童青少年体育健身参与的主观支持包含5点内容：① 鼓励，家长鼓励孩子参加体育活动；② 观看，家长观看孩子参加体育活动；③ 告诉，家长主动告诉孩子参加体育活动的益处；④ 关心，家长关心孩子的体育学习情况；⑤ 认知，家长认为参加孩子的体育比赛或表演是件很重要的事情。

（2）家长对儿童青少年体育健身参与的客观表率也包含5点内容：① 共同，家长跟着孩子共同参加体育活动；② 陪伴，家长陪伴孩子去参加体育比赛；③ 组织，家长组织家庭成员一起参加体育活动；④ 经费，家长为孩子的体育参与提供经费支持；⑤ 身教，家长通过身体力行鼓励孩子参加体育活动。

2. 家长的主观支持优于客观表率

家长身体力行的参与体育更能有效地提高孩子的运动意愿和健身效果。常言道“身教重于言传”，为了解家长主观支持和客观表率对儿童青少年体育参与产生的影响，采用特尔菲法对儿童青少年体育方面的专家进行了调查。调查结果显示，在家庭环境中，家长身体力行地参与体育（权重：56%）相较关心鼓励（权重：44%）孩子去参加体育活动，对营造良好的家庭体育氛围所起到的积极效果更为明显。专家的建议为我们对家庭环境的建设指明了方向，由于目前我国家庭环境的总体状况，还要基于全国调研数据进行分析。依据全国31个省（直辖市、自治区）和新疆建设兵团的12万余名学生家长的调研数据，绘制我国家庭环境总体状况示意图（图2–1）。

我国家长在儿童青少年的体育参与方面，主观支持的表现优于客观表率。从图2–1可知，我国家庭环境的综合比例为72.3%，其中家长主观支持的综合比例为77.6%（乘以权重后比例为34.1%），客

① 活力健康儿童全球联盟.儿童青少年身体活动评价体系指标含义及评价方法[EB/OL].http://www.activehealthykids.org/core-indicators-and-benchmarks[2017-09-08].

② 王富百慧，王梅，张彦峰，等.中国家庭体育锻炼行为特点及代际互动关系研究[J].体育科学，2016，36(11)：31–38.

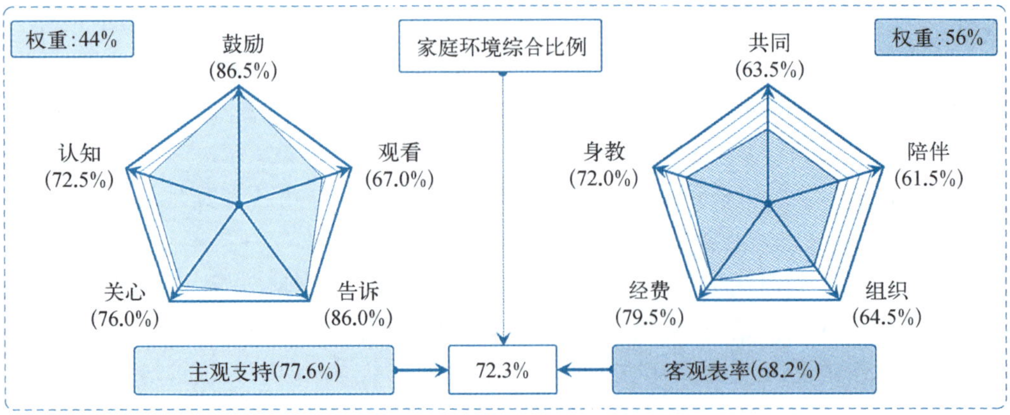

图2-1 我国家庭环境总体状况示意图

观表率的综合比例为68.2%(乘以权重后比例为38.2%),说明我国家长在儿童青少年的日常体育参与方面,多是口传心授,身体力行相对不足。此外,在构成家长主观支持和客观表率的具体内容上,同样存在差异。在家长的主观支持方面,家长鼓励(86.5%)和告诉(86.0%)儿童青少年积极参加体育的比例较高,但家长关心(76.0%)和对参与孩子体育比赛或表演重要性的认知(72.5%)上略显不足,至于前去观看(67.0%)孩子参加体育的比例就更低了,与“主观支持”的综合比例相差了10.6%。在家长的客观表率方面,近80%的家长愿意为儿童青少年的体育参与提供经费支持,家长自身也保持了较好的(72.0%)体育参与习惯,但在与孩子共同(63.5%)参加体育活动、陪伴(61.5%)孩子去参加体育比赛以及组织(64.5%)家庭成员一起参加体育活动的等具体内容上,家长的身体力行亟待提高。

(二)七大地理区域的家庭环境情况

1. 我国七大地理区域之间的家庭环境存在差异

在我国地理区划中,有多种划分方式,如四大地理区域、四大经济区域、七大地理区域等。鉴于七大地理区域是我国自然地理区划方面众多权威专家多年的科研成果,同时也是我国进行社会调查研究最为常用的划分方式之一。因此,本研究对不同区域的家庭环境进行分析时,将采用七大地理区域的划分方式。我国的七大地理区域,由东北地区、华北地区、西北地区、华东地区、华中地区、西南地区和华南地区组成。依据全国调研数据,绘制我国七大地理区域的家庭环境基本情况示意图(图2-2)。

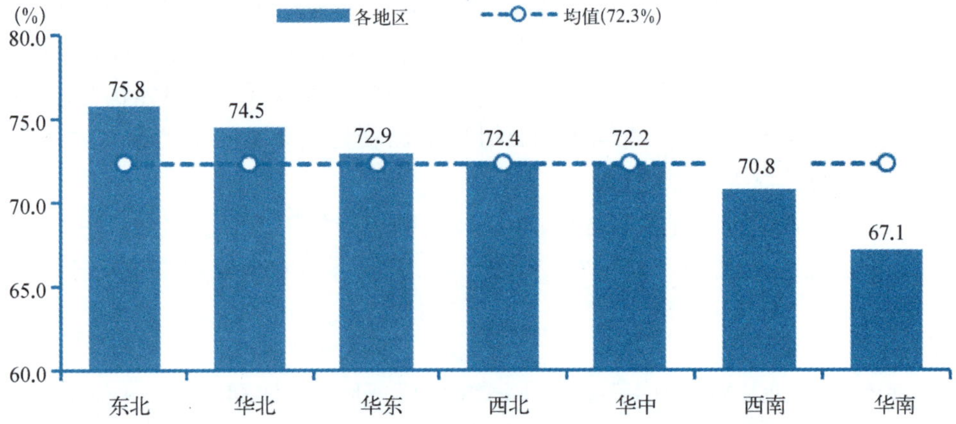

图2-2 我国七大地理政区的家庭环境基本情况示意图

我国疆域辽阔、区域差异明显，导致不同区域之间的家庭环境存在差异。从图2−2可知：① 家庭环境综合比例最高的是东北地区（75.8%），最低的是华南地区（67.1%），两个区域之间的综合比例相差8.7%；② 高于全国家庭环境综合比例（72.3%）的地区有四个，分别是东北地区（75.8%）、华北地区（74.5%）、华东地区（72.9%）和西北地区（72.4%）；③ 低于全国家庭环境综合比例（72.3%）的地区有三个，分别是华中地区（72.2%）、西南地区（70.8%）和华南地区（67.1%）。

2. 我国家庭环境南北之间、东西之间发展不均衡

我国家庭环境在七大地理区域差异的基础上，呈现出南北之间、东西之间发展失衡的现象。从图2−2可知，我国七大地理区域的家庭环境综合比例，呈现出自北向南、由东向西逐渐递减的趋势。此种发展失衡的现象，使得我国家庭环境综合比例较高的集中在东北（75.8%）和华北（74.5%）两大区域，综合比例较低的主要分布在西南（70.8%）和华南（67.1%）两大区域。总体而言，我国北方儿童青少年在体育参与方面从家庭环境中获得的支持，要高于南方儿童青少年。我国东部儿童青少年在体育参与方面从家庭环境中获得的支持要高于西部儿童青少年。

（三）城乡结构与家庭环境之间的关系

1. 我国城乡之间的家庭环境差距明显

我国城市规模不断扩大，城镇化率持续增高。据国家统计局网站消息，截至2016年年末，我国城市数量为657个，城市化率已达到57.4%，而且城市化进程还在持续不断地加快中。快速的城市化，对我国城乡家庭环境也产生了一定的影响。依据全国调研数据，绘制我国城乡结构与家庭环境之间关系示意图（图2−3）。

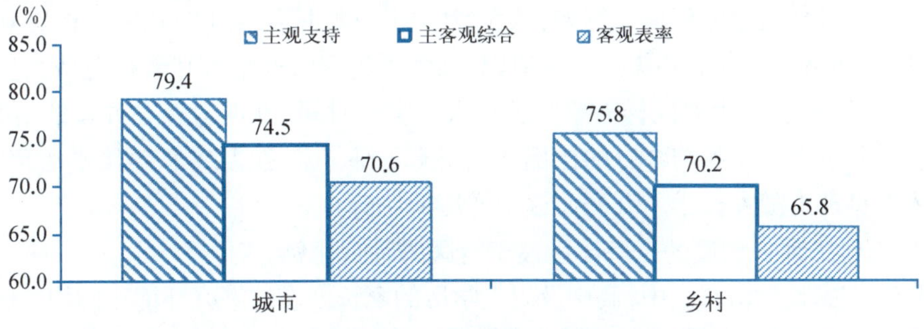

图2−3 城乡结构与家庭环境之间关系示意图

我国家庭环境不仅在地域上存在差异，在城市化的快速推动下，城乡之间家庭环境的差距也较为明显。从图2−3可知，我国城市家庭环境的综合比例为74.5%，乡村家庭环境的综合比例为70.2%，城乡二元结构下的家庭环境相差4.3%。说明我国城市的家庭环境相较于乡村的，能够为儿童青少年提供更好的体育参与条件。

2. 城市家长的客观表率明显优于乡村家长

城市家长“客观表率”优于乡村家长，是城乡结构下家庭环境存在差距的主要原因。从图2−3可知，城市与乡村在家庭环境的综合比例方面相差4.3%，其中城乡家长主观支持方面的差距为3.6%，客观表率方面的差距为4.8%，在综合比例差距的基础上，家长客观表率的贡献率（62.9%）要高于主观支持的（37.1%）。由此可知，城乡结构下家庭环境差距产生的原因，不仅在于城市家长在儿童青少年体育参与方面可以较好地进行口传心授，更为重要的是在儿童青少年参与体育时，城市家长能够更好地身体力行、以身示范。

（四）家长学历与家庭环境之间的关系

1. 家长学历是影响家庭环境的主要因素

家长所受的教育程度越高，对体育与健康关系的认知水平也会越高。研究证实，家长的健康意识和锻炼行为与其所受的教育程度呈正相关关系，而且这些健康意识和锻炼行为很容易在家庭环

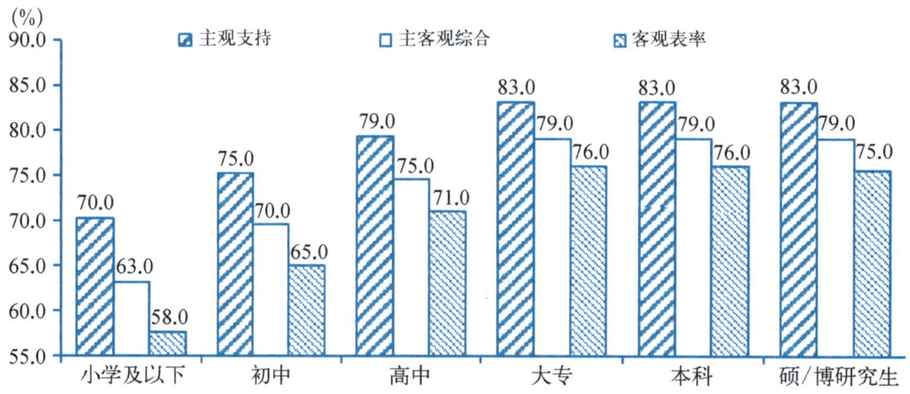

图2-4 家长学历与家庭环境之间关系示意图

境中对孩子产生积极长远的影响①。依据全国调研数据，绘制家长学历与家庭环境之间关系示意图（图2-4）。

家庭环境的综合比例与家长学历呈正相关关系。从图2-4可知，我国家庭环境的综合比例呈现出随家长学历升高而递增的趋势，硕、博研究生学历家长创设的家庭环境相较小学及以下学历家长创设的家庭环境，提高了16个百分点。从家长的主观支持和客观表率两方面来看，虽然随着家长学历的升高，家长对儿童青少年体育参与的主客观支持方面均有不同程度的提升，但家长客观表率提升的比例要高于主观支持提升的比例。鉴于家长客观表率对儿童青少年体育参与产生的影响更为明显，因此，提升家长的学历水平更能有效地促进儿童青少年日常的体育参与。不过，最高的学历并不意味着家长一定能够为儿童青少年创设最好的家庭环境。例如，从大专学历到硕、博研究生学历家长的客观表率的比例不仅没有持续提升，反而略有下降的趋势。究其原因，高学历的家长通常意味着要花费大量的时间承担更多的社会和家庭责任，而客观表率同样需要家长投入一定的时间，在两者存在冲突的情况下，高学历家长身体力行地引导儿童青少年参与体育的比例就会略有下降。总之，从家长学历层次角度而言，家庭环境综合比例整体上呈现出随家长学历升高而逐渐递增的趋势。

2. 高中及以上学历家长创设的家庭环境高于全国的综合比例

从图2-4可知，在家长学历层次中，高中及以上学历的家长创设的家庭环境比例均高于全国的综合比例（72.3%），说明高中及以上学历的家长能够更好地依托自身的教育水平，为儿童青少年在体育参与方面提供更多的支持鼓励和示范表率。不过，在高中及以上学历的家长中，除了从高中学历到大专学历家长的家庭环境比例有提升外，大专及以上学历家庭环境综合比例趋于稳定，而且该三个学历层次家长的主观支持和客观表率也基本一致。由此可见，当家长学历达到大专及以上，家庭环境的发展就到了“瓶颈期”。

提高全民教育水平，是提高我国家庭环境的重要手段之一。虽然高中及以上学历的家长能够为儿童青少年的体育参与创造更好的条件，但高中及以上学历的家长的比例刚刚接近总样本的一半，而大专及以上学历的家长的比例仅为总样本的26.8%。因此，提高我国家庭环境综合比例，关键在于提升高中及以下学历家长的教育水平，即提高我国的义务教育普及率和高等教育毛入学率，尤其是后者。查阅最近3年教育部发布的《教育事业发展统计公报》可知，我国接受高等教育的人群呈逐年递增趋势②~④，至2016年我国的高等教育入学率已达到42.7%，说明我国已经进入高等教育的大众化阶段，同时也意味着

① 胡安宁.教育能否让我们更健康——基于2010年中国综合社会调查的城乡比较分析［J］.中国社会科学，2014（05）：116-130.

② 教育部.2014年全国教育事业发展统计公报.［EB/OL］.http://www.moe.edu.cn/srcsite/A03/s180/moe_633/201508/t20150811_199589.html［2017-09-08］.

③ 教育部.2015年全国教育事业发展统计公报.［EB/OL］.http://www.gov.cn/xinwen/2016-07/06/content_5088866.htm［2017-09-08］.

④ 教育部.2016年全国教育事业发展统计公报.［EB/OL］.http://www.moe.edu.cn/jyb_sjzl/sjzl_fztjgb/201707/t20170710_309042.html［2017-09-08］.

我国家庭环境的综合比例在逐步提高中。不过需要说明的是，应在普及义务教育和提高高等教育的过程中增加体育教育和健康管理等知识的比例，进而让更多的儿童青少年在参加体育活动时，可从家庭环境中获得更好的支持。

（五）家庭年人均收入与家庭环境之间的关系

1. 家庭经济地位是家庭环境的重要基础

家庭年人均收入是影响儿童青少年体育参与的重要因素，经济地位较高的家庭，通常可为儿童青少年创造更为优越的体育参与条件。综合2016年我国城镇居民人均可支配收入（33 616元）与2016年世界银行划分的收入标准，将我国家庭年人均收入分为低等收入（＜9 000元/人）、中低收入（9 000～30 000元/人）、中高收入（30 001～100 000元/人）和高等收入（＞100 000元/人）四个等级。依据全国调研数据，绘制家庭年人均收入与家庭环境之间关系示意图（图2-5）。

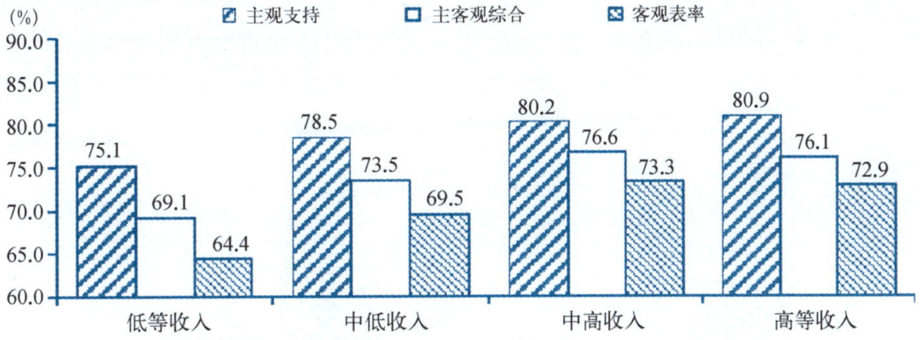

图2-5　家庭年人均收入与家庭环境之间关系示意图

相关研究表明，家庭年人均收入对儿童青少年直接或有偿参与体育有显著意义[①]。从图2-5可知，家庭年人均收入与家庭环境之间呈正相关关系。高等收入的家庭环境的主客观综合比例相较低等收入的增加了7个百分点，其中，家长在儿童青少年体育参与的主观支持比例呈持续递增趋势，高等收入的相较低等收入的增加了5.8个百分点；而家长在儿童青少年体育参与的客观表率比例呈现的则是先增后减的趋势，从低等收入到中高收入持续增加了8.9个百分点，然后从中高收入到高等收入又下降了0.4个百分点。在儿童青少年体育参与方面，家长客观表率的比例随家庭年人均收入递增呈先增后减的现象，其原因同家长学历与“客观表率”的关系基本一致，即高收入和高学历家庭的家长，通常会在关心与鼓励儿童青少年体育参与方面提供较好的支持，但由于高收入和高学历意味着要承担更多的社会和家庭责任，导致没有充裕的时间去身体力行地陪伴孩子参加体育活动，使得客观表率比例略有下降。不过，就家庭环境的综合比例而言，高学历和高收入的家庭均能为儿童青少年创设较好的体育参与环境。因此，低收入和低学历的家庭环境更值得关注。

2. 中低收入以上的家庭能够更好地促进儿童青少年在体育方面的发展

中低收入以上家庭为儿童青少年日常的体育参与提供了较好的支持。其中，中低收入以上的家庭环境综合比例（74.8%）高于全国家庭环境的综合比例（73.2%），说明中低收入以上家庭能够更好地促进儿童青少年在体育方面的发展。但对全国调研样本统计后发现，中低收入以上家庭样本接近全国总样本的60%，其中一半以上为中低收入家庭（35.2%），家庭环境综合比例较高（＞76%）的中高收入和高等收入家庭仅为全国总样本的24.4%。从经济基础与上层建筑的关系来看，作为上层建筑之一的体育，

① 董宏伟.家庭社会资本对青少年体育锻炼意识与行为的影响及反思[J].沈阳体育学院学报，2010，29(2)：33-37.

必须拥有坚实的经济基础才能更好地促进儿童青少年体育的发展。

提高家庭年人均收入，是改善我国家庭环境的重要途径之一。据国家统计局发布的消息，2016年我国城镇居民人均可支配收入为33 616元，参照世界银行2016年划分的年人均收入等级，我国已进入中高收入国家（27 199 ～ 83 922元）行列，但我国家庭环境的综合比例（72.3%）与中高收入的家庭环境综合比例（76.6%）之间仍然存在一定的差距。差距的产生有两方面原因：① 我国仅处在中高收入国家行列的初始阶段（百分位数为11）；② 我国低等收入和中低收入家庭的基数还非常庞大（占总样本的75.6%）。因此，为了更好地促进儿童青少年体育参与，在家庭环境的基础上，提升家庭年人均收入水平是重要途径之一。

（六）儿童青少年性别与家庭环境之间的关系

1. 不同性别儿童青少年的体育参与在家庭环境中获得的支持无明显差异

身体活动水平，是反映儿童青少年日常体育参与情况非常重要的综合性指标，从全国调研的数据结果来看，我国儿童青少年每天至少参加60分钟中高强度身体活动的比例仅为13.1%，说明我国儿童青少年日常的体育参与情况不容乐观。其中，男生的身体活动水平（14.5%）明显高于女生的（11.7%）。已有研究证实，在体育参与方面，男生的运动意愿明显优于女生，从而使得男生体育参与的比例高于女生①②。培养儿童青少年的运动意愿、促进其体育参与，家庭是非常重要的环境。基于此，依据全国调研数据，绘制儿童青少年性别与家庭环境之间关系示意图（图2-6）。

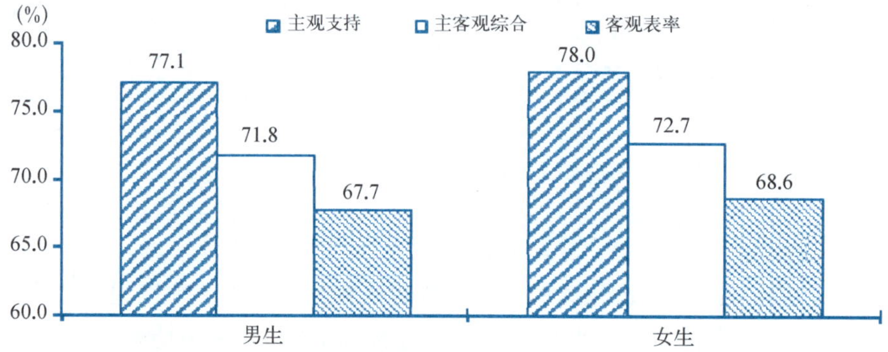

图2-6　儿童青少年性别与家庭环境之间关系示意图

男生和女生在体育参与方面，从家庭环境中获得的支持无明显差异。从图2-6可知，在体育参与方面，女生从家庭环境获得的支持（72.7%）略高于男生（71.8%），但两者之间仅相差0.9%，说明男生和女生从家庭环境中获得支持无明显差异。在主观支持和客观表率两个比例中，男生和女生之间的差别也均为0.9%，进一步说明男生和女生从家庭环境中，在体育参与方面获得的支持力度较为一致。不过，由于男生和女生在运动参与意愿方面存在差异，进而在家庭及其他环境的综合影响下，使得男生和女生在最终的身体活动水平方面拉开了差距。

2. 家庭环境对女生体育参与的支持有待进一步提升

家长客观表率综合比例较低，是儿童青少年身体活动不足的原因之一。从图2-6可知，虽然家长在男生和女生的体育参与方面，无论是主观支持还是客观表率均不存在明显的差异，但不可否认的是家庭环境为儿童青少年体育参与提供的支持还有待进一步提升，尤其是家长的客观表率。研究证实，家长群体参与体育活动的频率每增加1个单位，孩子的运动意愿就提升至原有水平的1.16倍。因此，在儿童青

① 范卉颖，唐炎，张加林．上海市青少年运动意愿及其影响因素［J］．上海体育学院学报，2017，31（4）：48-53.

② 张加林，唐炎，陈佩杰，等．全球视域下我国城市儿童青少年身体活动研究——以上海市为例［J］．体育科学，2017，37（1）：14-27.

少年身体活动不足、体质健康水平持续下降的情况下，家长要在“客观表率”方面积极地“动”起来，进一步提升儿童青少年体育参与的意愿、帮助儿童青少年养成良好的体育参与习惯。

家庭环境要注重对女生日常体育参与的有效引导。从图2–6可知，虽然家长在主、客观两方面为女生提供的支持均优于男生，但无论是体育参与意愿还是身体活动水平，相较于男生，女生的情况均不理想，说明来自家庭环境的支持并没有促进女生养成良好的体育参与习惯。若家庭环境不注重培养女生体育参与的兴趣，在其他环境中，女生就更难以养成良好的体育参与习惯。因为在家庭以外的环境中，男生和女生在体育参与方面受到支持和关注大多与家庭环境中的相反，甚至比家庭环境中的差距更大，即女生在学校等其他环境中的体育参与通常得不到应有的重视[①]。针对此种情况，鉴于家庭环境是儿童青少年接受体育教育的起点、养成良好体育参与习惯的基础，为提高女生日常的身体活动水平，家长要在“主观支持”和“客观表率”方面，积极引导女生参加体育活动。

（七）儿童青少年学段与家庭环境之间的关系

1. 不同学段的儿童青少年所处的家庭环境存在差异

随着学段的升高，儿童青少年日常的体育参与呈下降趋势。研究证实，儿童青少年身体活动水平，不仅具有男生普遍高于女生的特点，同时还呈现出随学段升高而递减的特征。据全国调研数据统计显示，我国儿童青少年每天至少参加60分钟中高强度身体活动的比例，从四年级（20.3%）到高中三年级（8.2%）下降了12.1%，比例最低的是高中二年级（7.8%），即从小学到高中，我国儿童青少年身体活动水平的极差为12.5%，整体上呈现出随学段升高，身体活动水平随之下降的趋势。身体活动水平作为儿童青少年体育参与的重要反映，说明儿童青少年的体育参与随着学段的升高在逐渐下降。学习作为儿童青少年每天例行的任务，决定了其每天绝大多数的时间生活在家庭和学校环境中。因此，家庭环境同样是影响儿童青少年体育参与的主要因素之一。依据全国调研数据，绘制儿童青少年学段与家庭环境之间关系示意图（图2–7）。

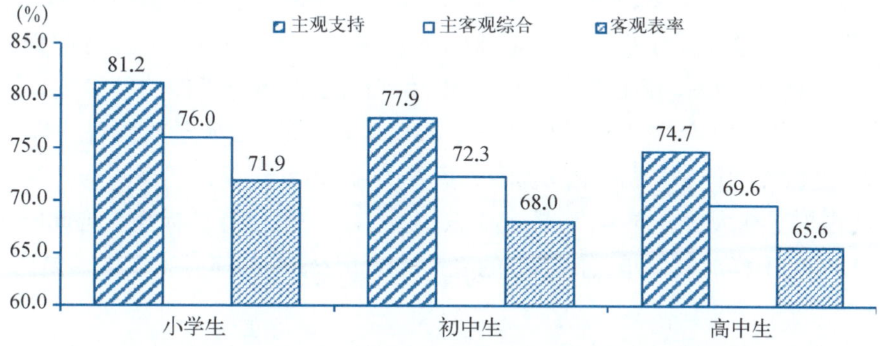

图2–7　儿童青少年学段与家庭环境之间关系示意图

随着儿童青少年学段的升高，家庭环境对儿童青少年的体育促进作用在逐渐减弱。从图2–7可知，高中生所在的家庭环境的综合比例（69.6%）相较小学生的（76.0%），下降了6.4%。其中，从小学生到高中生，家长的“主观支持”和“客观表率”分别下降了6.5%和6.3%，即呈现出了主、客观同步递减的趋势。在具体的家庭环境阶段性下降方面，初中生（72.3%）所在的家庭环境相较小学生（76.0%）的下降了3.7%，高中生（69.6%）相较初中生（72.3%）的下降了2.7%，说明从小学阶段到初中阶段，是家庭环境影响儿童青少年体育参与的重要分水岭。

2. 中学生体育参与下降与家庭环境不能提供足够支持有关

初中生所在家庭环境是我国家庭环境总体状况的基本体现。从图2–7可知，初中生家庭环境的综

---

① 唐炎.中小学体育课堂教学的社会学分析［D］.北京：北京体育大学，2005.

合比例（72.3%）恰好与我国家庭环境的综合比例一致。在家庭环境的主客观方面，家长主观支持，初中生的（77.9%）略高于全国的（77.6%）；家长“客观表率”，初中生的（68.0%）略低于全国的（68.2%）。从上述的统计结果来看，初中生所在的家庭环境，较好地反映了当前我国家庭环境的总体状况。不过，需要注意的是，家长“客观表率”自初中阶段开始下降是我国中学生在体育参与方面，从家庭环境获得支持逐渐下降的重要标志。

家庭环境支持不足是我国中学生体育参与下降的主要原因。从图2-7可知，我国中学生所处家庭环境综合比例的下降主要体现在两个方面：① 中学生家庭环境的综合比例（71.0%）低于全国家庭环境的综合比例（72.3%）；② 从小学阶段的家庭环境（76.0%）到初中阶段的家庭环境（72.3%）下降幅度较为明显（3.7%）。至于上述比例下降的原因同样可从两方面进行说明：① 中学阶段学生（小升初之后）的学业压力明显增加，这些学业压力不仅有学校方面的，同时还有来自课外辅导机构的，课外辅导机构的繁荣，意味着家庭为孩子在体育参与方面提供的支持被弱化；② 进入中学阶段，儿童青少年退出体育参与的比例随之上升，尤其是在初中阶段，如果家长不能在体育参与方面提供必要的主观支持和客观表率，多数中学生在闲暇时间便会选择以电子游戏为主的静态生活①②。因此，缓解中学生体育参与下降的比例，来自家庭的支持至关重要。

三、学 校 环 境

对于儿童青少年体育健身的学校环境主要包括学校领导重视程度、学校体育场地器材情况、体育师资建设及学校体育活动时间。

（一）学校领导重视程度

1. 学校体育工作的牵头领导

学校体育环境关乎着学校体育的开展情况，学校体育工作领导小组的牵头领导一定程度上对学校体育的开展有显著作用。学校领导的重视程度，对学校体育工作的经费投入、体育课程内容的安排都起到很大的作用。为了调查学校体育工作的开展情况，我们对学校体育工作的校级领导进行了统计。结果如图2-8显示，52.7%学校的体育工作是由校长直接牵头管理的，表明学校体育工作在大部分学校是受到校级领导的高度重视的；42%是由副校长牵头负责的，所占的份额也很高。选择校长和副校长管理体育工作的学校，占据了绝大部分样本，整体上学校体育工作的地位有所提高。与此同时，还有5.3%的教师反映牵头学校体育工作的领导是其他职务的老师，这部分学校的体育工作大多是由学校书记、学校

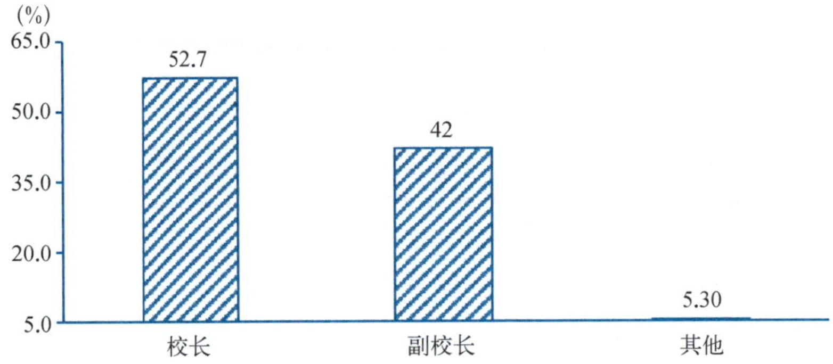

图2-8　学校体育工作领导小组中牵头的校级领导统计

① 罗纳德B. 伍兹著. 体育运动中的社会学问题［M］. 田慧译. 北京：人民体育出版社，2011：9.

② Seefeldt V, Ewingm, Walks. Overview of youth sports programs in the United States. Washington, DC: Carnegie Council on Adolescent Development.

教务主任、校长秘书、体育组长以及体育教师等来牵头管理，其中教务主任和体育组长管理的现象比例较大。

2. 校长对学校体育工作的支持

学校领导对学校体育工作的态度一定程度上对学校体育的开展和其整体质量起着决定性的作用。本研究中（图2-9），绝大多数学校的校长对学校体育工作持高度重视的态度，71.8%的教师认为校长非常重视学校体育工作；21.6%的教师认为校长比较重视学校体育工作；5.5%的教师认为校长对学校体育工作持一般态度，认为校长对学校体育工作持不太重视和很不重视态度的教师比例较低，分别只占据总数的0.7%和0.3%。

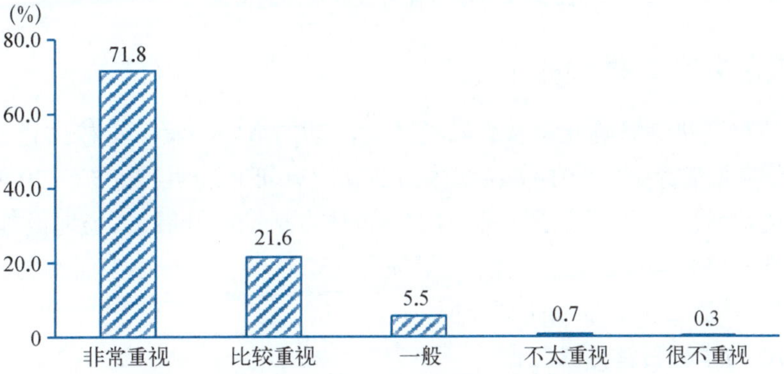

图2-9　教师认为校长对学校体育工作的重视态度

结果表明，中小学校长对学校体育工作保持着非常重视的态度，整体上学校体育工作的发展态势是比较可喜的，这与近年政府部门高度重视学校体育工作和青少年体质健康有很大的关系。但同时也存在极少部分校长对学校体育工作不够重视的现象，可能是由于部分学校地理条件限制、教学基础设施差、偏重文化素质课、校园安全事故担责等原因；部分学校领导思想、观念保守，对学校体育工作的认识不足，在进行学校体育教学改革、推行学校体育工作方面，缺乏主动性、积极性、创造性，对开展学校体育工作的整体态度不积极。因此，要想提升青少年体质健康水平，就必须要从意识上提高学校体育工作的地位，充分利用已有的资源，确保学校体育工作的开展。

3. 学校体育经费落实状况

体育经费的投入和是否落到实处直接关系着学校体育工作的开展，体育经费保障不足会严重制约学校体育工作发展的速度和规模。有研究提出，目前我国中小学体育经费开支存在体育经费被挪用、占用，大多数没有做到专款专用，不能为教学和训练服务；体育经费的管理和使用不由体育教研室支配；体育器材的挑选和购买不合理、质量不过关；体育经费分配支出不均衡等问题①②③。

本研究对体育经费是否落到实处进行了调查，从体育教师反馈的结果（图2-10）可以看出，绝大部分学校的领导在体育经费的使用上还是落到实处了，这与他们越来越重视学校体育工作有很大的联系，但仍存在没有落到实处的现象，可能是由于这些学校的体育经费投入不足，学校领导对体育工作不够重视，因此地方教育部门需要做好相应的监督工作，尽可能地加大学校体育经费的投入，促进地方学校尤其是一些偏远的农村中小学学校体育工作的正常展开。

① 阳媛媛，黄承．湖南省农村中小学体育经费使用现状的调查分析［J］．湖北体育科技，2005（02）：277-278.
② 熊国胜，刘洪涛，彭苏建．江西省中小学校体育经费及场地器材调查研究［J］．安徽体育科技，2006（03）：68-70.
③ 应德万，柯尊玉．云南省中小学体育经费使用调查研究［J］．昆明学院学报，2009，31（06）：121-124.

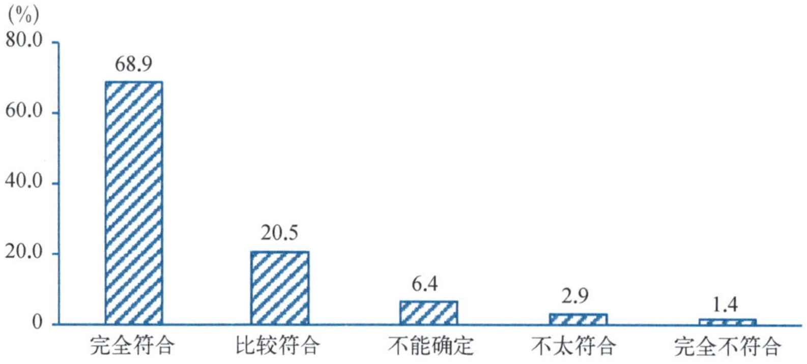

图 2-10　学校体育经费落实的情况

（二）学校体育场地器材情况

学校体育场地器材现状是影响儿童青少年的体力活动的重要因素。学校体育经费投入不足、体育场地和器材短缺，影响儿童青少年的中高强度体力活动。有研究表明，2005 ～ 2009 年之间，我国小学和高校的人均体育场地面积大幅下降，严重制约了学校体育活动的开展①。场地设施的可用性及其数量充足性是两个重要学校体育环境要素，因此，为了提升儿童青少年参与体力活动的积极性，学校要提供良好充足的场地设施，营造完善的学校体育环境。

1. 学校体育场地与学校日常体育工作

场地器材是学校体育课程顺利开展的基础条件，体育场地的建设不足一定程度上会限制体育课程的开展。在此次调查中，关于学校体育场地的结果显示（图 2-11），36.9% 的体育教师认为学校体育场地能完全满足当下的教学工作，49.3% 的教师认为学校体育场地基本能满足体育教学工作，13.8% 的教师认为学校场地不能满足日常的体育教学工作。由此可以看出，绝大多数学校的体育场地能满足基本的体育教学工作，但是也存在一些不足。

有研究探讨过我国体育场地建设的规模、面积、类型在不同省、市、区域间及各级、各类学校间均存在不平衡的问题②～④。本研究进一步对不同性质的学校体育场地的满足现状进行了对比，结果发现(图 2-12)，省（市）重点学校的体育场地满足日常教学的情况比较好，45.5% 的教师认为体育场地能够完全满足教学需求，44.9% 的教师认为体育场地基本满足日常教学，9.7% 的教师认为体育场地不能满足教学需

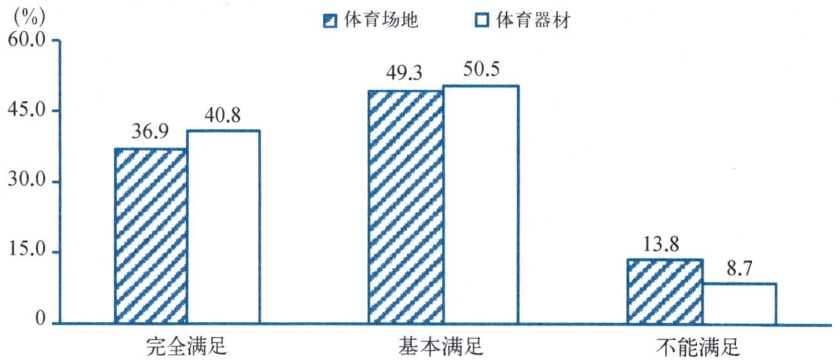

图 2-11　学校体育场地和器材满足日常教学的情况

① 王健，陈元欣. 我国学校体育场地设施现状、制约因素与发展对策［J］. 上海体育学院学报，2015，39（02）：86-89.

② 席玉宝. 全国学校体育场地建设现状统计分析［J/OL］. 西安体育学院学报，2013，30（06）：671-676.

③ 马明珠. 新疆学校体育场地发展不平衡的研究［J］. 西安体育学院学报，2006，（05）：58-60.

④ 魏德样，王健. 我国学校体育场地动态发展的特征分析——基于全国体育场地“五普、六普”的数据挖掘视角［J］. 体育科学，2017，37（02）：16-27.

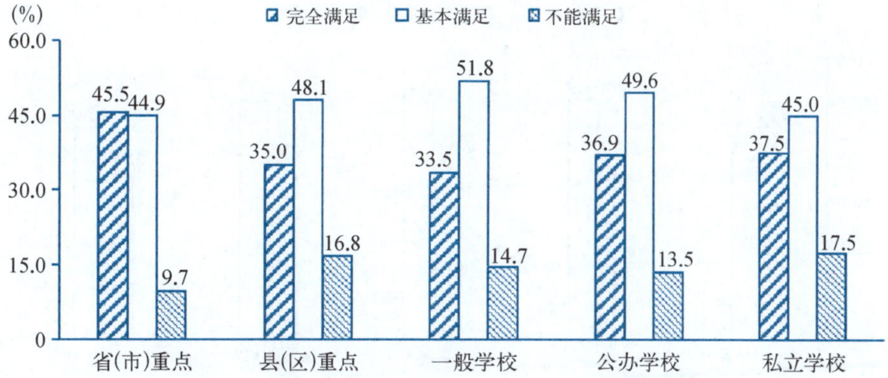

图2-12　不同学校体育场地满足日常教学的比较情况

求。由此看来，省（市）重点学校的体育场地建设现状比较完善，基础设施能满足体育教学需求。在调查的县（区）重点学校中，35%的教师认为体育场地能完全满足他们的日常教学，48.1%的教师认为体育场地基本满足教学需求，16.8%的教师认为场地不能满足教学需求。由此可见，在县（区）重点中学中，体育场地设施建设还存在需要提升和加强的空间。在一般学校中，33.5%的教师认为体育场地完全满足日常教学，51.8%的教师选择了基本满足，14.7%的教师认为体育场地不能满足日常教学。也就是说，要想保证一般学校体育教学工作的开展，还需要进一步加强体育场地建设。在公办学校中，36.9%的教师认为体育场地能完全满足教学工作，49.6%的教师认为体育场地只能基本满足教学工作，3.5%的教师认为体育场地不能满足日常教学需求。由此可以看出，公办学校的体育场地大体上是能满足日常教学需求的。反观私立学校，37.5%的教师认为现有的体育场地是完全能满足课程教学工作的，45%的教师认为基本能满足他们的教学工作，还有17.5%的教师认为现有场地设施不能满足基础教学需求。公办学校和私立学校的体育场地设施建设存在一定的差别，公办学校的体育场地设施情况比私立学校要强，私立学校的体育场地存在不足的情况。

针对以上情况，国家政府要重视学校场地发展的区域差异问题，因地制宜地采取措施开拓学校体育场地建设，均衡不同性质学校场地设施的建设，增加一般学校体育经费的投入；地方政府部门也要根据实际情况，落实财政投入经费的使用，加强偏远地区尤其是基层学校体育场地的建设，提高学生人均体育场地的面积，缩小不同性质学校间的差距；学校体育教师则要综合利用已有的体育场地空间，改进教学方法，保证体育课和体育活动的正常开展，这系列措施对促进学校体育发展和提升学生体质素质有很重大的影响。政府部分除了加强公办学校体育场地设施的建设之外，也要协助私立学校开展学校体育的工作，提升私立学校体育场地设施的覆盖率，落实体育经费的投入。

2. 学校体育器材与学校日常体育工作

学校的体育器材也是影响学校体育工作展开的重要因素，学校的运动器材、体育设施等都影响青少年的体力活动。有研究表明，目前中小学校的体育器材存在配备不足、质量不合格；标准规格多以竞技体育的体系为主，重复采购、类型单一；器材人为损耗和破坏严重，后期保养不当等问题①，这不仅严重影响了学生参与体育活动和锻炼的兴趣，而且不能确保体育教学的目标。为掌握全国中小学校的体育器材的配置现状，我们以问卷调查的形式进行了深入调研，结果发现（图2-11），40.8%的教师认为自己学校的体育器材完全能满足当下的体育教学工作，50.5%的教师选择了基本满足，还有8.7%的教师则认为现有的体育器材不能满足他们的教学需求。从整体上来看，绝大多数学校的体育器材是可以满足体育教师的教学活动，在一些中小学学校仍存在体育器材不足、严重影响教学工作的问题。

由于城乡差异、东西部地区差异，在一些欠发达地区的基层学校，体育运动器材匮乏，不能很好地满

① 侯光辉.我国中小学体育器材配备现状及改善策略研究[J].体育师友，2015，38(01)：74-75.

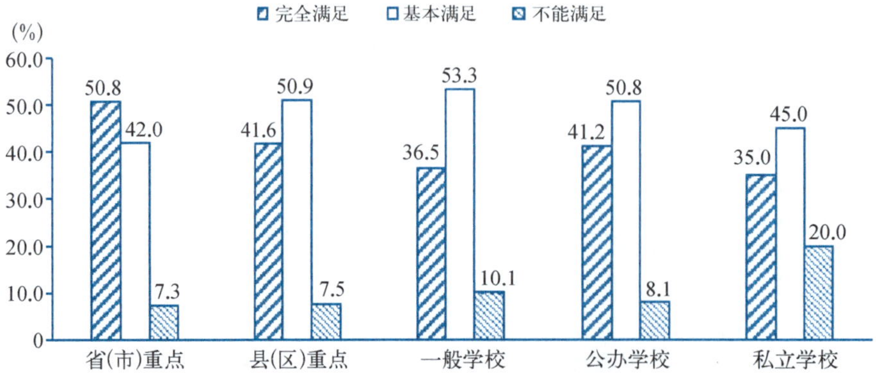

图2-13 不同学校体育器材满足日常教学的比较情况

足体育教师开展体育教学工作的需求。在此基础上，课题组进一步探讨了不同性质的学校在体育器材满足教学需求的现状上是否存在差异，结果显示（图2-13），在省（市）重点学校中，50.8%的教师认为学校的体育器材完全能满足他们开展日常体育工作，42.0%的教师认为学校的体育器材基本满足教学需求，7.3%的教师认为学校的体育器材不能满足教学需求。由此可以看出，省（市）重点学校的体育器材是比较完善的。在县（区）重点学校中，有41.6%的教师认为学校的体育器材是能完全满足他们的教学需求的，50.9%的教师认为能基本满足教学工作的需要，还有7.5%的教师认为现有的体育器材不能满足他们开展体育教学工作。由此可以看出县（区）重点学校的体育器材基本也是可以保证体育课程的顺利开展，但存在需要改善和提升的地方。在一般学校中，体育器材能完全满足教学工作的学校比例大大降低，只占到总数的36.5%，选择基本满足的教师有53.3%，认为体育器材不能满足教学需求的教师占总数的10.1%。由此比较可以看出，在一般学校中体育器材的完善程度较低，存在体育器材匮乏，无法满足体育课程教学需求的现象。在公办学校中，有41.2%的教师认为学校的体育器材能完全满足体育教学工作需求，50.8%的教师认为学校的体育器材能基本满足教学需求，8.1%的教师认为体育器材不能满足日常教学需求。在私立学校中，35.0%的教师认为体育器材完全满足教学需求，45.0%的教师认为能基本满足，20.0%的教师则认为学校的体育器材无法满足体育教学需求。由此可以看出，私立学校的器材相对来说比较匮乏，认为不能满足需求的比例较大，而公办学校有教育部的财政支出、固定的体育经费支撑，能够在体育器材的购买上有固定经费。

因此，要想提升不同学校体育工作的整体开展水平，促进青少年体质健康的发展，政府应该要结合地区特征，提高器材经费投入，完善一般学校的体育设施和运动器材设施现状。学校相关部门在体育器材采购上，要结合学校的实际情况和场地条件进行科学地规划，避免重复采购，建立体育器材的管理和维护制度，定期对器材进行检修，对体育器材的使用和维护进行监督和管理；体育教师则要扩大学校体育场地器材设施的适用范围，充分利用已有的器材设施，提高使用效率，更好地为体育教学工作服务。公办学校从国家财政经费投入上比私立学校要占优势，而私立学校需要提高学校体育工作的地位，多方面地加大学校体育经费的投入，不断完善学校体育器材设施，提高学生参与体育锻炼的积极性，从而提升学生体质健康水平。

（三）体育师资现状

1. 体育师资配备

体育教师在促进儿童青少年体力活动中具有重要的作用，教师是推进教育改革和发展的决定力量，一个学校师资力量的多少，决定了其在学校教育中的地位和作用。体育教师可以通过体育课程、课余时间的师生互动以及监督学生的体力活动参与等方式，为学生创造支持性环境来促进儿童青少年体力活动水平，从而使其建立良好的生活方式[①]。教师对学校领导按要求配备体育教师情况的调查显示(图

① 韩慧，郑家鲲．西方国家青少年体力活动相关研究述评——基于社会生态学视角的分析[J].2016,36(5): 65.

2-14),62.8%的教师认为学校领导按要求配备体育教师,1.6%的教师认为完全没有按照要求配备体育教师。由此可见,仍有部分学校未按照我国教育部要求对中小学体育课程配备体育教师。我国体育教师配备相关的政策法规法治化进程已有20多年,各地在贯彻落实和实施相应的法规中,采取的一些措施,取得一定成效,但是出于种种原因,相应政策执行力还有待加强[①]。体育教师的数量一直处于不足状态,部分地区体育教师缺编、流失现象严重;很多中小学是由其他学科教师兼职任教,这不仅直接影响到体育课程的开课率,影响到课外活动的正常开展,也影响到体育课堂教学质量。

2. 体育教师业务培训

体育教师是体育课程实施的主导者,体育教师的上课质量影响学生的积极性。一个技术水平高、能够让学生钦佩的体育教师,更能吸引学生体育课的学习兴趣[②]。教师的业务培训进修是教师应尽的受教育的权利和义务,是不断更新文化知识、不断提高自身业务水平和完善自身素质的过程。对体育教师的培训不仅有助于青年教师的培养,使他们在师德、教学、综合能力等方面得到全面提高,而且有利于校本教材的研发工作,同时,通过培训还有利于教师间的业务交流,以达到提高教育教学水平和学生全面发展的目的[③]。

教师对学校领导支持体育教师参加业务培训的调查显示(图2-14),完全符合和比较符合所占比例高达94.3%,学校领导对体育教师参加业务培训总体上呈支持态度,有利于体育教师自身能力的提高。

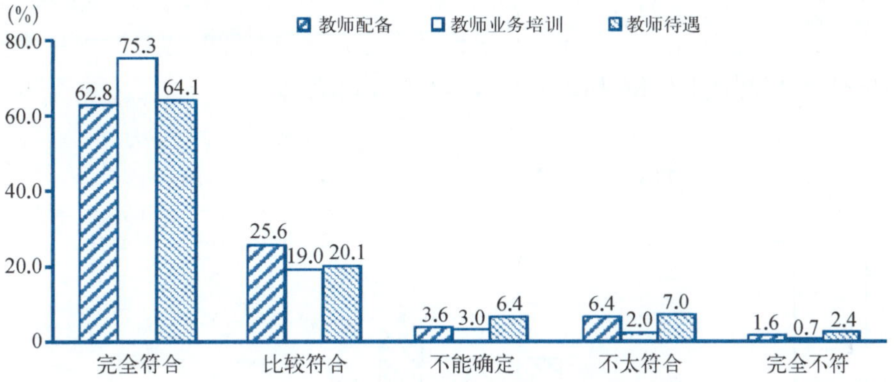

图2-14 体育教师配备、培训及待遇调查

3. 体育教师待遇

长期以来,许多中小学体育教师的薪资待遇低于其他学科教师,同工不同酬的现象比比皆是,薪资待遇成为中小学体育教师普遍关注的问题。体育教师较低的薪资待遇会使其产生抱怨情绪,会在某种程度上影响工作质量,甚至影响学校体育的健康发展[④]。

我国的有关文件、条例中明确地提出体育教师应享受与其他学科教师同等的待遇,如《学校体育工作条例》第十九条规定,体育教师的职务聘任、薪资待遇应当与其他学科教师同等对待;一些地方性的文件法规也十分明确地提出了这方面的要求。调查结果显示(图2-14),64.1%的教师认为学校领导完全保证了体育教师与其他学科教师享受了同样的待遇,20.1%的教师认为学校领导对体育教师和其他学科教师的待遇问题比较一致,但仍有2.4%的体育教师完全不能享受同样的待遇。

从体育师资现状的调查中我们发现,教师认为学校领导对体育教师的配置、体育教师业务进修和体育教师待遇方面都较为重视,大部分学校都能按照国家相关要求配齐体育教师,保证了体育课和课外体育活动的开展。同时也基本上能保证体育教师能享受与其他学科教师同等的待遇及进修的机会,对

① 王慧琳,闫伟.国家立法:我国关于体育教师配备的政策法规及其讨论[J].体育教学,2014(2):43.

② 赵红.影响少年儿童体力活动的因素分析[J].2015(404):147.

③ 尹志琼,吴勇.新课程背景下加强中学体育教师培训的思考[J].教学与管理,2012:56.

④ 宋春辉.中小学体育教师同工不同酬的原因剖析及应对建议[J].体育师友,2012(04):59.

体育教师上课积极性、提升业务水平具有重要作用。

（四）学校体育活动时间

教育部于2011年发布的《切实保证中小学生每天一小时校园体育活动的规定》，对校园实施一小时体育活动时间做出明确规定①。学校体育活动包括体育课、体育活动课、早操、课间操和大课间活动等。为了进一步了解学生每天体育活动情况，现对体育课、体育活动课、早操、课间操和大课间体育活动等方面的现状进行分析。

1. 体育课

学生的大部分时间在学校度过，学校以教学作为中心工作，体育课是学校教学的重要组成部分，也是学校开展体育活动的中心环节。通过教授学生体育卫生知识和运动技能，发展学生的体能和运动能力、增强学生的体质、培养学生形成良好的体育锻炼习惯②。根据教育部《体育与健康》课程标准对中小学每周体育课开设课时的规定，小学1～2年级每周4课时，小学3～6年级至初中年级每周3课时，高中年级每周2课时，地方和学校不得以任何理由消减、挤占体育课时间。

调查结果显示（图2-15），每周开设2次及以上30～45分钟/节体育课的学校占比例为96.8%，说明大部分中小学校都能按照国家对体育课时的要求开设体育课程，但仍有3.2%的学校的体育课程少于两节，未达到国家对体育课程的规定。对每周开设60～90分钟/节体育课的调查结果显示，64.8%的学校并未开设60～90分钟/节的体育课。对于在中小学校是否适宜开设大课时体育课仍存在争议，调查数据也充分说明大部分学校仍然按照传统开设30～45分钟/节体育课。

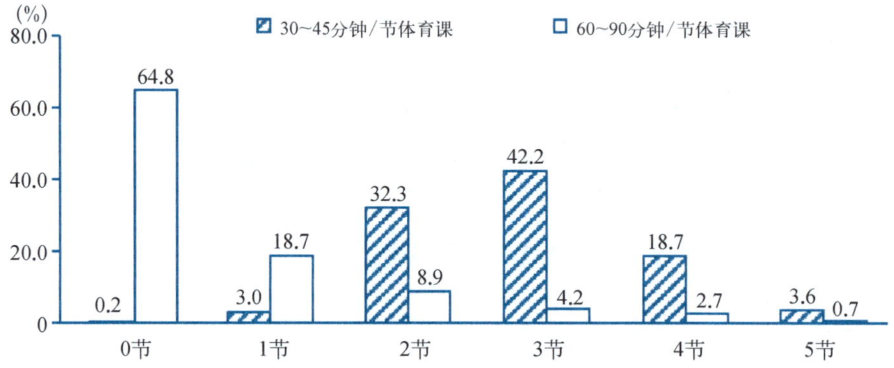

图2-15　学校每周开设30～45分钟/节、60～90分钟/节体育课情况统计

学校领导及其他学科教师普遍对体育课不重视，认为体育课可有可无，随意借用、挪用现象严重，有些学校出现消减高三年级的体育课，每周仅上一节体育课，甚至出现高三年级第二学期不上体育课的现象③。同时由于体育经费、场地、器材不足，大部分中小学校无室内体育场，遇到下雨、下雪等天气，体育课就难以正常进行。调查结果显示（图2-16），体育课因各种原因不能正常开课的比例高于10%所占比例为12.2%，5%～10%的占23.1%，已严重妨碍到学校体育教学工作的正常开展。

2. 体育活动课

体育活动课是学校根据党和国家的教育方针以及课程标准，有目的、有计划、有组织地在体育教师指导下开展的学生自主进行各项体育活动的系列课程，是学校全面实施素质教育的一条重要途径，也是体育教学的一个重要组成部分④。

---

① 中华人民共和国教育部．切实保证中小学生每天一小时校园体育活动的规定［Z］．2011-7-8．
② 高伟权．阳江市城区高中“每天锻炼一小时”的实施现状与改进方案的研究［D］．贵州：贵州师范大学，2014：13．
③ 高伟权．阳江市城区高中“每天锻炼一小时”的实施现状与改进方案的研究［D］．贵州：贵州师范大学，2014：13．
④ 岳建平．体育活动课之我见［C］．中华教育理论与实践科研论文成果选编第4卷，2010：682．

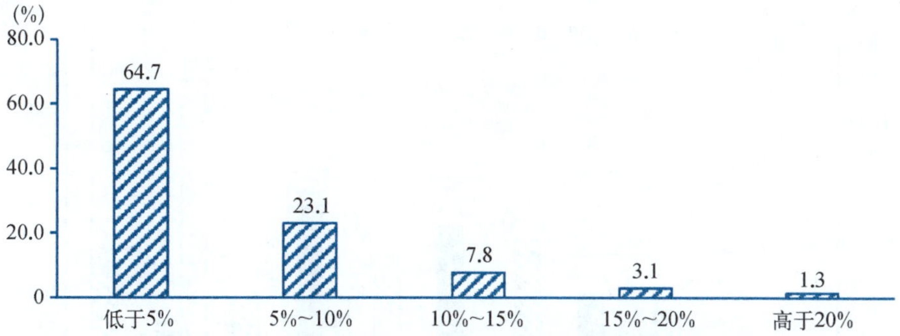

图2-16　体育课因各种原因不能正常开课的情况统计

调查结果显示（图2-17），学校每周开展体育活动课的次数最多为2次，其次为每周开展5次体育活动课，但仍有13.9%的学校每周仅开展1次及以下的体育活动课。学校没有明确贯彻落实体育活动课，课程表中也没有统一安排活动可能是造成这种现状的原因。同时，根据结果（图2-18），90.9%的学校单次体育活动持续时间达到30分钟及以上。学校开设的体育活动课持续时间普遍较长，对保证学生每天锻炼1小时起到了重要的作用。

3. 早操、课间操

早操是在清晨或课前进行的10 ～ 15分钟课前操，一般以广播操为主；课间操一般是在每天上午第二和第三节课之间开展，活动时间为15 ～ 20分钟，其内容以广播操为主，还可开展素质操、慢跑和活动量较小的游戏等。课间操是中小学开展的最普遍和最有保障的课余体育活动组织形式，也是学校体育落实“每天一小时”体育活动的重要措施①。

调查结果显示（图2-17），每周开展5次早操的学校占81.5%，大部分学校都能按规定每天开展早操，但仍有10%的学校每周开设早操次数少于3次；每周开展3次及以上课间操的学校占96.7%，其中每天开展课间操的学校占11.5%，有17.7%的学校每周开展课间操次数少于4次。由此可知，中小学普遍开展课间操，但每天都开展课间操的学校所占比例较小，课间操开展情况不容乐观，不利于学生“每天锻炼一小时”的落实。此外，持续时间是保障早操、课间操活动质量的基本条件之一，延长早操、课间操活动时间，不仅能顺利开展两操，调整学生紧张的学习神经，而且能丰富早操、课间操活动内容，提高学生两操活动锻炼效果②。调查结果显示(图2-18)，学校单次早操持续时间为50分钟的学校最多，所占比例为72.6%；单次课间操持续时间为20分钟的学校最多，所占比例为47.9%，其次为30分钟，说明大部分学校早操、课间操的活动持续时间能够得到保障。

4. 大课间体育活动

大课间体育活动是近年来在传统课间操的基础上发展起来的一种新的学校体育活动组织形式。与课间操相比，大课间体育活动持续时间更长，由原来的15分钟课间操的时间延长到25 ～ 30分钟，活动内容更丰富，组织形式更灵活③。学校可以根据学生情况、季节情况开展各种形式的体育活动。它不仅可以调节学生紧张的学习状态，而且有利于改善学生身心健康状况。

调查结果显示（图2-17），所调查的所有学校都安排了大课间体育活动，大课间体育活动次数为3次的学校最多，所占比例为42.7%，每天都安排大课间的学校仅为1.0%；而单次大课间持续时间的调查结果显示（图2-18），达到30分钟及以上所占比例为75.9%，2.8%的学校的大课间体育活动时间仅为10分钟。

---

① 郭瑞琴.山西省中学大课间体育活动开展现状调查及推进策略[D].山西：山西师范大学，2014：5.

② 高伟权.阳江市城区高中“每天锻炼一小时”的实施现状与改进方案的研究[D].贵州：贵州师范大学，2014：18.

③ 高伟权.阳江市城区高中“每天锻炼一小时”的实施现状与改进方案的研究[D].贵州：贵州师范大学，2014：23.

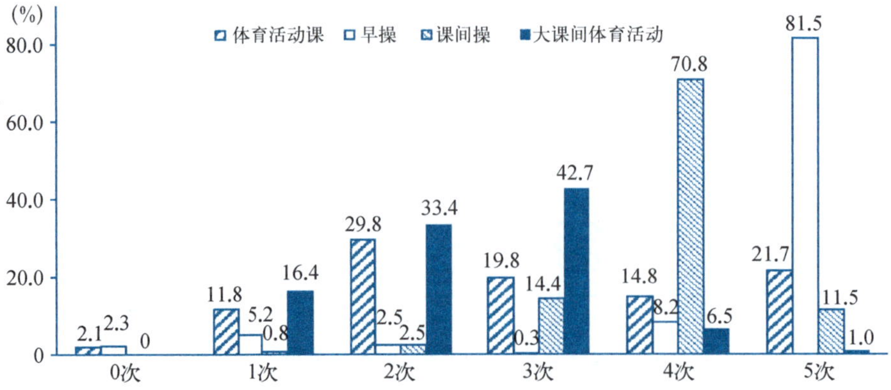

图2-17　学校各类体育活动开设次数情况统计

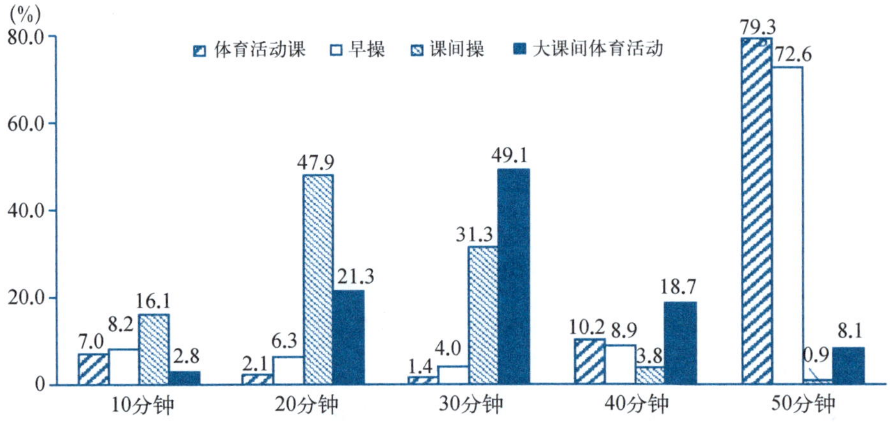

图2-18　学校各类体育活动单次持续时间统计

中共中央国务院《关于加强青少年体育增强青少年体质的意见》中强调“确保学生每天锻炼一小时。没有体育课的当天，学校必须在下午课后组织学生进行一小时集体体育锻炼并将其列入教学计划；全面实行大课间体育活动制度，每天上午统一安排25～30分钟的大课间体育活动，认真组织学生做好广播体操、开展集体体育活动①。”可见大课间体育活动开展情况并不乐观，可能部分学校领导对大课间体育活动的重视程度不够，认为大课间活动不仅浪费学生学习文化课的时间，而且浪费学校资金。与此同时，还有部分体育教师认为大课间体育活动增加他们的工作量，不愿意承担这些任务，因此，造成大部分学校实施大课间体育活动的效果不理想。

目前中小学体育活动时间现状的调查显示，大部分中小学都能按照国家对体育课时的要求开设体育课程，且多为30～45分钟/节体育课。但体育课因各种原因（天气、被挤占等）不能正常开设的比例较高；体育活动课开设次数较少，但单次持续时间一般较长；大部分学校都能按规定每天开展早操，但每天都开展课间操的学校所占比例较小，单次早操持续时间较课间操长；大课间体育活动开展情况并不乐观，较多学校大课间体育活动时间并未达到国家相关规定。

（五）学校体育氛围

氛围是人所处的环境气氛和情调，它是在某一种特定的场合中人们相互作用的过程中所形成的某种心理状态和环境气氛。体育氛围是指周围人参与体育活动的气氛和情调，它对人们的体育行为和情感起

① 中共中央，国务院.关于加强青少年体育增强青少年体质的意见[S/OL]. http://news.xinhuanet.com/politics/2007-05/24/content_6148322.htm[2017-09-08].

直接的影响作用①。许多事实表明，学校体育的发展直接受制于学校本身的体育氛围，良好的体育氛围对学校体育事业有极大的推动作用，同时对学生个体的体育兴趣、体育习惯与体育能力形成有促进作用。

图2-19所示是学生对学校体育锻炼氛围情况的调查结果，学生认为学校体育锻炼氛围非常浓厚的所占比例为40.1%，认为学校体育锻炼氛围不浓厚比例为11.3%，这对学校体育活动发展是不利的。如果没有良好的体育氛围，学生就很难形成参与体育活动的意识，缺少参与体育活动的动力，对学校落实学生每天锻炼一小时造成严重影响。究其原因，可能是实施学校体育过程中，教学质量、体育活动意识等都不同程度受到应试教育的影响，教师和学生更多地关注文化课的学习，而把体育课视为副科，很大程度地阻碍了学校体育活动氛围的发展。尽管体育在促进学生全面发展中的作用不容忽视，但是在实际操作中却得不到学校的重视。

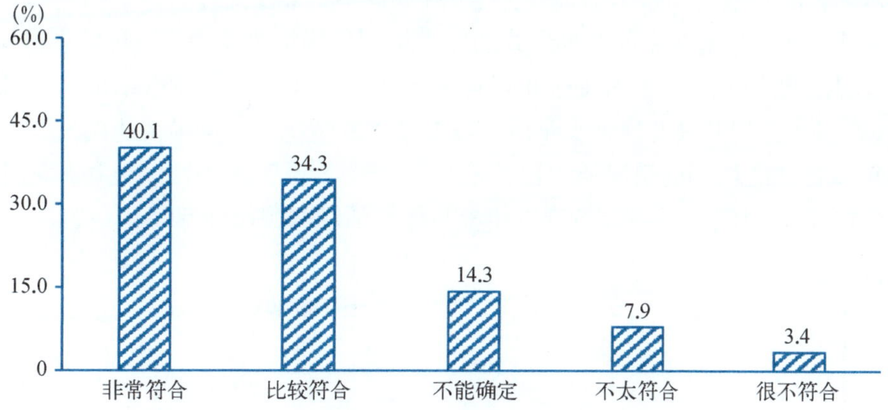

图2-19　学生对学校体育锻炼氛围情况统计

四、社 区 环 境

体育社区环境作为体育的一种形式在现代社会受到前所未有的关注，特别是在我国全面推进小康建设和城市化建设的进程中，体育社区环境发挥着重要作用②。所谓体育社区环境，简而言之，就是社区居民自主组织而进行的体育锻炼活动的氛围，它是整个体育的重要组成部分，对于丰富居民精神文化生活，提高社区居民的生活质量具有积极的意义和作用，特别受到人们的广泛关注③。目前，社区已经成为人们休息、娱乐、健身休闲的重要场所。不少社区体育开展得有声有色，颇有成效，然而，至今尚无人对我国社区环境对于儿童青少年体育活动的影响进行较为全面、深入的研究④⑤。本报告从社区儿童青少年体育活动、开展儿童青少年运动技能培训、社区儿童青少年体育组织以及社区体育锻炼的设施四方面分别分析儿童青少年体育健身社区环境。

（一）社区儿童青少年体育活动

社区体育环境作为儿童青少年体育的重要组成部分之一，在促进青少年身心健康发展方面起着举足轻重的作用。因此，为青少年营造良好的社区体育服务环境，事关乎国家、社会的和谐发展⑥。调查表明（图2-20），各个社区（或街道/村镇）举办儿童青少年体育活动（比赛、游戏等）的情况“一般”占比例最大，社区（或街道/村镇）举办儿童青少年体育活动（比赛、游戏等）情况“很多”占比例最小，说明各

① 徐鹏.对影响高校学生体育锻炼因素的研究[J].首都师范大学学报(自然科学版),2013,34(3): 95.
② 李雷.对唐山市部分城市社区体育设施现状的调查研究[D].河北师范大学,2011.
③ 赵修涵,陆作生.学校与社区体育设施共享的类型与发展[J].体育学刊,2015,22(04): 35-39.
④ 雷芸芸.武汉市青山区社区体育设施调查及整合研究[D].武汉理工大学,2010.
⑤ 宋杰,任保国.对当前社区体育设施配置若干问题的思考[J].体育与科学,2007(05): 49-52.
⑥ 石磊.大连市社区体育设施现状及发展对策研究[D].辽宁师范大学,2009.

个社区（或街道/村镇）对举办儿童青少年体育活动的积极性不高。

针对以上情况，从国家角度上看，要重视社区举办活动发展的多少差异问题，因地制宜地采取措施开拓社区体育环境建设，增加不同性质社区环境设施的建设，增加社区体育经费的投入；从地方政府部门角度看，要落实财政投入经费的使用，加强社区体育环境的建设，提高儿童青少年体育场地的面积积极举办各种体育活动。

（二）开展儿童青少年运动技能培训

儿童青少年运动技能的培养途径包含有学校以及社会（校外）两个途径，学校途径以体育健康课为主，社会途径以体育培训机构开设的培训班为主。由于各中小学校受师资、场馆以及其他条件的制约，因此要利用社区开展运动技能为主的各种形式的体育培训机构快速发展。这种培训机构通过培养儿童青少年某一项运动技能的形成，以此来促进儿童青少年体质的提高[①~③]。调查结果表明(图2-20)，各个社区（或街道/村镇）很少免费开展儿童青少年体育技能培训的情况占比例最大达到30.1%，举办很多免费开展儿童青少年体育技能培训的情况所占比例最小为3.5%。说明各个社区免费开展儿童青少年体育活动技能培训存在很大局限性，导致儿童青少年参与体育活动的积极性不高。

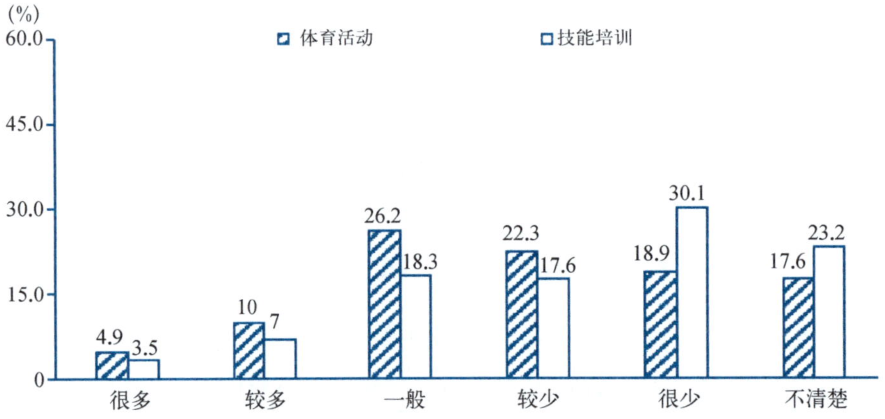

图2-20 社区（或街道/村镇）举办体育活动和青少年技能培训情况统计

（三）社区儿童青少年体育组织

2016年5月，国家体育总局颁布实施的《体育发展“十三五”规划》落实全民健身国家战略，针对加快青少年体育发展提出“实施青少年体育活动促进计划，进一步加强青少年体育俱乐部、体育传统学校和青少年户外体育活动营地建设”“探索青少年校外体育辅导员队伍的培育工作”等[④⑤]。说明在学校之外，社区儿童青少年体育组织在青少年轻身健体的过程中起到了重要作用。图2-21中数据表明，各个社区（或街道/村镇）成立儿童青少年体育组织（如儿童青少年体育兴趣小组、儿童青少年体育俱乐部等）占少数，不清楚是否成立儿童青少年体育组织占多数。大多儿童青少年都不清楚是否在自己所在的社区（或街道/村镇）存在儿童青少年体育活动组织，间接说明各个社区的宣传不到位，对于成立儿童青少年体育组织不够重视。

目前，我国社区个体自主直接参与性的体育组织主要有体育指导站、体育活动点、俱乐部等。一方

---

① 宋冬瑞．西安市校外培训机构青少年羽毛球运动技能培养的研究[D]．西安体育学院，2016．

② 黄锋锋．对少儿乒乓球私营培训班开展现状的研究[D]．武汉体育学院，2015．

③ 卢耿华，张黎，谢英，冯怡，康靖华，武军，盖文亮，刘乘翔，文英利，谢明辉，姜健，林明．西安市社区体育设施服务体系构建研究[J]．西安体育学院学报，2009，26(06)：690–694．

④ 《体育发展“十三五”规划》．

⑤ 舒宗礼．全民健身国家战略背景下社区青少年体育社会组织的培育与发展[J]．体育科学，2016，36(06)：3–10．

面，政府应该加大宣传社区儿童青少年组织，并采取相关政策，促进社区体育组织发展；另一方面，儿童青少年的体育锻炼意识还比较淡薄，还没意识到体育锻炼能使人的精力更充沛，更有利于工作、生活、学习等，需要结合学校的体育教育，使儿童青少年在社区充分使用社区体育环境资源。

（四）社区体育锻炼的设施

社区体育的设施是儿童青少年健身的重要内容之一，是增强儿童青少年体质、提高儿童青少年生活质量的基础，是社会主义物质文明和精神文明建设的重要组成部分。发展儿童青少年体育，除了学校的有限资源之外，其次就是从发展社区体育开始。注重社区体育设施的规划和建设，积极为青少年提供方便、实用的身体锻炼的场所。浙江省政府为建设体育强省目标及“十一五”规划中提出：“至‘十一五’规划期末全省人均体育场地面积达到1.5平方米，体育人口到达45%左右，而且有利于改善青少年课外体育活动状况。”[①②] 图2-21中，所在社区（或街道/村镇）是否能方便找到体育锻炼设施的数据表明，各个社区对于能够方便适合青少年找到体育设施的服务体系的建立的地理位置是符合大众需求的。

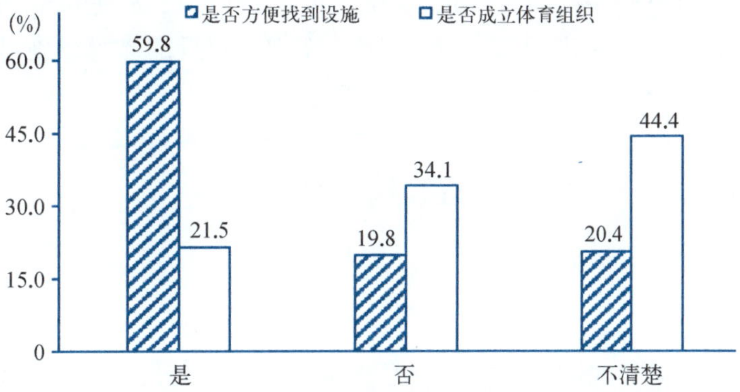

图2-21　是否方便找到设施和是否成立体育组织情况统计

社区体育的设施配套量有待增加，社区组织开展的体育健身活动丰富与否也严重影响居民的参与度。虽然我国为实施《全民健身计划纲要》，从政策、财政、体育组织等多方位投入，但提高儿童青少年健身意识，普及健身活动还有较长的路要走。为促进儿童青少年就近参与体育锻炼，社区体育场地设施与丰富体育活动显得更为重要。

图2-22是对影响社区环境中儿童青少年体育设施因素的调查结果，可以看出，占比例最大的因素是对儿童青少年体育设施收费贵；其次是交通不便；再次是体育设施太单一，这是主要三大因素导致儿

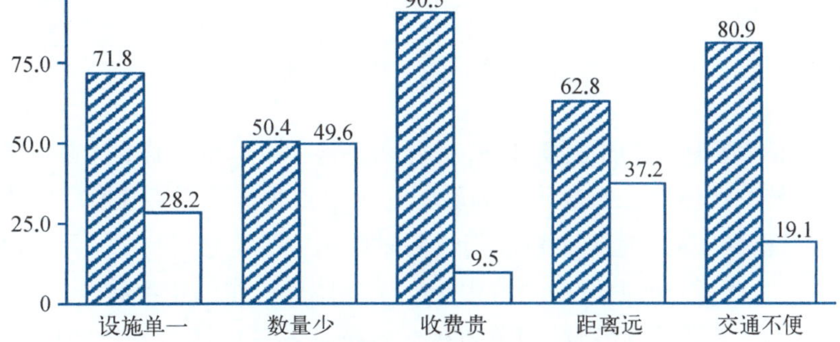

图2-22　影响社区环境中儿童青少年体育设施的因素

① 林建君，陈洪. 浙江省居民利用社区体育设施进行锻炼情况及影响因素研究［J］. 浙江体育科学，2014，36（06）：42-47.

② 常媛媛. 北京城市社区体育设施现状研究［D］. 首都体育学院，2008.

童青少年在所在社区锻炼的重要因素。

图2-22结果还表明，各个社区的儿童青少年体育设施数量存在不足，供不应求；对于建设儿童青少年体育设施地理因素考虑得还不是十分周全。在调查影响社区环境中儿童青少年体育设施的其他因素中，有人认为社区环境中体育活动设施不安全、家长认为孩子功课较多、没时间、个人不喜欢锻炼等因素也都是不方便找到体育设施的重要原因。

通过调查发现，社区体育设施的种类与2005年的《城市社区体育设施用地指标》里界定的19类社区体育项目相比较，在羽毛球、足球、排球、篮球等场地设施建明显缺乏，种类还不够广泛，种类配置也较单一，只是追求了体育器材的设立层面还未考虑居住人群特点，缺乏针对性。相关调查中部分社区体育场地面积依然较小，体育设施缺乏。社区体育设施场地的人均拥有量不断增加，但是对于现在所提倡的“就地、就近、就便”的健身原则还有差距，尚不能满足需求。

目前，部分社区对社区规划的体育设施进行了投资与建设，在一定程度上促进了体育健身场地建设的发展。社区内出现体育活动中心，但随着社区体育硬件环境的提升，出现部分高档设施是收取费用的。这就导致社区体育设施虽然存在，但费用远远高于儿童青少年的费用支出。此外，体育场地设施的地理位置偏远也限制了儿童青少年进行体育健身锻炼，多规划就近的体育设施可以提高儿童青少年参加体育健身活动的兴趣和健身乐趣，吸引儿童青少年参与到体育锻炼队伍中来。

五、建　议

（一）家庭环境

（1）在当前家庭环境保障和促进不同性别儿童青少年体育参与的基础上，进一步提升家庭环境对女生日常体育参与的支持力度。在儿童青少年体育参与方面，家长不仅要在主观的言语上给予关心和鼓励，更要在客观的表率上身体力行、以身示范。特别是在儿童青少年学段提升、学业压力增加的情况下，家长更要在体育参与方面提供必要的支持，进而更好地促进儿童青少年健康成长、全面发展。

（2）提高综合比例较低省份家长对儿童青少年体育参与的重视程度，缩小不同区域之间家庭环境综合比例的差距。统筹城乡家庭环境一体化发展，注重乡村家庭环境的建设，鼓励并指导乡村家长为儿童青少年的体育参与树立良好的行为示范作用。

（3）普及义务教育并提高高等教育毛入学率，并在教育过程中纳入更多关于体育教育和健康管理方面的知识，实现通过教育提高家庭环境综合比例的目的。

（4）积极发展经济，提高家庭年人均收入水平，为家庭环境更好地促进儿童青少年体育参与创建良好的经济基础。

（二）学校环境

（1）要想提高儿童青少年体质健康水平，提升和完善学校体育工作，就必须要从意识上提高学校体育工作的地位。学校负责体育工作的领导和教师必须要重视体育教育工作，行动上支持体育活动的开展，将学校体育经费落到实处；地方教育部门也要做好相应的监督工作，尽可能地提高学校体育经费的投入，促进地方学校尤其是一些偏远的农村中小学学校体育工作的正常展开。

（2）在体育场地的建设上，政府部门要重视学校场地发展的区域差异问题，因地制宜地采取措施，加强偏远地区尤其是基层和一般学校体育场地的建设；除了加强公办学校体育场地设施的建设之外，政府同时也要督促私立学校体育场地的建设，以缩小不同性质学校间的差距；地方政府要加强监督职能，落实体育经费的使用问题；体育教师也要综合利用已有的体育场地空间，改进教学方法，保证体育课和体育活动的正常开展。

（3）在体育器材的完善上，政府应该要结合地区特征，提高学校体育器材经费的投入，完善一般学校的体育器材设施，私立学校要提高体育教学工作的地位，不断完善体育器材设施，提高学生体育锻炼的兴趣；在体育器材采购上，学校要从实际出发规划器材的购置，避免重复采购；体育教师则要充分利用已有的器材设施，要建立体育器材的管理和维护制度，定期对器材进行检修，提高器材的使用寿命，使其更好地为体育教学工作服务。

（三）社区环境

（1）由调查社区环境中的体育组织的基本情况来看，大多数参与举办社区儿童青少年活动偏少，这是由于社区方面的对儿童青少年体育锻炼的意识片面的认识不足。社区应积极开展“终身体育”教学，普及科学健身知识，树立体育健身是健康生活方式最重要组成部分的理念，鼓励儿童青少年参与所在社区的体育活动，全社会形成崇尚体育健身、积极参加体育健身的社区风气。

（2）由社区体育组织成立炼的现状来看，社区成立儿童青少年体育组织占少数。大多儿童青少年不清楚自己所在社区是否成立相关组织，在社区体育环境建设中应该加强社区体育组织人员对儿童青少年体育活动的宣传与教育利用宣传栏或是媒体报纸之类的媒介宣传儿童青少年体育运动锻炼的意义。让社区的体育组织形成真正有意义的作用。

（3）由社区体育设施来看，社区儿童青少年体育活动锻炼的形式单一，体育设施数量不足，体育设施收费太贵，体育设施的地理位置选择存在问题，体育设施的交通不便等因素影响着社区儿童青少年体育活动的发展。我们社区方面应该丰富儿童青少年体育活动锻炼的形式，开展具有地方特色的体育活动项目，大力发展当地的体育传统项目。采用寓教于乐的形式，激发儿童青少年对于参与体育活动锻炼的兴趣。

王丽娟、周玉兰、谭波、徐仁芳

第三章
中国儿童青少年体育健身行为评估报告

儿童青少年身体活动与健康促进是目前研究的热点，同时也是国家重点关注的内容之一。儿童青少年处于生长发育和性格形成的重要时期，其健康水平不仅关系到个人成长和生活，而且关系到整个民族的健康素质。“少年强则国强”，提高我国青少年健康水平具有重要的战略意义。

本章将对我国儿童青少年体育健身行为中的身体活动方式、静态行为方式以及身体活动水平的调查结果进行阐述，展示被调查学校的体育课开设情况，以及学生参加组织化体育锻炼（体育活动课、早操、课间活动）、进行课外体育训练（学校运动代表队、学校体育俱乐部、课余体育竞赛、校外体育培训班）和自主性课外锻炼的情况，同时展示目前我国儿童青少年静态行为方式和身体活动水平的现状。

一、身体活动方式

（一）体育课

调查结果显示（表3-1），每周开设2节以上（含2节）体育课的学校比例为97.0%，仍有3.0%的学校每周开设体育课的节数在1节以下（含1节）；每周开设3节体育课的学校最多，约占被调查学校总数的三分之一（30～45分钟的体育课算作1节，60～90分钟的体育课算作2节）。

表3-1　学校体育课开设情况

体育课（节/周）	1节及以下	2	3	4	5节及以上
学校比例（%）	3.0	29.2	35.8	16.3	15.7

1. 不同学段的学校体育课开设情况

调查结果显示，随着学段的升高，每周开设2节以上（含2节）体育课的学校比例逐渐减小：小学98.5%，初中97.3%，高中94.4%，完中92.9%，见图3-1。小学体育课的开设情况以每周3节的学校最多，每周4节的学校次之；初中同样以每周开设3节体育课的学校最多，但每周开设2节体育课的学校次之；高中和完中则以每周开设2节体育课的学校最多，其百分比分别为77.2%和60.7%。

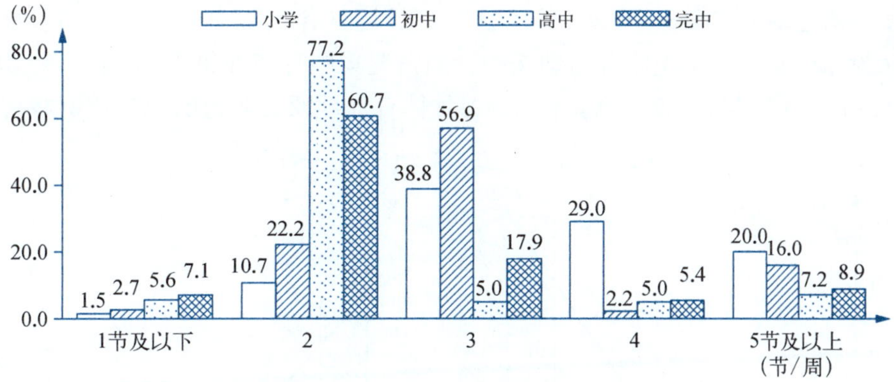

图3-1　不同学段学校体育课开设情况

2. 城、乡学校体育课开设情况

调查结果显示(图3-2)，城市和乡村学校每周开设2节以上(含2节)体育课的学校比例分别为97.4%和96.7%。城市学校中每周开设2节和3节体育课的学校比例均高于乡村学校。乡村学校中每周开设5节以上(含5节)体育课的学校比例高于城市学校。

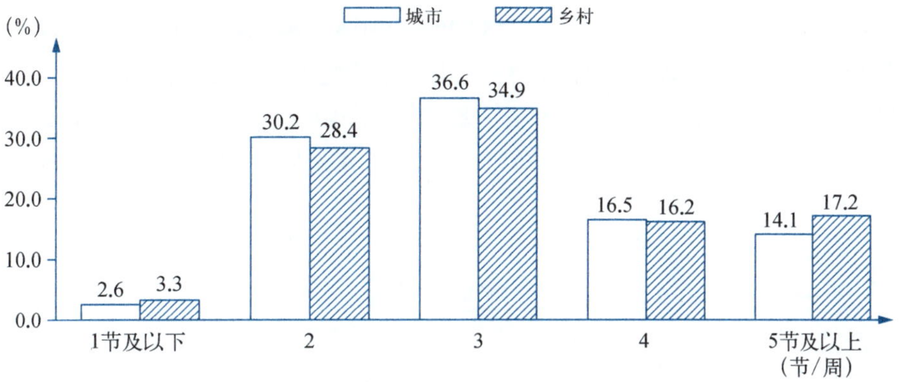

图3-2　城、乡学校体育课开设情况

图3-3为城、乡不同学段学校每周开设2节以上(含2节)体育课的学校比例情况。城市小学、初中和完中每周开设2节以上(含2节)体育课的学校比例均高于乡村学校。

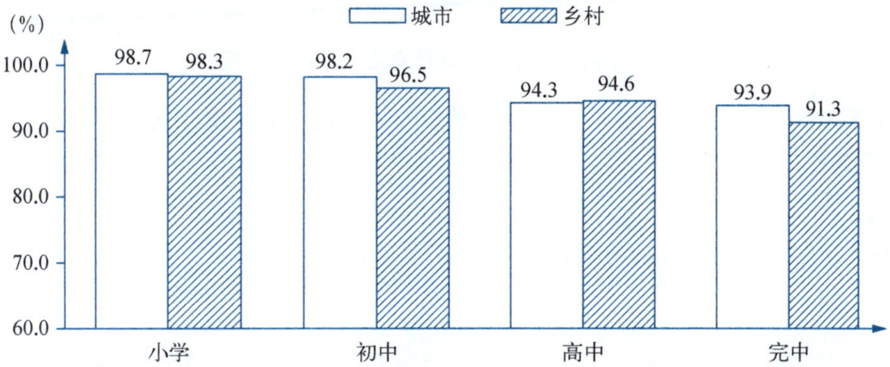

图3-3　城、乡不同学段学校每周开设2节以上(含2节)体育课的学校比例情况

(二)组织化体育锻炼

1. 体育活动课

(1)男、女生体育活动课的参加情况：本次调查对象为小学四至六年级、初中一至三年级和高中一

至三年级的学生。调查结果如图3-4所示，每周参加2次以上（含2次）体育活动课的人数比例为85.2%（男生，84.5%；女生，85.8%）。学生体育活动课的参加情况集中分布在每周2次和3次，共占69.5%（男生，68.4%；女生，70.6%）。其中，5.2%的学生每周参加体育活动课次数为0，男生比例略高于女生。

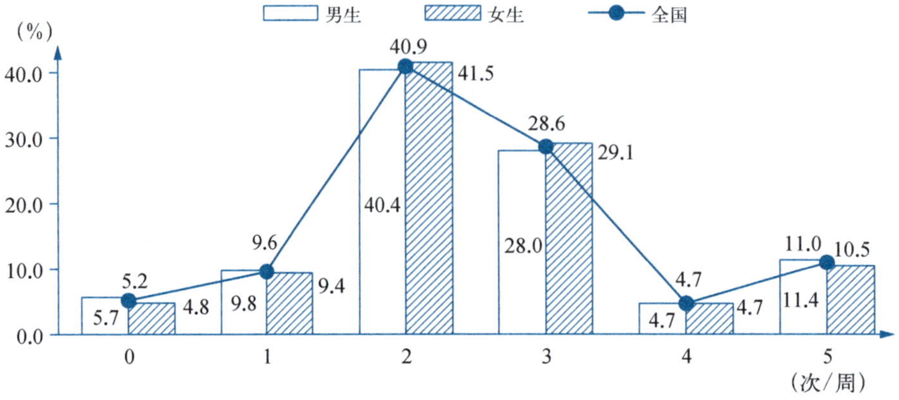

图3-4 学生每周体育活动课的参加情况

（2）不同学段学生体育活动课的参加情况：调查结果如图3-5所示，不同学段学生每周参加2次以上（含2次）体育活动课的学生比例分别为：小学85.3%，初中88.8%，高中81.4%。小学和初中学段学生每周参加体育活动课的次数主要集中在2次和3次，小学学段每周参加2次和3次人数总比例为63.5%，初中为73.2%。高中学段，学生的参加次数主要为集中在每周2次，人数比例为64.8%。随着学段的升高，每周参加2次体育活动课的人数比例逐渐增加，每周参加4次和5次的人数比例逐渐减小。

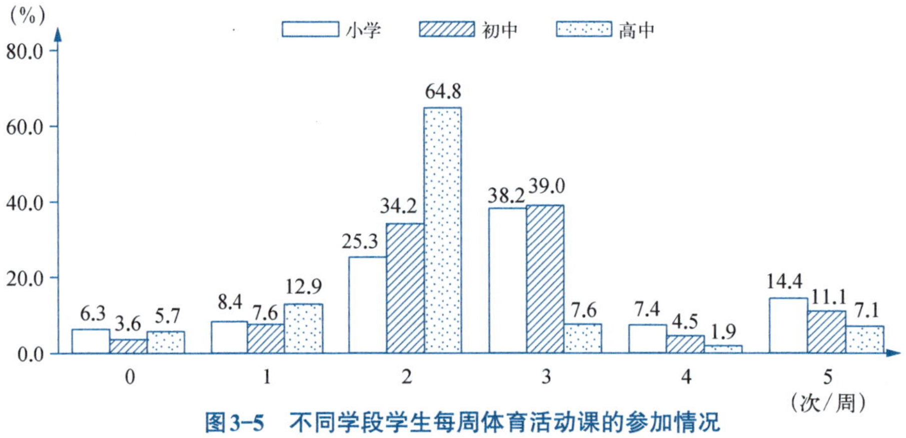

图3-5 不同学段学生每周体育活动课的参加情况

调查结果如图3-6所示，在各个学段，女生每周参加体育活动课2次以上（含2次）的人数比例均高于男生。男、女生在初中学段每周参加2次以上（含2次）的人数比例均高于小学和高中学段。

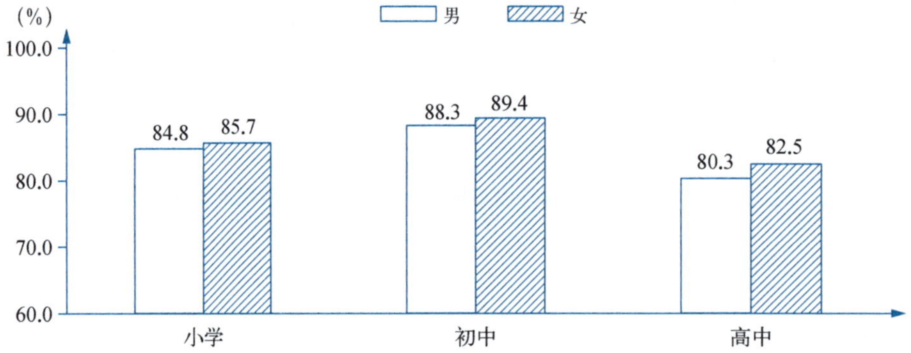

图3-6 不同学段男、女生每周参加2次以上（含2次）体育活动课的人数比例情况

（3）城、乡学生参加体育活动课情况：调研结果如图3-7所示，城市学生中每周参加2次以上（含2次）体育活动课的人数比例为86.0%，乡村学生为84.8%。城市学生每周参加体育活动课次数为0的人数比例为5.6%，高于乡村学生。

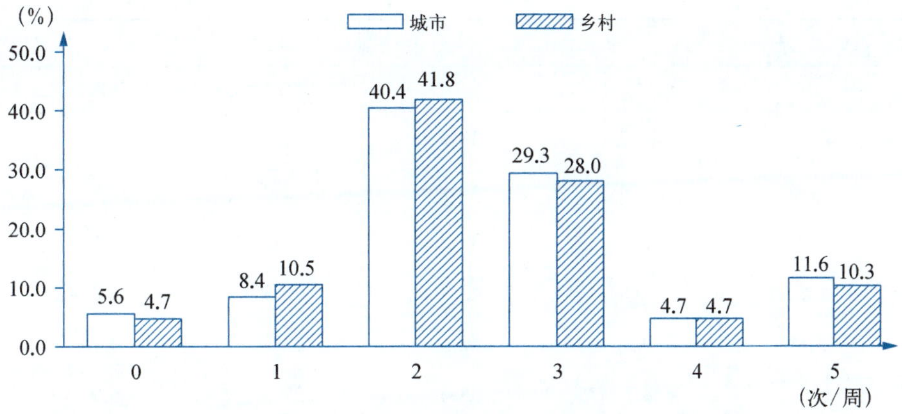

图3-7　城、乡学生每周体育活动课的参加情况

调查结果如图3-8所示，城市男、女生每周参加2次以上（含2次）体育活动课的人数比例均高于乡村地区，且女生每周参加2次以上（含2次）体育活动课的人数比例在城市和乡村中均高于男生。

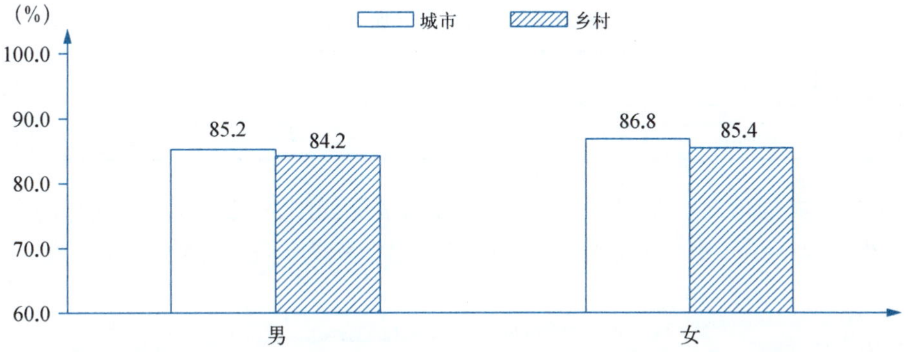

图3-8　城、乡地区男、女生每周参加2次以上（含2次）体育活动课人数比例情况

城、乡不同学段学生每周参加2次以上（含2次）体育活动课的人数比例情况如图3-9所示，城市地区各个学段的学生参与情况均优于乡村地区。

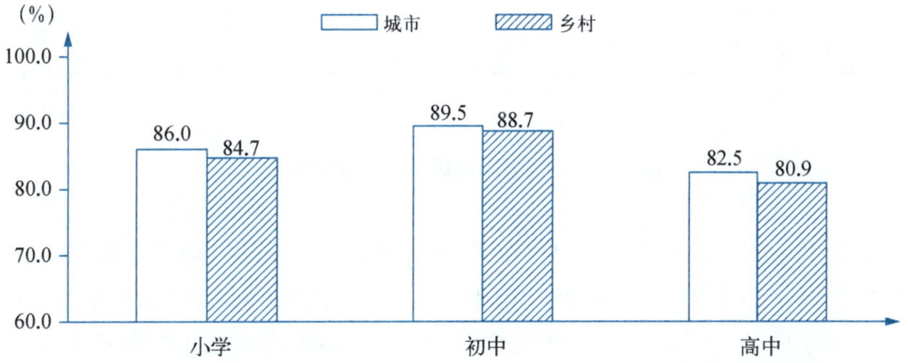

图3-9　城、乡不同段学生每周参加2次以上（含2次）体育活动课人数比例情况

（4）七大分区学生每周体育活动的参加情况：调查结果如表3–2所示，七大分区学生每周参加2次以上（含2次）体育活动课的人数比例最高的3个分区为：华东88.2%，西南85.4%，西北85.3%；每周参加体育活动课次数为0的人数比例最高的3个分区为：东北7.8%，西南5.9%，华中5.8%。

表3–2　七大分区学生每周体育活动课的参加情况（%）

地　区	体育活动课（次/周）					
	0	1	2	3	4	5
华　北	5.1	10.7	38.5	31.3	4.2	10.2
东　北	7.8	10.4	44.2	23.0	2.8	11.8
华　东	3.9	7.9	33.5	34.6	6.1	14.0
华　中	5.8	10.0	45.8	26.3	3.3	8.8
西　北	5.1	9.6	42.5	28.7	4.1	10.0
西　南	5.9	8.7	38.4	27.6	6.9	12.5
华　南	4.8	11.8	53.5	20.1	3.4	6.4

2. 早操

调查结果如表3–3所示，58.2%的学生每周参加5次早操，仍有14.6%的学生每周参加早操的次数为0，见表3–3。

表3–3　每周早操参加情况

早操（次/周）	0	1	2	3	4	5
学生比例（%）	14.6	7.1	5.5	3.6	11.0	58.2

（1）男、女生早操参加情况：男、女生每周早操参加情况如图3–10所示，女生每周参加5次早操的人数比例高于男生。男生中每周参加早操次数为0的人数比例为15.5%，高于女生。

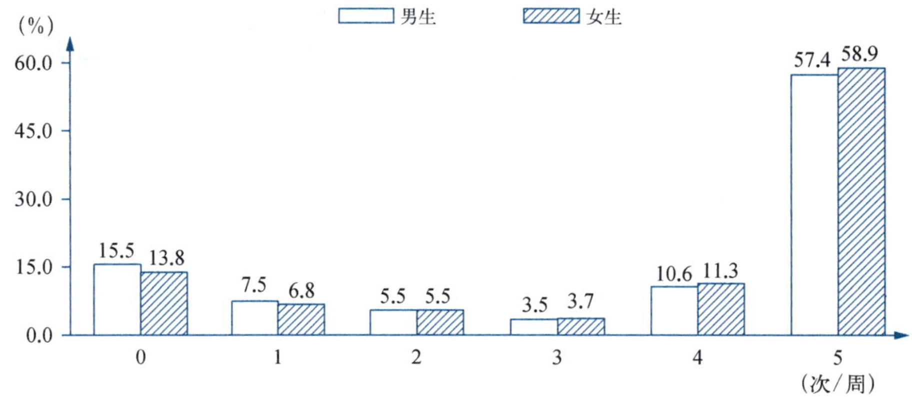

图3–10　男、女生每周早操的参加情况

（2）不同学段学生每周早操的参与情况：调查结果如图3–11所示，随着学段的升高，每周参加早操次数为0的人数比例逐渐增加：小学9.9%，初中13.8%，高中20.6%。学生每周参加1次、2次和4次早操的人数比例随着学段升高逐渐减小。学生每周参加5次早操的人数比例在各个学段均最高：小学57.3%，初中58.7%，高中58.5%。

不同学段男生早操的参加情况如图3-12所示，随着学段的升高，男生中每周参加早操次数为0的人数比例逐渐增加：小学10.5%，初中14.5%，高中22.0%。初中学段男生中每周参加5次早操的人数比例最高。不同学段女生早操的参加情况如图3-13所示，随着学段的升高，女生中每周参加早操次数为0的人数比例逐渐增加：小学9.3%，初中13.1%，高中19.3%。此外，女生中每周参加5次早操的人数比例在各个学段均高于男生；各个学段男生中每周参加早操次数为0的人数比例均高于女生。

（3）城、乡学生每周早操参加情况：调查结果如图3-14所示，城市学生每周参加早操次数为0的人数比例高于乡村学生；同时，城市学生每周参加5次早操的人数比例低于乡村地区。

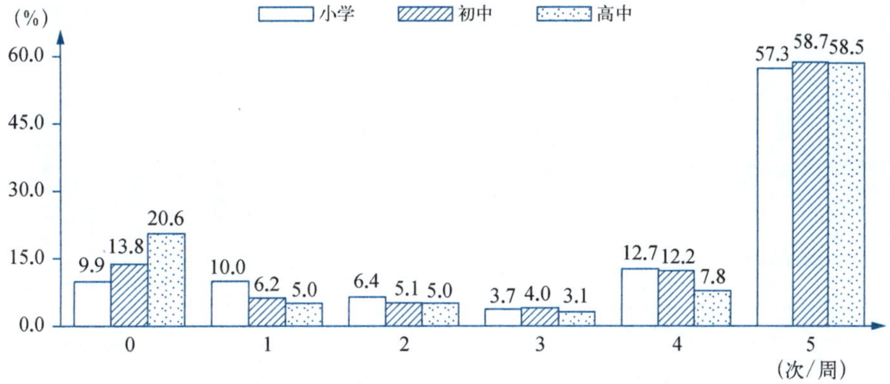

图3-11　不同学段学生每周早操的参加情况

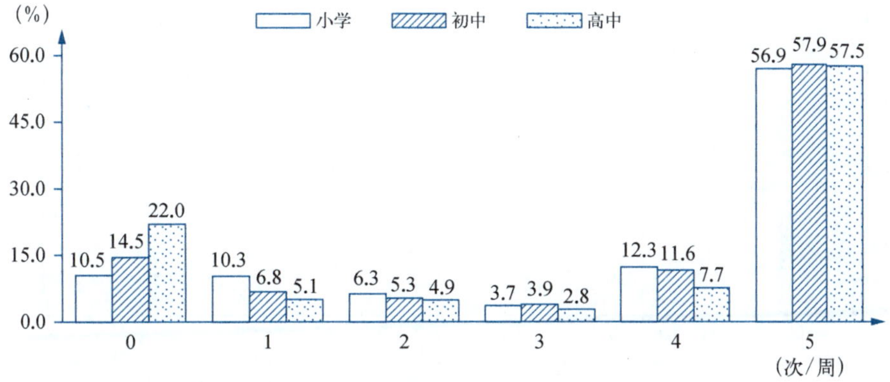

图3-12　不同学段男生每周早操的参加情况

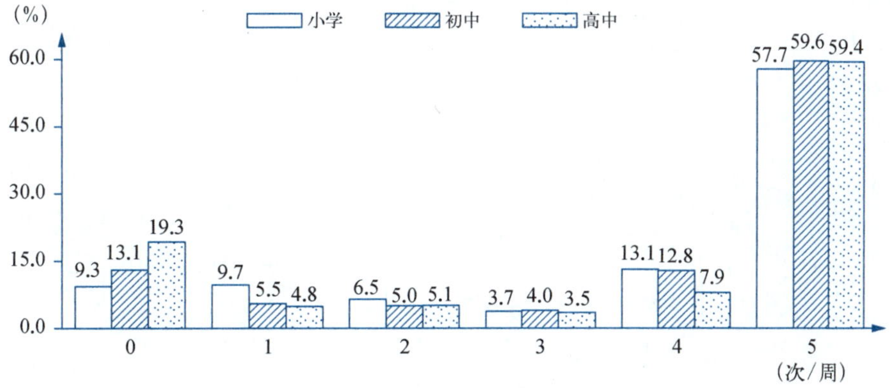

图3-13　不同学段女生每周早操的参加情况

城市地区不同学段学生参加早操情况如图3-15所示，随着学段的升高，城市学生每周参加早操次数为0的人数比例逐渐增加：小学9.6%，初中16.9%，高中23.8%；而每周参加1次、4次和5次早操的人数比例逐渐减小。乡村不同学段学生每周参加早操的情况如图3-16所示，随着学段的升高，乡村学生每周参加早操次数为0的人数比例以及每周参加5次早操的人数比例均逐渐增加；而每周参加1次、2次和4次早操的人数比例逐渐减小。此外，各个学段每周参加5次早操的城市学生比例均低于乡村地区；小学学段，城市学生每周参加早操次数为0的人数比例低于乡村学生，在初中和高中学段则高于乡村学生。

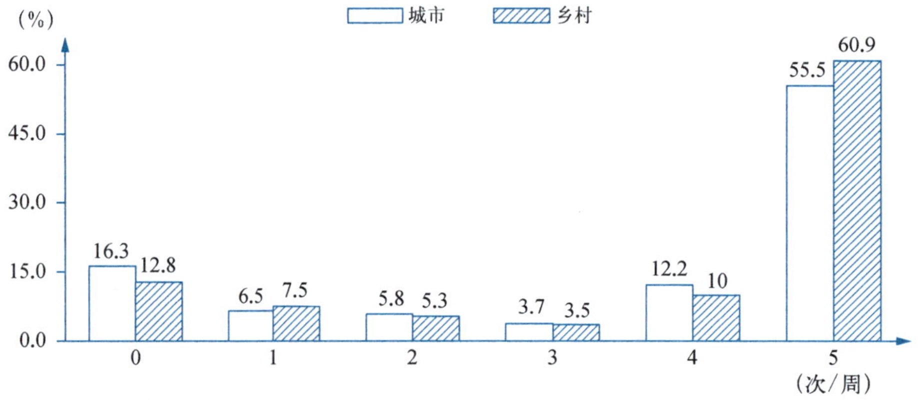

图3-14　城、乡学生每周早操的参加情况

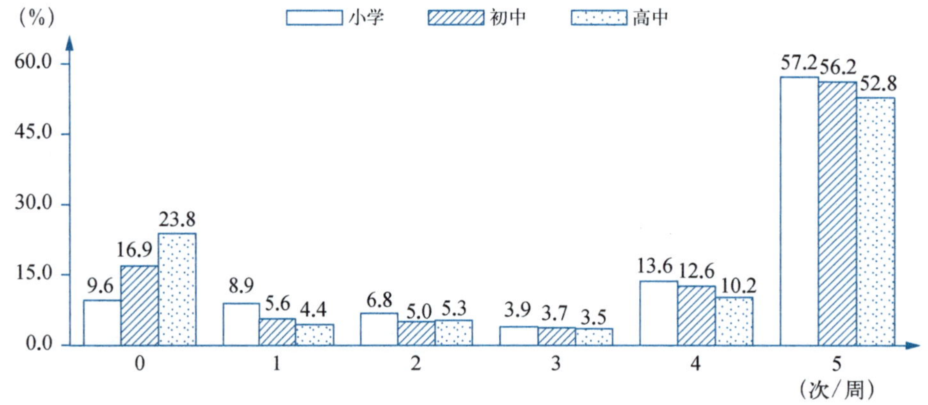

图3-15　城市不同学段学生每周早操的参加情况

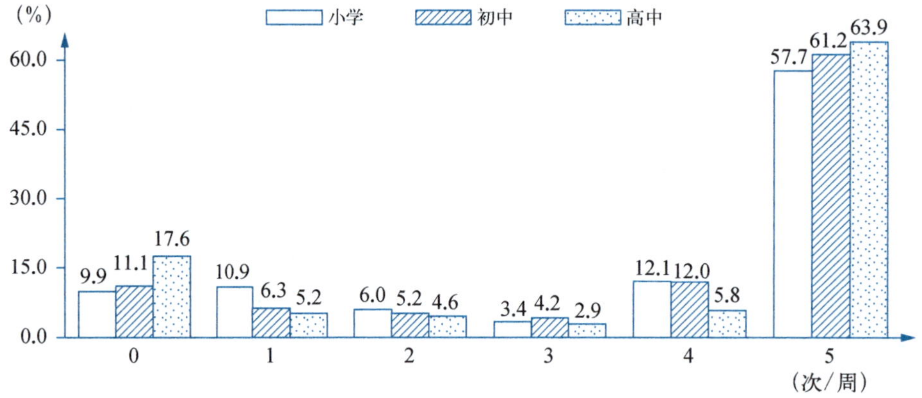

图3-16　乡村不同学段学生每周早操的参加情况

城、乡男、女生每周早操的参加情况分别如图3-17和图3-18所示，城市地区男生和女生每周参加5次早操的人数比例均低于乡村地区；城市男、女生中每周参加早操次数为0的人数比例均高于乡村地区。在城市和乡村地区，女生每周参加5次早操的人数比例均高于男生；每周参加早操次数为0的人数比例均低于男生。

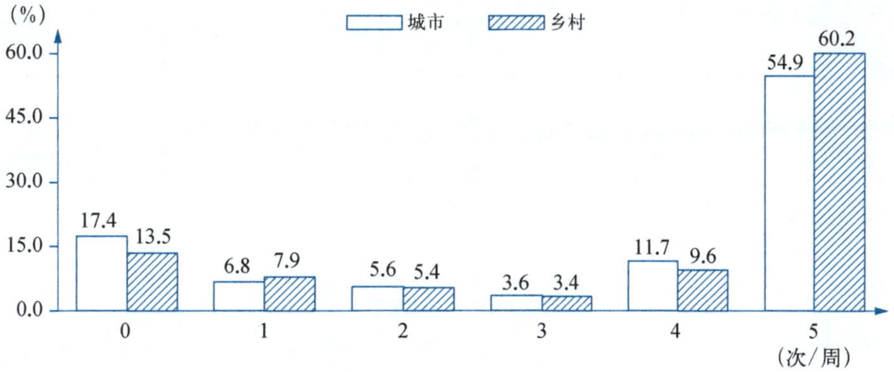

图3-17　城、乡地区男生每周早操的参加情况

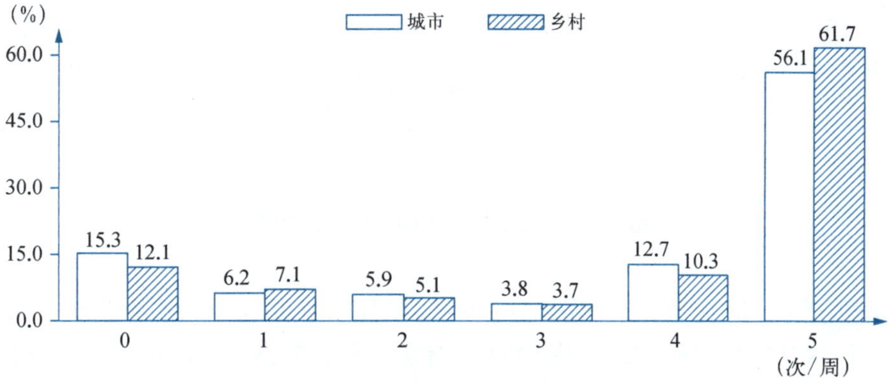

图3-18　城、乡地区女生每周早操的参加情况

（4）七大分区的学生每周早操的参加情况：调查结果如表3-4所示，我国七大行政分区中，学生每周参加5次早操的人数比例最高的3个分区为：华东64.7%、西北61.0%，华北60.9%；每周参加早操次数为0的学生人数比例最高的3个分区为分别为：东北22.6%、华中18.6%，华南15.7%。

表3-4　七大分区学生每周早操的参加情况（%）

地　区	早操（次/周）					
	0	1	2	3	4	5
华　北	14.8	6.1	5.0	2.4	10.8	60.9
东　北	22.6	10.9	5.9	2.9	4.0	53.7
华　东	10.3	5.1	3.4	2.9	13.6	64.7
华　中	18.6	6.9	6.6	4.0	6.5	57.4
西　北	13.2	7.9	5.6	2.6	9.7	61.0
西　南	14.2	7.8	5.2	4.3	12.2	56.3
华　南	15.7	7.5	9.8	7.7	15.8	43.5

3. 课间活动

调查结果显示，学生每周参加5次课间活动人数比例为58.8%；仍有9.9%的学生每周参加课间活动的次数为0，见表3-5。

表3-5 学生每周课间活动的参加情况

课间活动（次/周）	0	1	2	3	4	5
学生比例（%）	9.9	7.4	9.4	7.5	7.0	58.8

（1）男、女生课间活动的参加情况：调查结果如图3-19所示，女生每周参加5次课间活动的人数比例高于男生，每周参加2次及以上的其他频率的人数比例均略高于男生；男生中每周参加课间活动次数为0的人数比例为10.9%，高于女生。

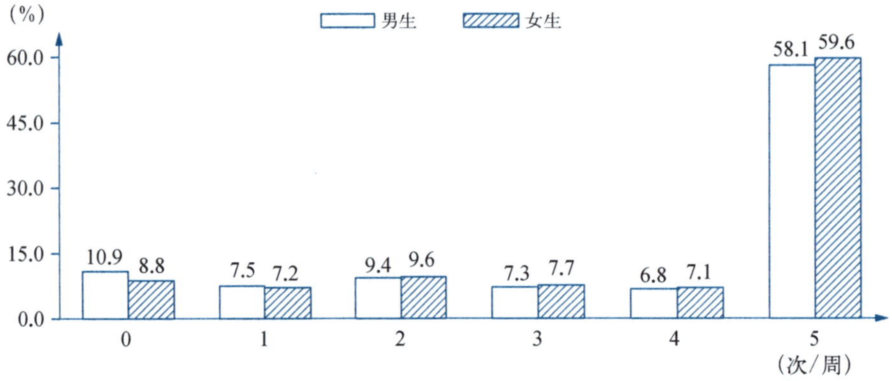

图3-19 男、女每周课间活动的参加情况

（2）不同学段学生课间活动的参加情况：调查结果如图3-20所示，每周参加5次课间活动的人数比例分别为：小学58.7%，初中60.8%，高中57.0%；随着学段的升高，每周参加课间活动次数为0的人数比例逐渐增加，每周参加3次和4次的人数比例呈逐渐减小。

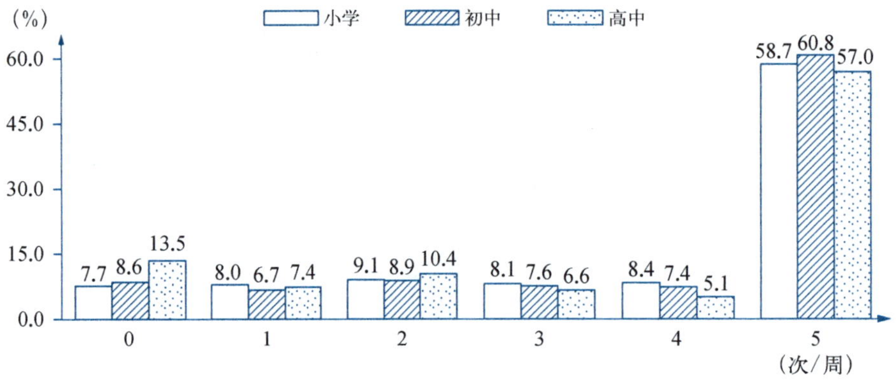

图3-20 不同学段学生每周课间活动的参加情况

不同学段男、女生每周课间活动的参加情况如图3-21、图3-22、图3-23所示，各个学段，男生中每周参加课间活动次数为0的人数比例均高于女生；小学学段男生每周参加5次课间活动的人数比例高于女生；初中和高中学段，人数比例均低于女生。随着学段的升高，男、女生每周参加课间活动次数为0的人数比例均逐渐增加。

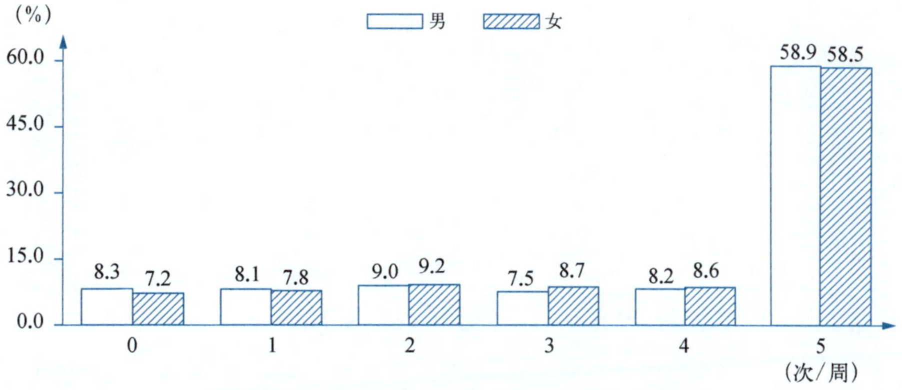

图3-21　小学男、女生每周课间活动的参加情况

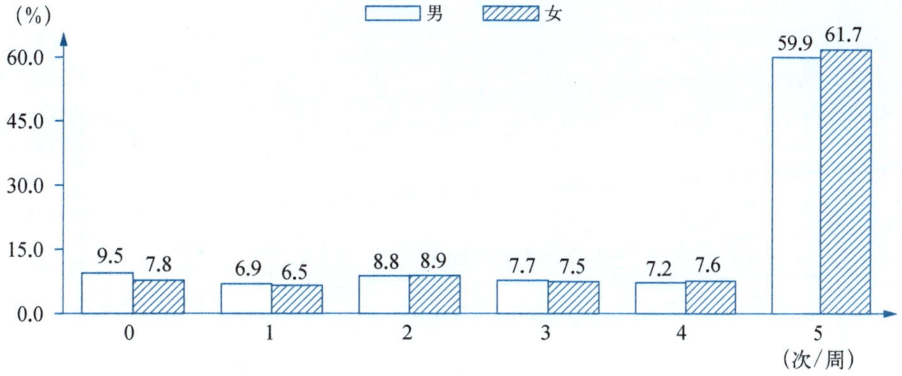

图3-22　初中男、女生每周课间活动的参加情况

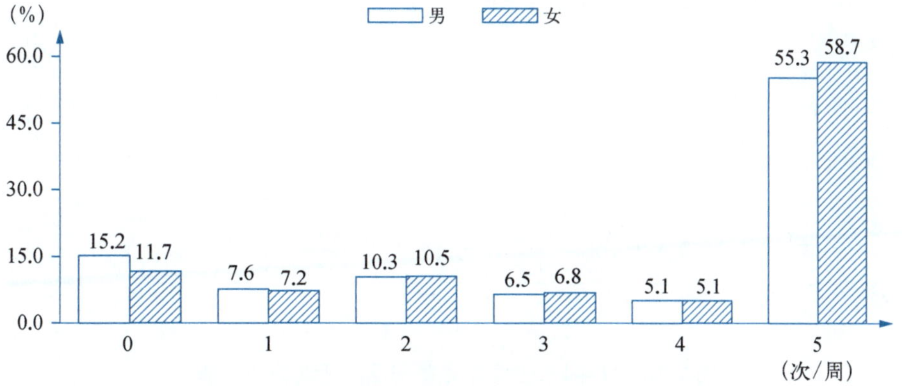

图3-23　高中男、女生每周课间活动的参加情况

（3）城、乡学生课间活动的参加情况：调查结果如图3-24所示，城市学生中每周参加课间活动次数为0的人数比例高于乡村学生，城市学生每周参加4次和5次课间活动的人数比例略高于乡村学生。

不同学段城乡学生每周课间活动的参加情况如图3-25、图3-26、图3-27所示，小学和初中学段，城市学生中每周参加5次课间活动的人数比例高于乡村学生；高中学段，城市学生每周参加5次课间活动人数比例低于乡村学生。小学学段城、乡学生中每周参加课间活动次数为0的人数比例接近；初中和高中学段，城市学生中每周参加课间活动次数为0的人数比例高于乡村学生。随着学段的升高，城市学生中每周参加课间活动次数为0的人数比例逐渐增加；乡村小学和初中学段学生水平持平，高中学段每周参加课间活动次数为0的人数比例明显高于小学和初中学段。

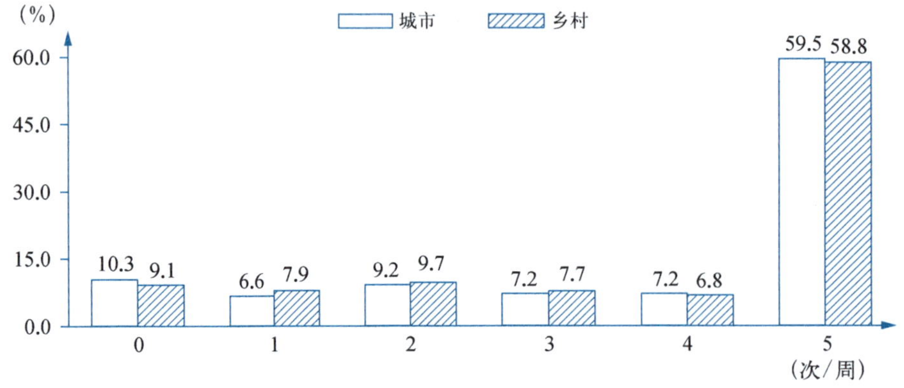

图3-24　城、乡学生每周课间活动的参加情况

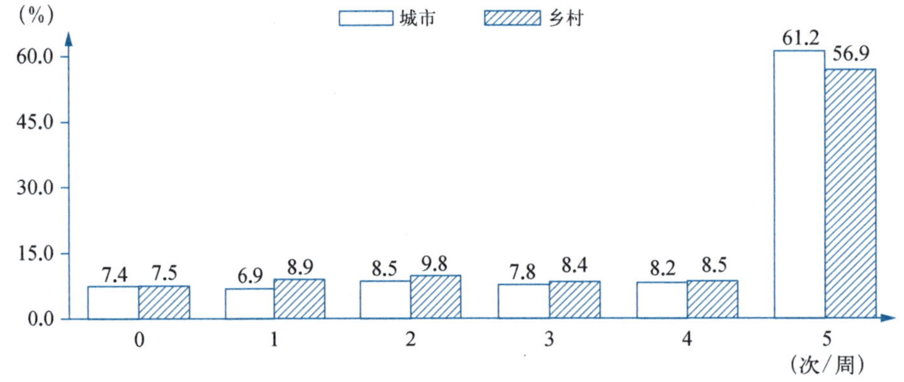

图3-25　小学城、乡学生每周课间活动的参加情况

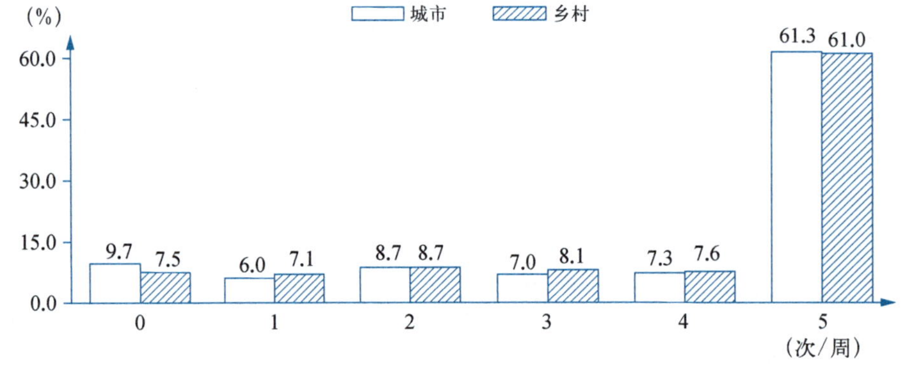

图3-26　初中城、乡学生生每周课间活动的参加情况

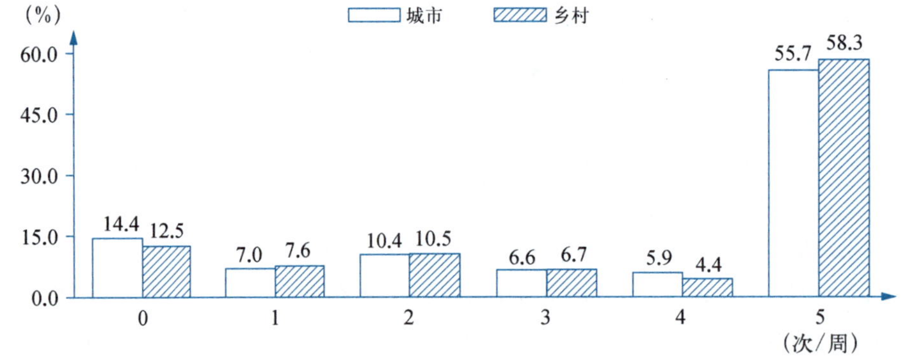

图3-27　高中城、乡学生生每周课间活动的参加情况

城、乡男、女生每周课间活动的参加情况如图3-28、图3-29所示，城市男生每周参加5次课间活动的人数比例高于乡村男生；乡村男生中每周参加课间活动次数为0的人数比例低于城市男生。城市女生每周参加5次课间活动的人数比例高于乡村地区；乡村女生中每周参加课间活动次数为0的人数比例低于城市女生。城、乡地区女生每周参加5次课间活动的人数比例均高于男生，参加课间活动次数为0的人数比例均低于男生。

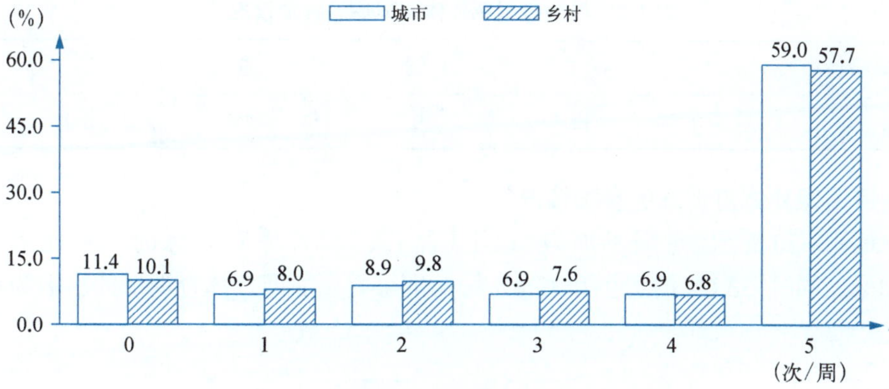

图3-28　城、乡男生每周课间活动的参加情况

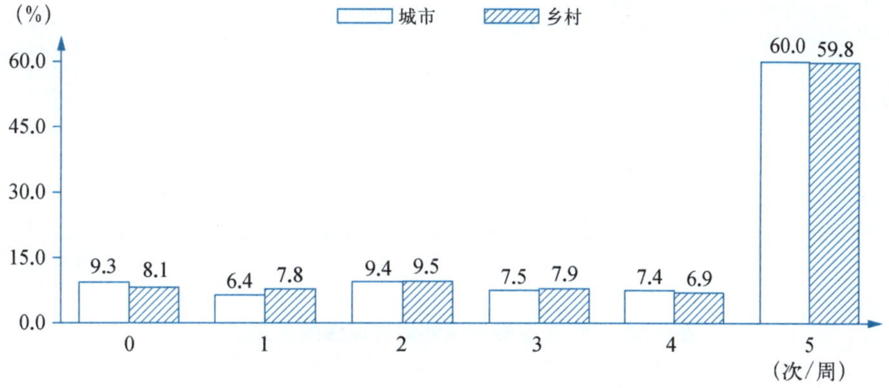

图3-29　城、乡女生每周课间活动的参加情况

（4）七大分区学生课间活动的参加情况：调查结果如图3-30所示，七大分区中，学生每周参加5次课间活动的人数比例最高的3个分区为：华东63.3%，东北62.5%，华中61.0%；每周参加课间活动次数为0的人数比例最高的3分区为：华南17.7%，华北9.7%，西南9.4%。

表3-6　七大分区学生每周课间活动的参加情况（%）

行政分区	课间活动（次/周）					
	0	1	2	3	4	5
华　北	9.7	6.4	9.0	6.4	8.0	60.5
东　北	9.0	6.3	9.2	7.1	5.9	62.5
华　东	8.8	5.7	8.2	7.1	6.9	63.3
华　中	9.3	7.7	9.8	6.8	5.4	61.0
西　北	7.6	8.1	9.4	7.4	6.8	60.7
西　南	9.4	8.1	9.0	8.6	8.6	56.3
华　南	17.7	10.6	13.2	9.1	6.6	42.8

（三）课外体育训练

学生课外体育训练的参加情况包括每周学校运动代表队、学校体育俱乐部、课余体育竞赛和校外体育培训班的参加情况。调查结果如表3-7所示，每周参加5次以上（含5次）课外体育训练的人数比例为31.5%，仍有33.5%的学生每周参加课外体育训练的次数为0。

表3-7　学生每周课外体育锻炼的参加情况

课外体育锻炼（次/周）	0	1	2	3	4	5次及以上
学生比例（%）	33.5	12.3	9.7	7.0	6.0	31.5

1. 男、女生每周课外体育训练的参加情况

调查结果如图3-30所示，每周参加5次以上（含5次）课外体育训练的人数比例分别为：男生31.9%，女生31.1%。同时，33.6%的男生和33.4%的女生每周参加课外体育训练的次数为0。

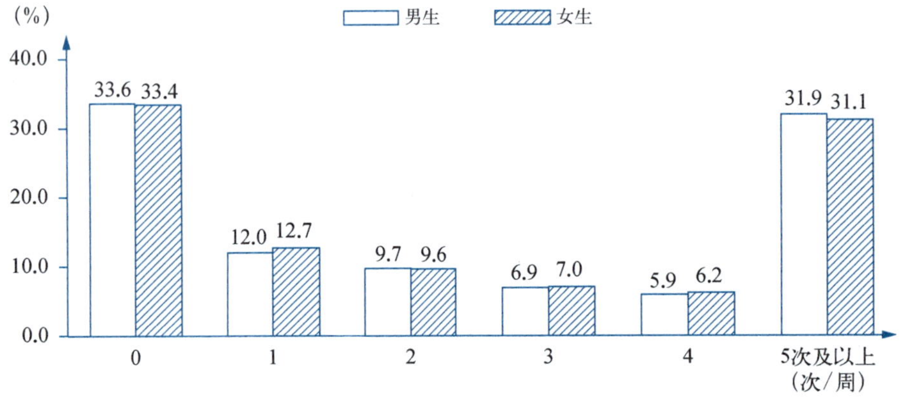

图3-30　男、女生每周课外体育训练的参加情况

2. 不同学段学生每周课外体育训练的参加情况

调查结果如图3-31所示，随着学段的升高，每周参加2次以上（含2次）课外体育训练的人数比例均逐渐减小；每周参加课外体育训练次数为0的学生比例随着学段的升高逐渐增加：小学21.9%，初中32.5%，高中47.0%。

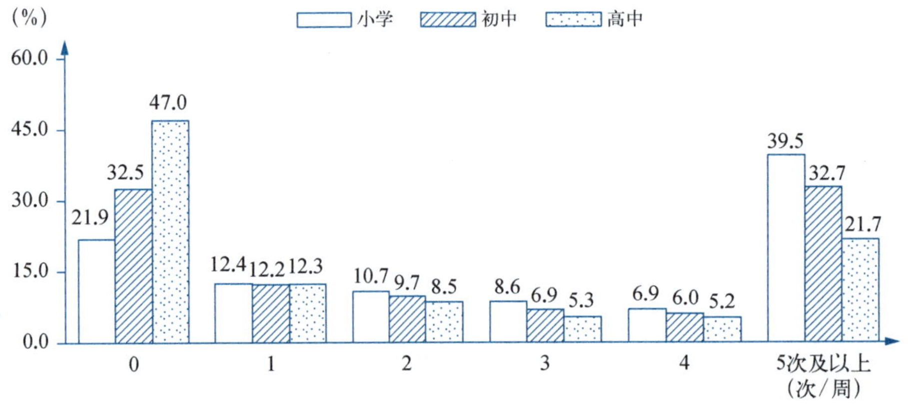

图3-31　不同学段学生每周课外体育训练的参加情况

不同学段男、女生每周课外活动参加情况如图3-32、图3-33、图3-34。男生每周参加5次以上（含5次）课外体育训练的人数比例在各个学段均高于女生。小学阶段，男生中每周参加课外体育训练次数为0的人数比例低于女生，在初中和高中学段则略高于女生。随着学段升高，男、女生每周参加5次以上（含5次）课外体育训练的人数比例均逐渐降低，每周参加课外体育训练次数为0的人数比例均逐渐增加。

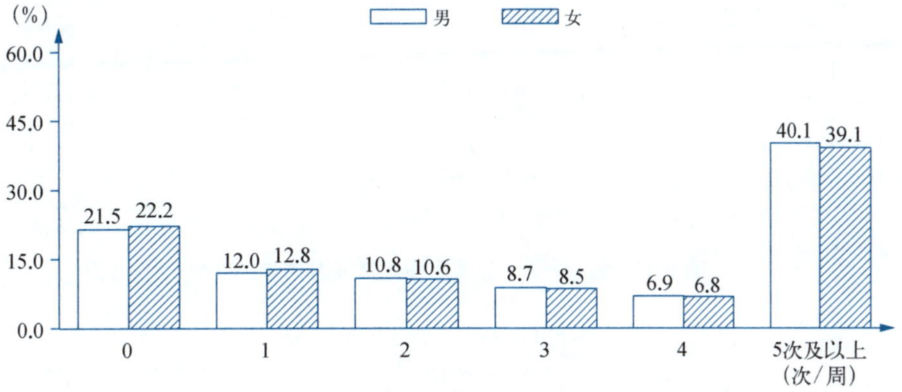

图3-32　小学男、女生每周课外体育训练的参加情况

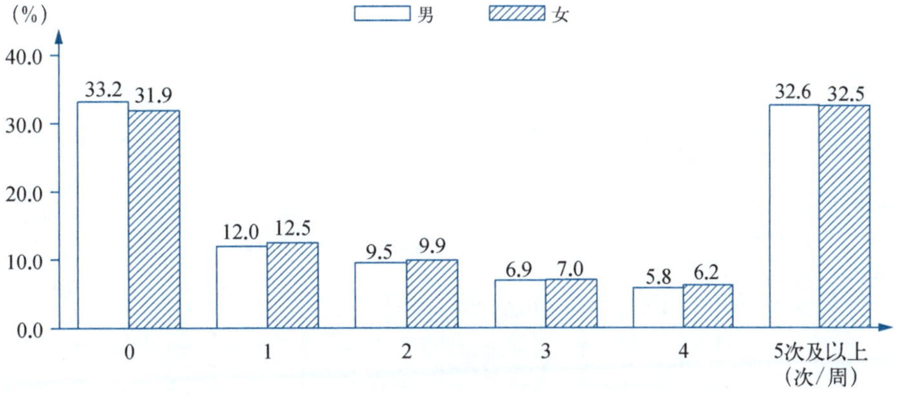

图3-33　初中男、女生每周课外体育训练的参加情况

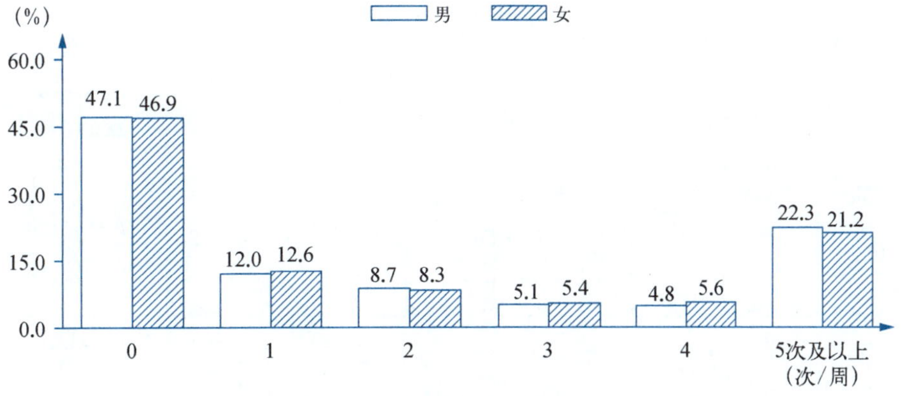

图3-34　高中男、女生每周课外体育训练的参加情况

3. 城、乡学生每周课外体育训练参加情况

调查结果如图3–35所示，城市学生每周参加5次以上（含5次）课外体育训练的人数比例低于乡村地区；每周参加课外体育训练次数为0的人数比例高于乡村学生。

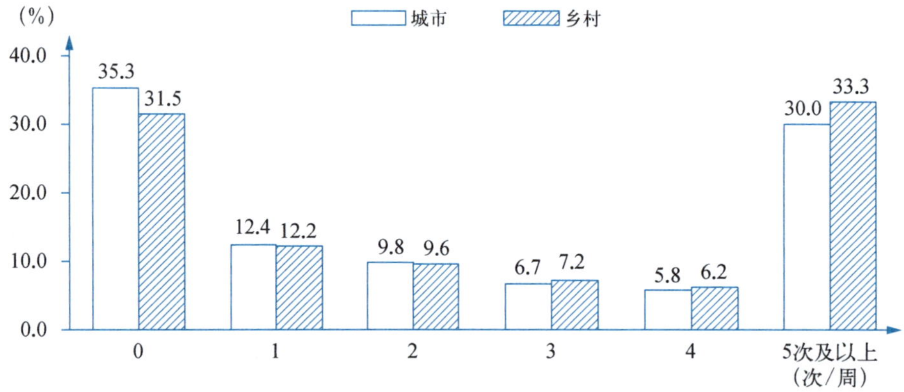

图3–35 城、乡学生每周课外体育训练的参加情况

不同学段城、乡学生每周参加课外体育训练的情况见图3–36、图3–37、图3–38。小学学段，城市学生每周参加5次以上（含5次）课外体育训练的人数比例高于乡村学生；每周参加课外体育训练次数为0的人数比例低于乡村学生。初中和高中学段，城市学生每周参加5次以上（含5次）课外体育训练的人数比例均低于乡村学生；每周参加课外体育训练次数为0的人数比例均高于乡村学生。随着学段的升高，城、乡学生每周参加2次以上（含2次）课外体育训练的人数比例均逐渐减小，每周参加课外体育训练次数为0的人数比例均逐渐增加。

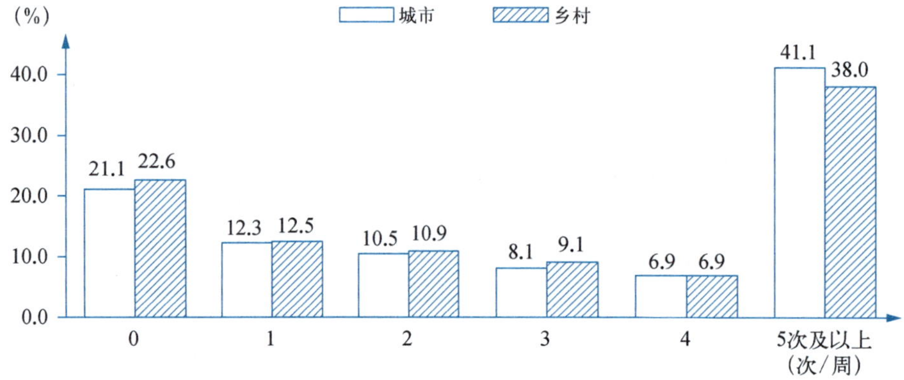

图3–36 小学城、乡学生生每周课外体育训练的参加情况

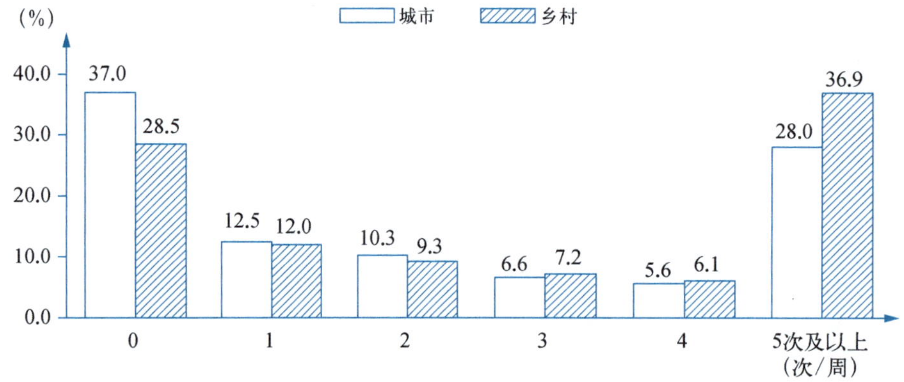

图3–37 初中城、乡学生每每周课外体育训练的参加情况

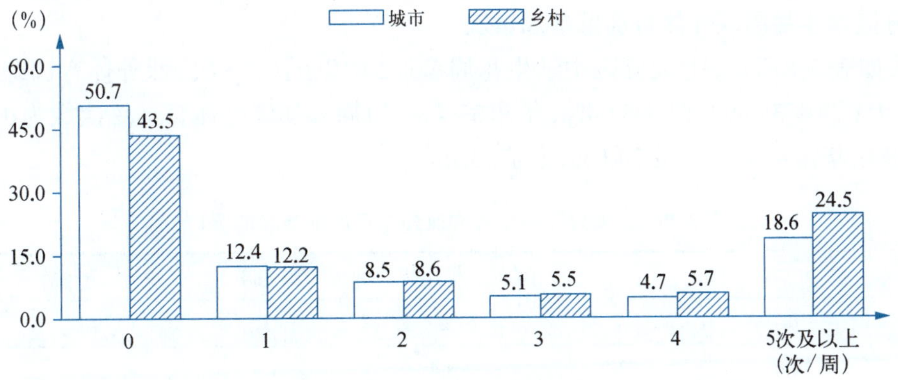

图3-38 高中城、乡学生生每周课外体育训练的参加情况

城市、乡村男、女生每周课外体育训练的参加情况如图3-39、图3-40所示，城市男生每周参加5次以上（含5次）课外体育训练的人数比例高于城市女生；每周参加课外体育训练次数为0的人数比例低于城市女生。乡村男生每周参加5次以上（含5次）课外体育训练的人数比例略低于乡村女生，而每周参加课外体育训练次数为0的人数比例高于城市女生。城市男、女生每周参加5次以上（含5次）课外体育训练的人数比例均低于乡村男、女生，每周参加课外体育训练次数为0的人数比例均高于乡村男、女生。

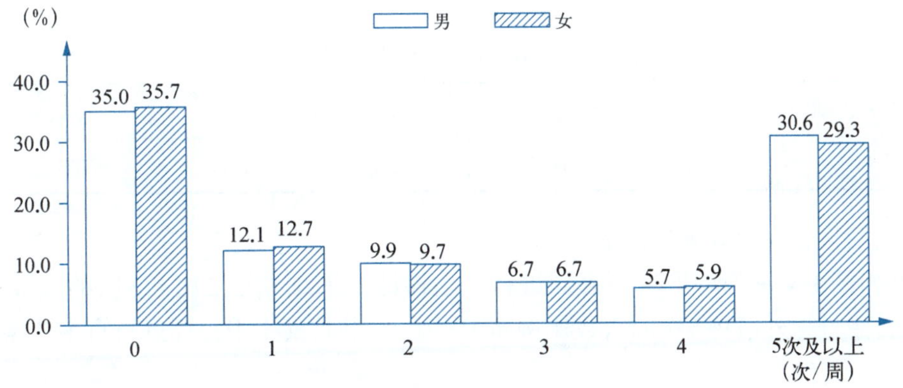

图3-39 城市男、女生每周课外体育训练的参加情况

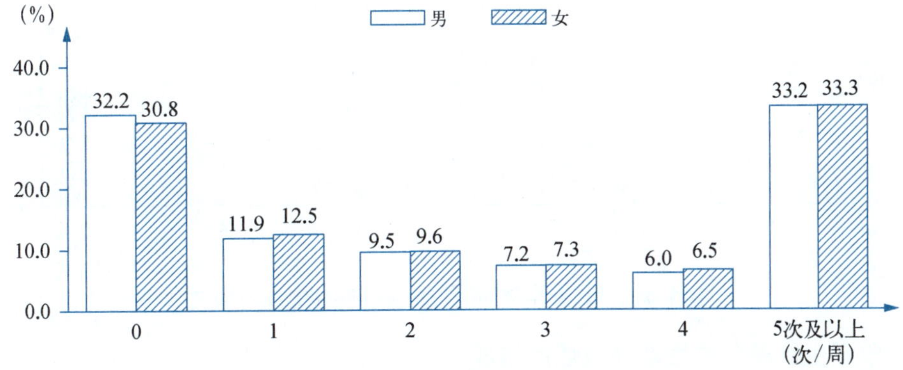

图3-40 乡村男、女生每周课外体育训练的参加情况

4. 七大分区学生每周课外体育训练参加情况

调查结果如表3–8所示，七大分区中学生每周参加5次以上（含5次）课外体育训练的人数比例最高的3个分区为：西南34.9%，西北33.4%，华东33.4%；每周参加课外体育训练次数为0的人数比例最高的3个分区为：华南47.6%，华北34.0%，华东33.7%。

表3–8　七大分区学生每周课外体育训练参加情况（%）

行政分区	课外体育训练（次/周）					
	0	1	2	3	4	5次及以上
华　北	34.0	13.2	9.4	6.5	5.9	31.0
东　北	32.0	11.4	10.7	6.8	6.3	32.8
华　东	33.7	11.4	9.0	6.6	5.9	33.4
华　中	33.5	11.9	8.8	6.5	6.2	33.1
西　北	27.6	13.1	10.9	8.4	6.6	33.4
西　南	29.7	12.5	9.4	7.5	6.0	34.9
华　南	47.6	13.1	9.6	6.1	5.2	18.4

（四）自主性课外锻炼

调查结果如表3–9所示，每周进行自主性课外锻炼5次的人数比例最高，仍有8.2%的学生每周进行自主性课外锻炼的次数为0。

表3–9　每周进行自主性课外锻炼的情况

自主性课外锻炼（次/周）	0	1	2	3	4	5
学生比例（%）	8.2	14.3	21.7	17.4	8.3	30.1

1. 男、女生每周自主性课外锻炼的情况

调查结果如图3–41所示，男生中每周进行自主性课外训练1次、2次和3次的人数比例均低于女生；每周进行自主性课外锻炼5次的人数比例高于女生。同时，女生中每周进行自主性课外锻炼次数为0的人数比例高于男生。

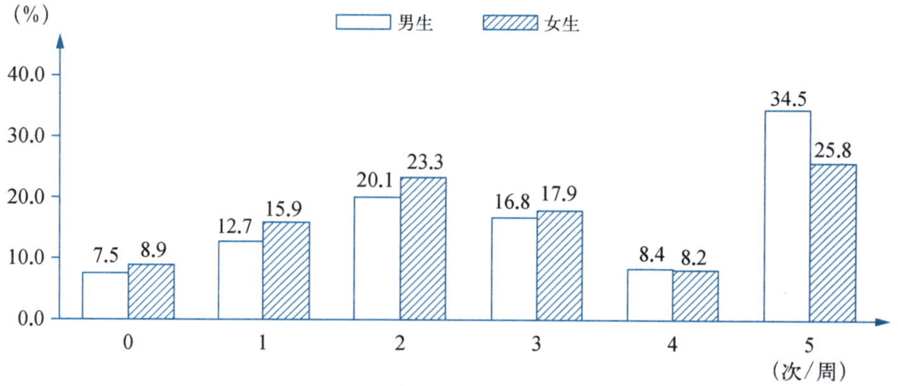

图3–41　男、女生每周进行自主性课外锻炼的情况

2. 不同学段学生每周自主性课外锻炼的情况

调查结果如图3–42所示，随着学段的升高，每周进行自主性课外锻炼4次和5次的人数比例逐渐减

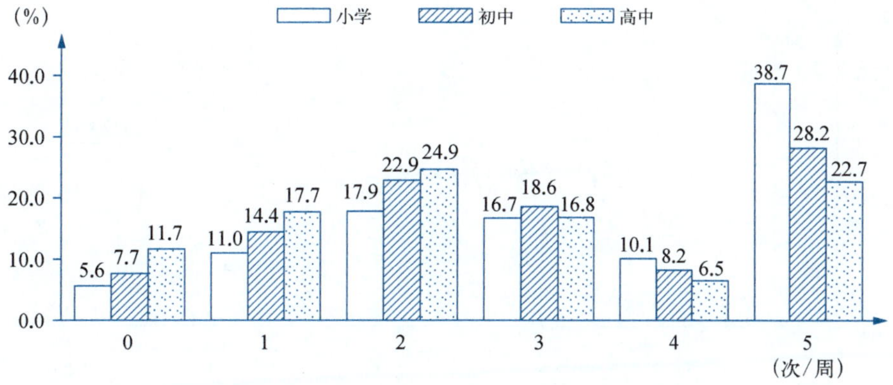

图3-42　不同学段学生每周自主性课外锻炼的情况

小,每周自主性课外锻炼1次、2次的人数比例逐渐增加;每周进行自主性课外锻炼次数为0的人数比例随着学段的升高逐渐增加。

不同学段男、女生每周自主性课外锻炼的情况如图3-43、图3-44、图3-45所示,女生中每周自主性课外锻炼1次和2次人数比例,在各个学段均高于男生;女生每周自主课外锻炼5次的人数比例在各个学段均低于男生。小学男生每周自主课外锻炼3次和4次的人数比例均低于女生,在高中学段则高于女生。小学男生中每周进行自主性课外锻炼次数为0的人数比例高于女生,初中和高中男生人数比例则低于女生。

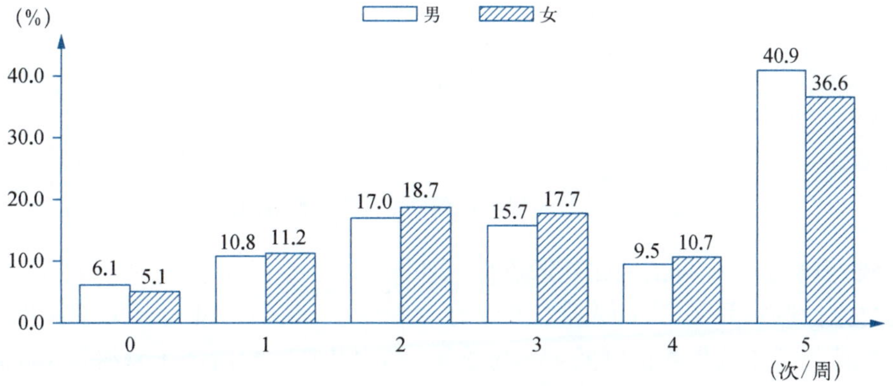

图3-43　小学男、女生每周自主性课外锻炼的情况

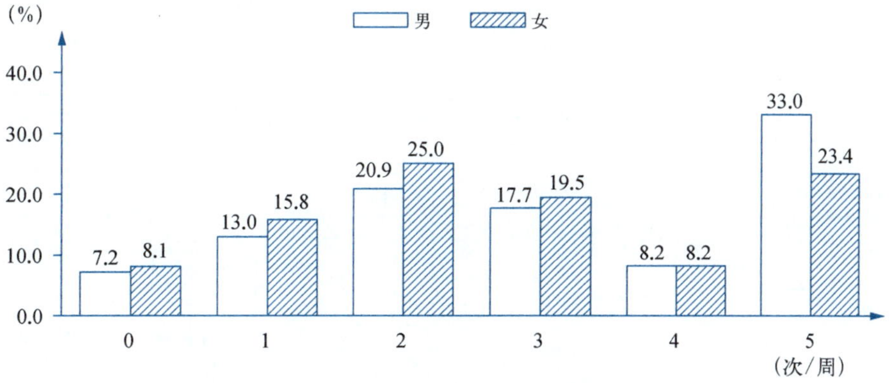

图3-44　初中男、女生每周自主性课外锻炼的情况

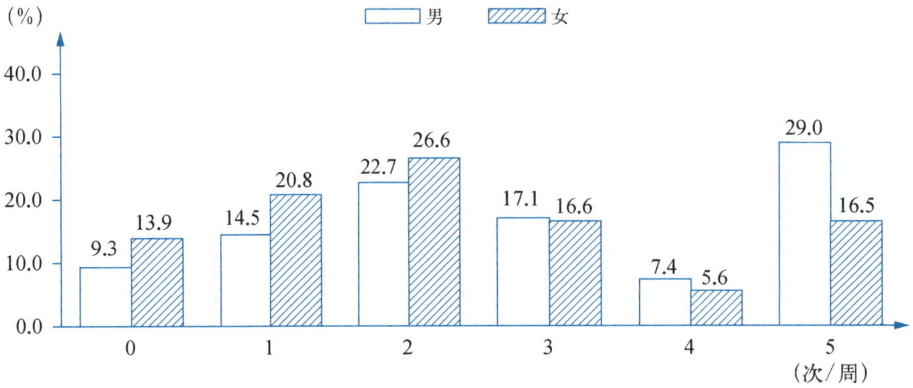

图3-45　高中男、女生每周自主性课外锻炼的情况

3. 城、乡学生每周自主性课外锻炼的情况

调查结果如图3-45所示，城市学生每周进行自主性课外锻炼1次和5次的人数比例均高于乡村学生，每周锻炼2次、3次和4次的人数比例低于乡村学生；每周进行自主性课外锻炼次数为0的城、乡学生比例持平，均为8.1%。

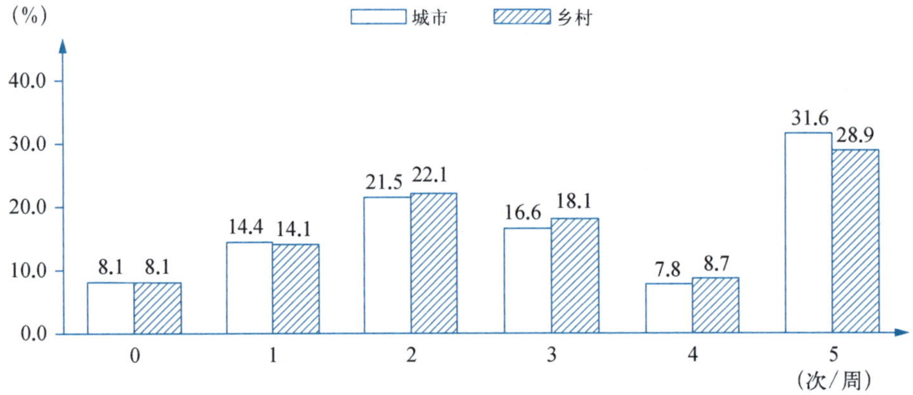

图3-46　城、乡学生每周自主性课外锻炼的情况

不同学段城、乡学生每周自主性课外锻炼情况如图3-47、图3-48、图3-49所示，小学和初中学段，城市学生每周自主性课外锻炼5次的人数比例高于乡村学生，高中学段低于乡村学生。小学学段城市学生进行自主性课外锻炼的人数比例低于乡村学生，初中和高中学段高于乡村学生。随着学段升高，城、乡学生每周自主性课外锻炼4次和5次的人数比例均逐渐减小，每周自主性课外锻炼1次和2次的人数比例均逐渐增加，同时，每周进行自主性课外锻炼次数为0的人数比例均逐渐增加。

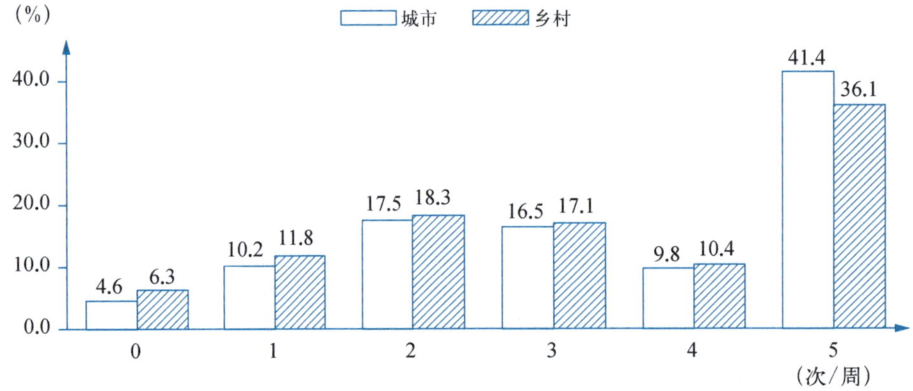

图3-47　小学城、乡学生每周自主性课外锻炼的情况

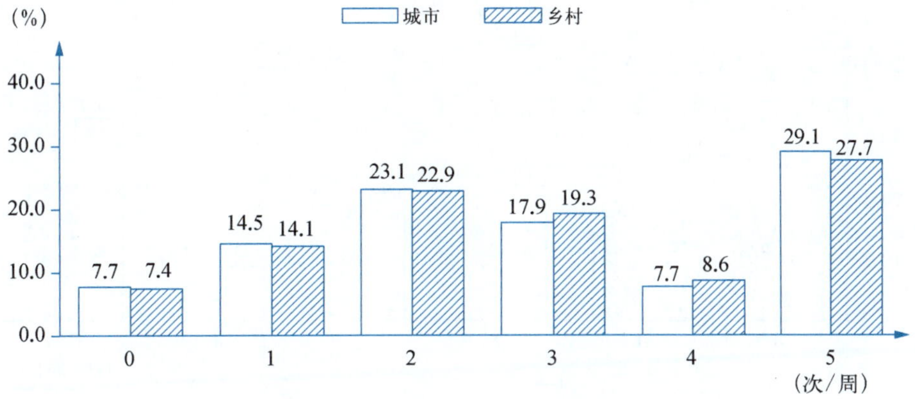

图3-48　初中城、乡学生每周自主性课外锻炼的情况

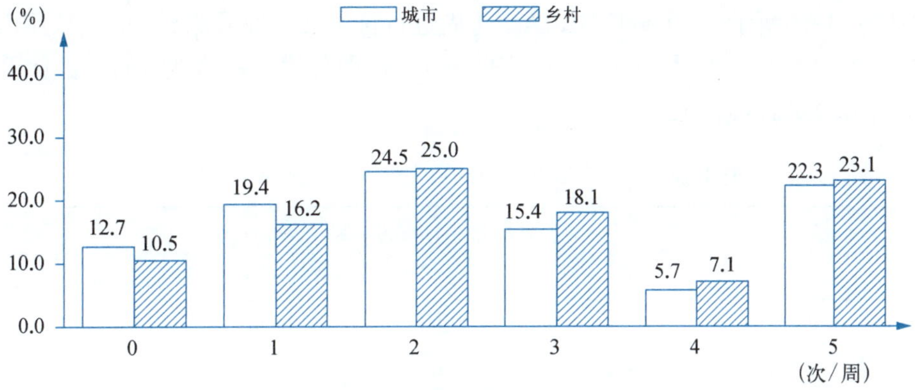

图3-49　高中城、乡学生每周自主性课外锻炼的情况

城市、乡村男、女生每周自主性课外锻炼情况如图3-50、图3-51所示，城市男生每周自主性课外锻炼5次的人数比例高于女生，每周自主性课外锻炼1次、2次、3次和4次的人数比例均低于女生。同时，城市男生中进行自主性课外锻炼次数为0的人数比例低于女生。乡村男生每周进行自主性课外锻炼4次和5次的人数比例高于女生，每周锻炼1次、2次和3次的人数比例均低于女生。乡村男生每周进行自主性课外锻炼次数为0的人数比例低于女生。

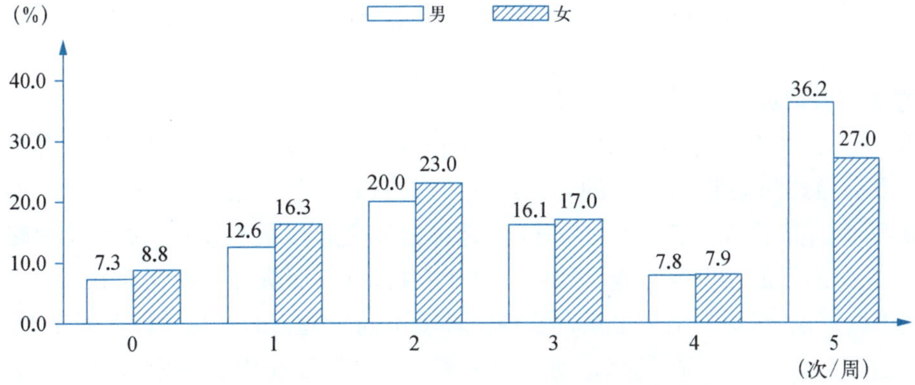

图3-50　城市男、女生每周自主性课外锻炼的情况

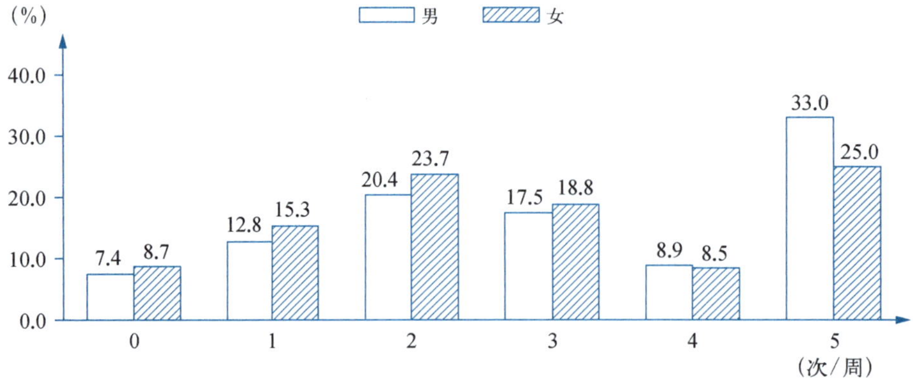

图3-51 乡村男、女生每周自主性课外锻炼的情况

4. 七大分区学生自主性课外锻炼情况

调查结果如表3-10所示，七大分区中，学生每周进行自主性课外锻炼5次的人数比例最高的3分区为：华东32.7%，东北32.0%，华中31.8%；每周进行自主性课外锻炼次数为0的人数比例最高的3分区为：华北9.9%，华南9.9%，东北9.2%。

表3-10 七大分区学生每周自主性课外锻炼的情况（%）

行政分区	每周自主性课外锻炼次数（次/周）					
	0	1	2	3	4	5
华 北	9.9	15.5	22.0	16.8	7.6	28.2
东 北	9.2	12.6	20.0	18.0	8.2	32.0
华 东	8.2	14.2	20.8	16.3	7.8	32.7
华 中	8.7	13.6	20.8	17.1	8.0	31.8
西 北	6.3	14.1	22.8	18.6	8.6	29.6
西 南	6.6	12.9	21.0	18.2	9.8	31.5
华 南	9.9	17.0	24.7	17.1	8.1	23.2

5. 身体活动量自评情况

调查结果如图3-52、图3-53所示，有一半的学生认为自己的身体活动是充足的，其中男女生之间，城乡之间以及行政区域之间的差异并不大，但是学段之间的差异则较为明显。小学阶段有66.3%的学生认为自己的身体活动是充足的，而到了初中阶段，这一比例则下降到了不足50%，到了高中阶段更是下降到了32.1%。该结果与通过量化的国际体力活动问卷得出的结果一致，其原因可能由于不断加重学生的学业压力有关。

6. 通学方式调查情况

研究表明，通学的过程为学生提供了部分的课外身体活动量，因此我们对儿童青少年的通学方式进行了调查。图3-54结果表明，44.7%的学生选择步行，11.6%的学生选择骑车，22.9%的学生选择公共交通，16.6%的学生选择了私家车。男女生之间，选择公共交通和私家车的比例女生要略高于男生。城乡之间，选择私家车出行的比例城市地区要明显高于农村地区，而选择公共交通和步行的比例则是农村地区要明显高于城市地区，这一结果也是社会经济环境不同所造成的。从学段差异来看，小学期间选择步行的比例超过了5成，另外选择私家车通学的比例也明显高于初中和高中阶段。小学期间选择步行上学的孩子比例较高，可能由于就近择校的原因；而选择私家车通学的比例较高，其原因可能是家长出

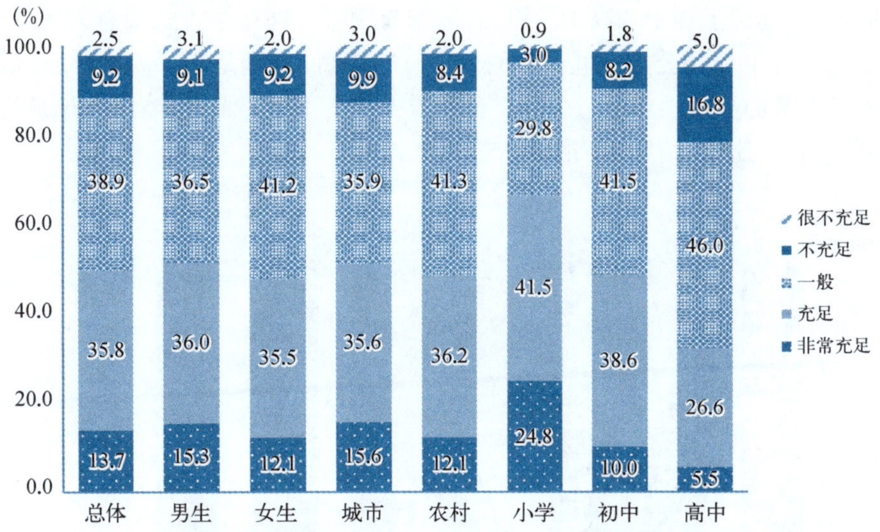

图3-52　自评PA水平的男女生、城乡、学段比较

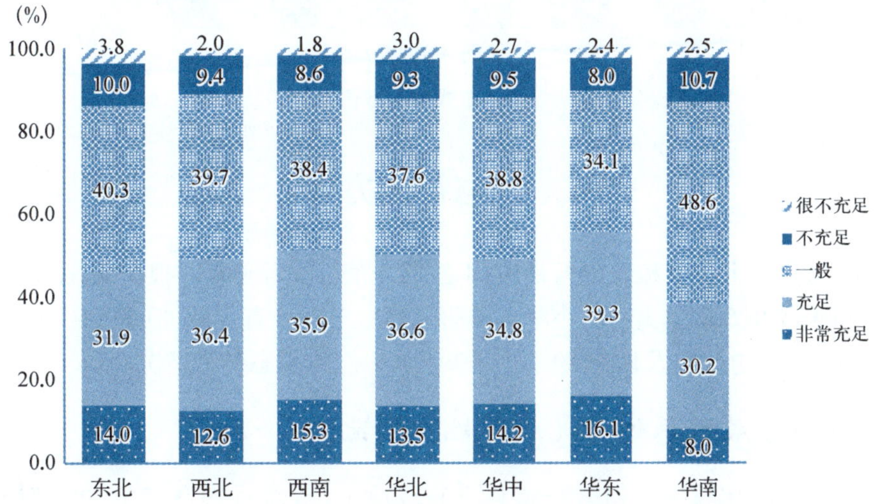

图3-53　自评PA水平的行政区域比较

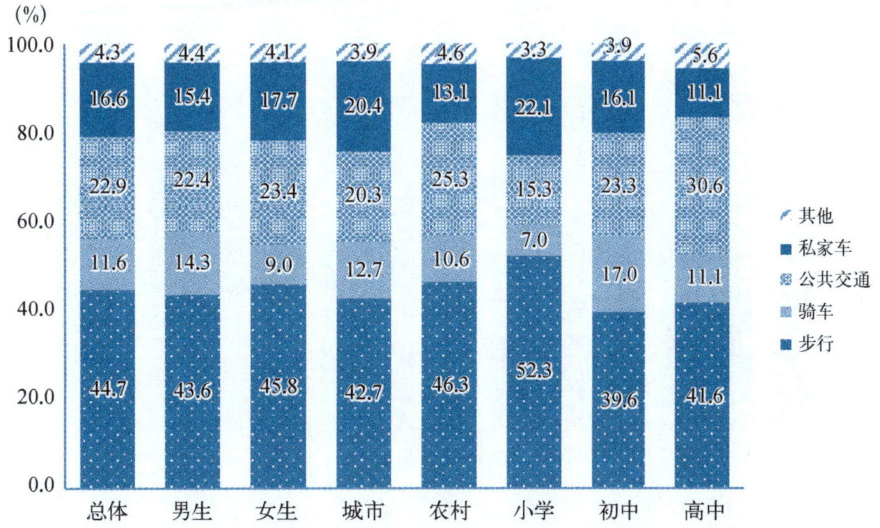

图3-54　通学方式的男女生、城乡、学段比较

于对孩子安全的考虑。而到了初中和高中阶段，总的来看两者之间通学方式没有太大差异，与小学阶段相比，比较明显的是骑车和使用公共交通通学的比例有所提高，特别是到了高中阶段，随着学生独立自主能力的完善，家长更放心孩子独自通过公共交通的方式来上下学。此外，本研究还从行政区域的角度对通学方式的不同进行了比较，结果参照图3-55。

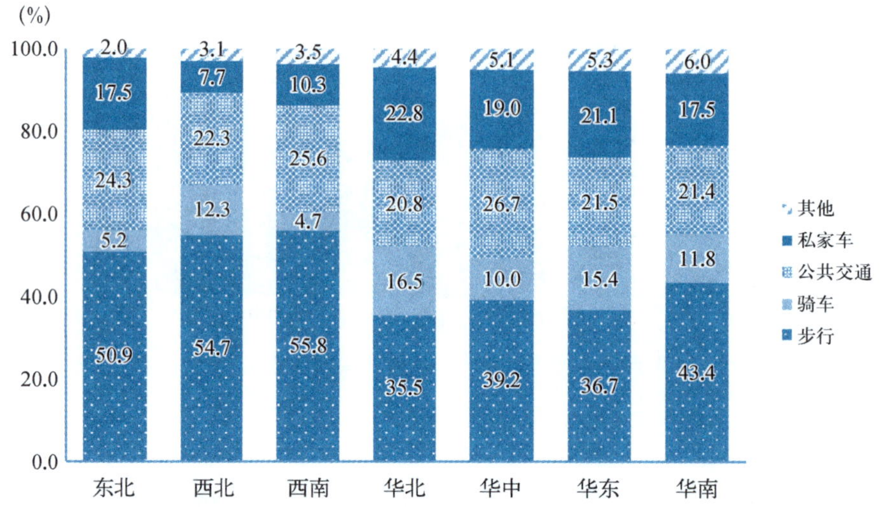

图3-55　通学方式的行政区域比较

二、静态行为方式

静态行为时间是指学生在学校正常行课时间之外的静坐行为时间。根据WHO建议，从健康的角度出发，每天的静坐行为时间不宜超过2小时。本研究通过对儿童青少年使用电视、手机（包括手机、平板等电子智能移动终端）、电脑以及做作业的时间来评价他们的静态行为情况。

（一）静态行为方式的总体情况以及性别间比较

总体情况以及性别的比较结果如图3-56和图3-57所示，静态行为方式在平时和周末呈现出了较大的区别，从使用银幕（电视、手机、电脑）时间来看，周末的使用率要高于平时的使用率。在平时有超过50%的儿童青少年不使用电视和电脑，同样也有将近45%的儿童青少年不使用手机，这一比例到了

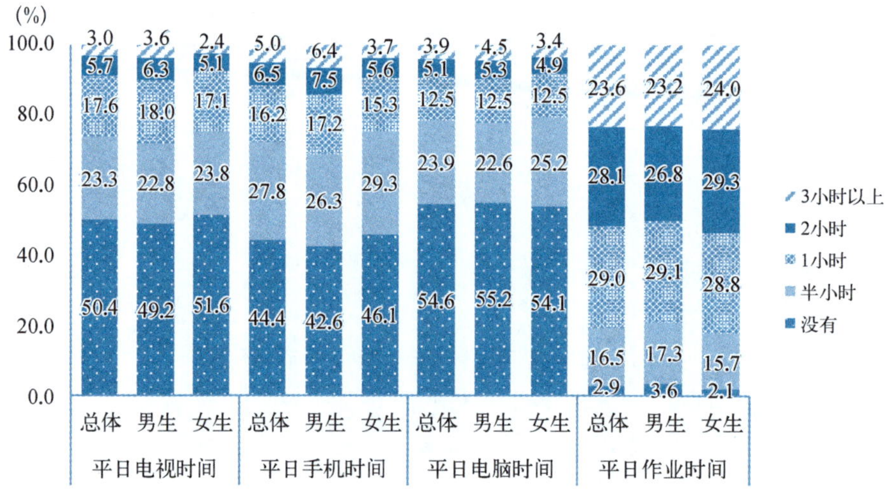

图3-56　平时静态行为方式的男女生比较

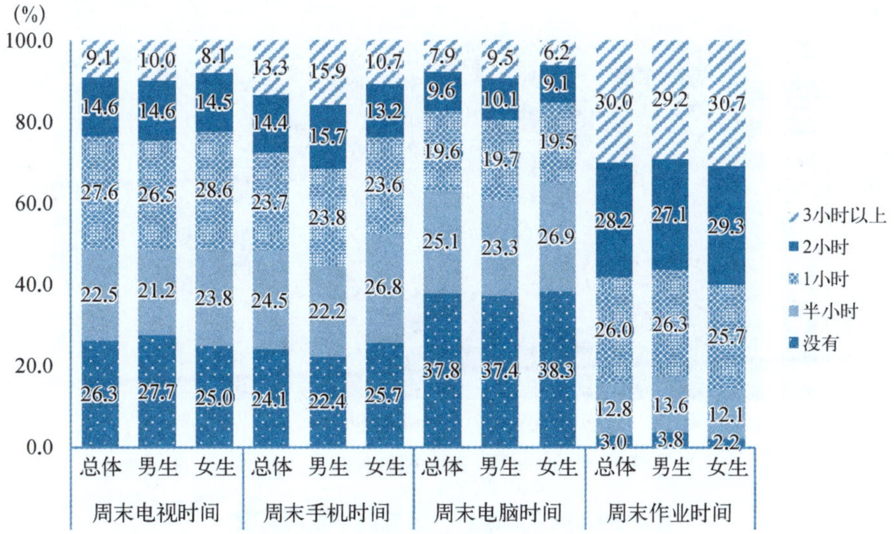

图3-57 周末静态行为方式的男女生比较

周末则出现大幅下降，在周末不使用电视、手机和电脑的比例分别是26.3%、24.1%和37.8%。然而在作业时间上平时和周末并未出现较大差异，在平时有超过80%的青少年儿童每天的作业时间超过1小时，其中更有超过一半的儿童青少年作业时间超过2小时；这一情况在周末并未发生太大变化，甚至作业时间2小时以上的儿童青少年的比例达到将近6成。从性别角度来看，静态行为方式并没有呈现出较大的差别。

（二）静态行为方式的学段间比较

随着年龄的增长从学段的角度来比较就出现了较为明显的差异（图3-58、图3-59）。无论平时还是周末看电视的时间从小学到高中逐渐递减，在高中阶段的平时有超过7成的学生不看电视，周末超过4成的学生不看电视。与之相反的是手机的使用率，在平时虽然变化并不明显，但是相较于小学阶段的学生在初中和高中阶段的手机使用率有所上升，而这一情况在周末则更加明显，小学阶段不使用手机的比例为34.8%，到了初中这一比例下降到了19.7%，高中阶则仅为17.0%，而周末使用手机1小时以上的比例则从小学的35.1%上升到初中的56.4%，再到高中的63.1%。从电脑的使用情况看，平时和周末有所不同。在平时从小学到高中电脑的使用率有所下降，而到了周末相较于小学阶段的学生，初中和高中阶

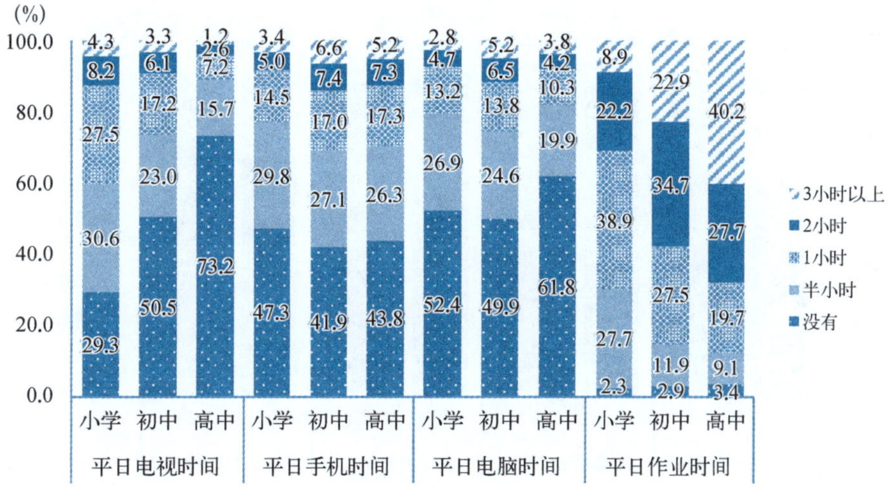

图3-58 平时静态行为方式的学段间比较

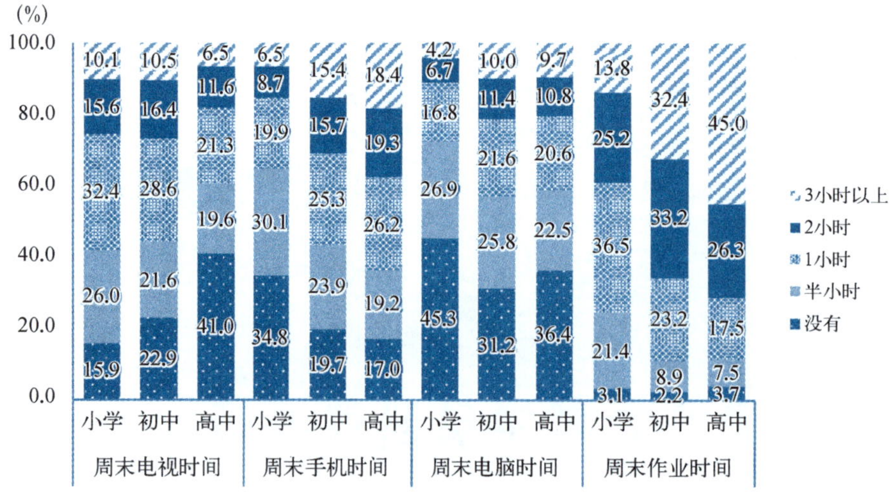

图3-59　周末静态行为方式的学段间比较

段的学生的电脑使用率有所上升。通过以上3种银幕使用的情况我们可以看到在小学阶段电视作为一种主要的娱乐方式占据了青少年儿童的大部分的银幕时间，而随着年龄的增长以及智能手机与电脑使用的普及，青少年儿童的银幕使用方式从电视转变成了手机和电脑，其中电脑更是兼有娱乐与作业的功能。而随着互联网技术的突飞猛进，手机则进一步拉长了青少年儿童的银幕时间。

从作业时间的角度来看，平时和周末并没有较大的差异。小学阶段平时有超过3成的学生作业时间超过2小时，周末这一比例提高至4成。到了初中阶段在平时有将近6成的学生作业时间超过2小时，到了周末作业时间超过2小时的比例达到65.6%，其中3小时以上的更是超过了3成。高中阶段，随着学业压力的不断增加，作业时间也相应拉长，平时有将近7成的学生作业时间超过2小时，4成以上的学生超过3小时，到了周末3小时以上作业时间的比例更是达到了45.0%。

（三）静态行为方式的城乡以及行政区域间的比较

从城乡差异的角度来看，无论是平时还是周末电视的使用率农村地区要高于城市地区，而手机和电脑的使用率则是城市地区要高于农村地区。而在作业时间上无论是城市还是农村的学生都需要花较长的时间去完成作业的任务（图3-60、图3-61）。本研究还从行政区域的角度对各项静坐行为方式指标进行了比较，结果请参照图3-62至图3-69。

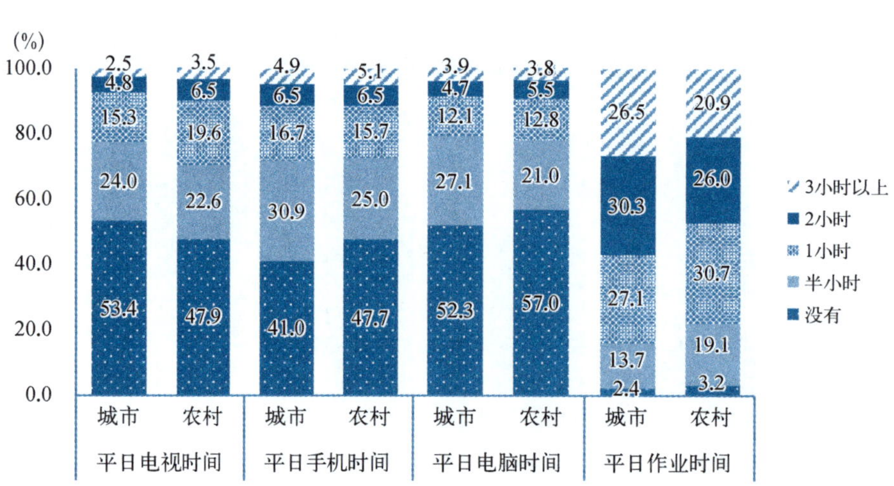

图3-60　平时静态行为方式的城乡比较

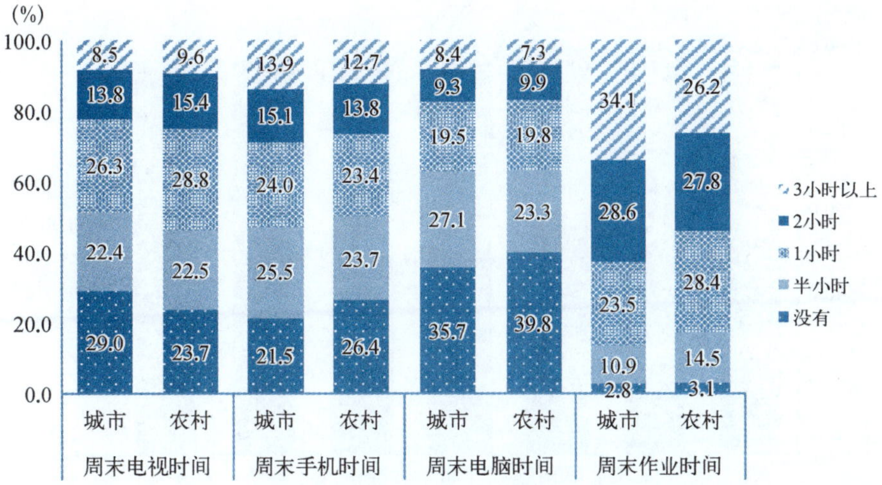

图3-61 周末静态行为方式的城乡比较

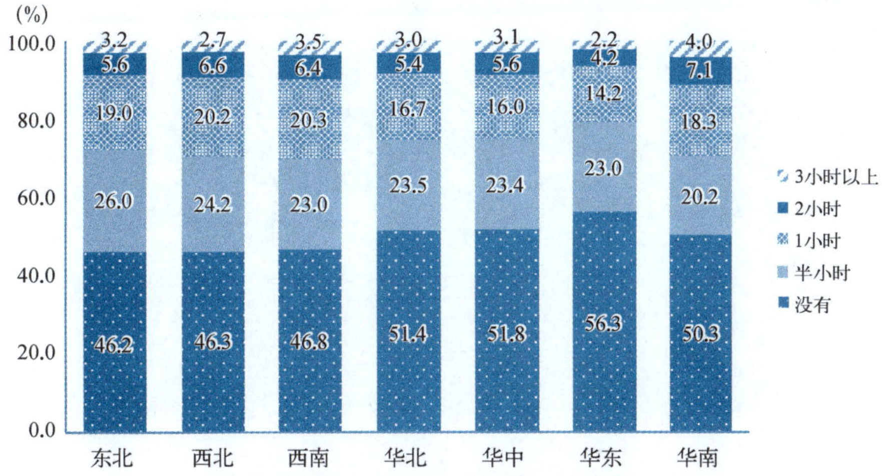

图3-62 平时电视时间的行政区域比较

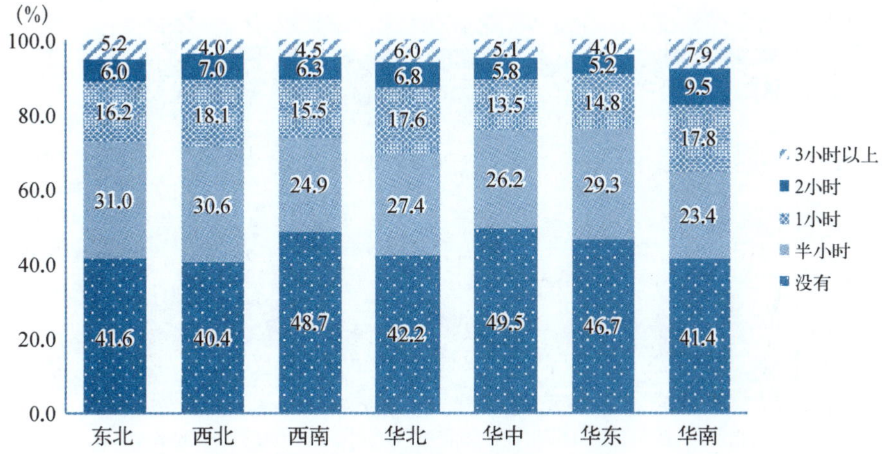

图3-63 平时手机时间的行政区域比较

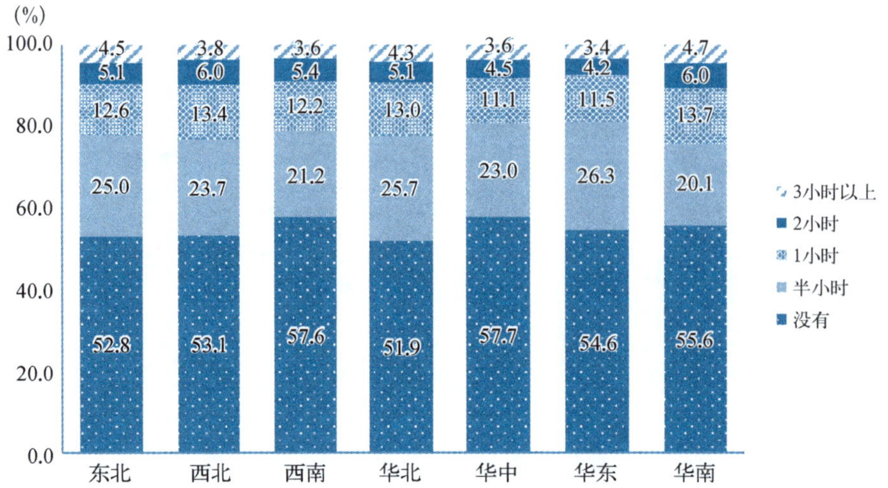

图3-64　平时电脑时间的行政区域比较

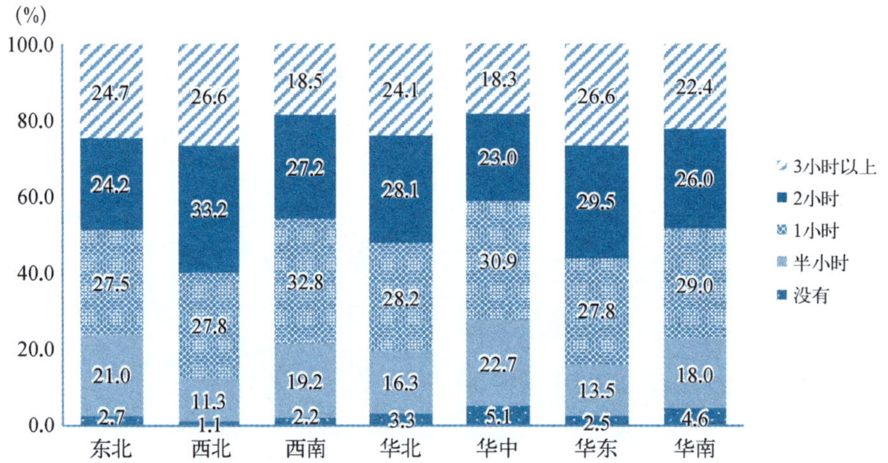

图3-65　平时作业时间的行政区域比较

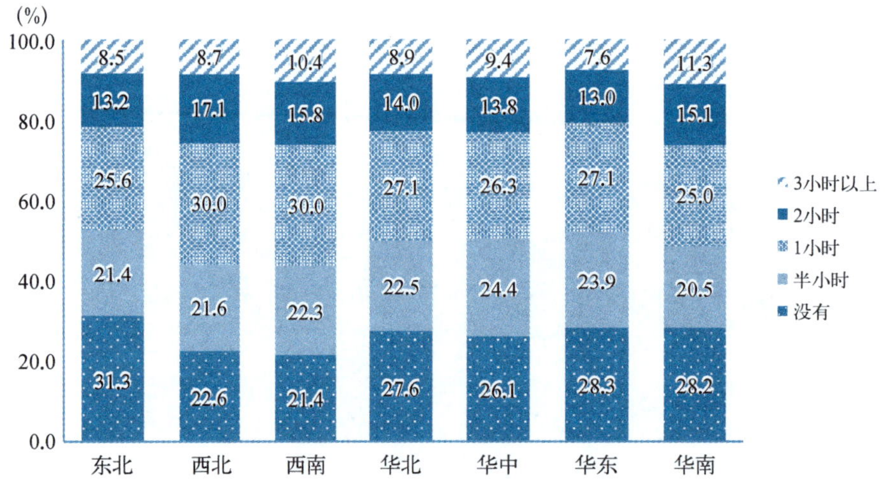

图3-66　周末电视时间的行政区域比较

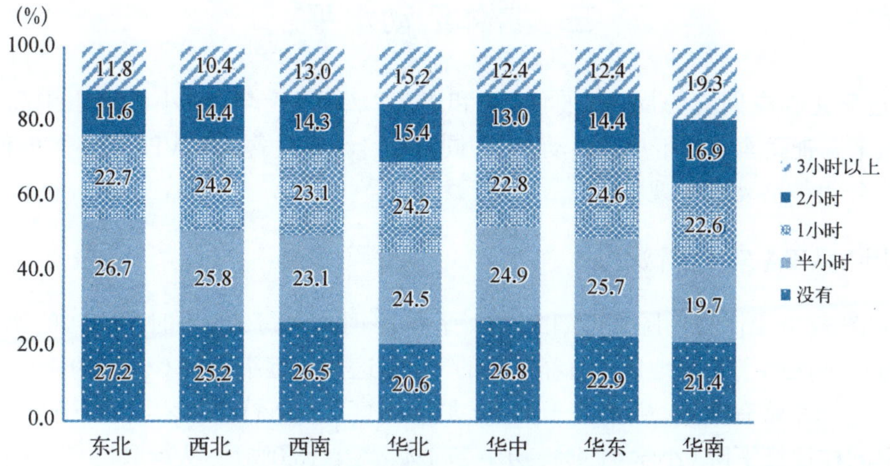

图 3-67　周末手机时间的行政区域比较

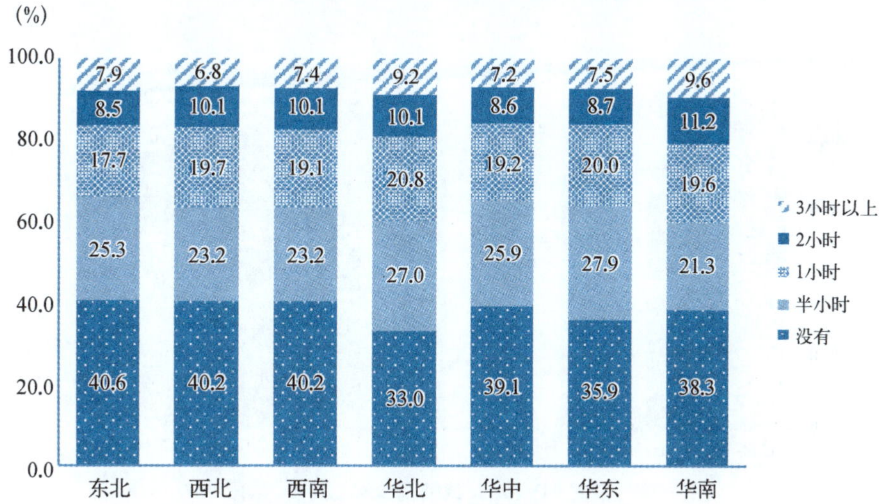

图 3-68　周末电脑时间的行政区域比较

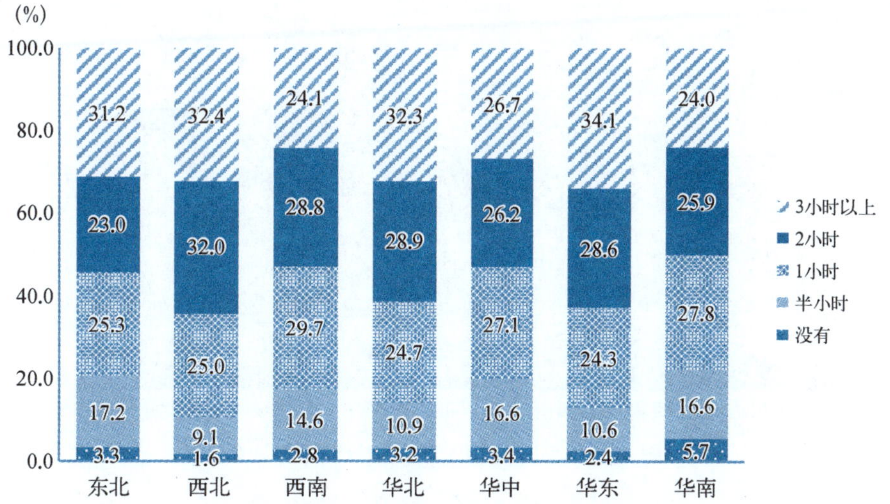

图 3-69　周末作业时间的行政区域比较

三、身体活动水平

本报告通过学生自主回答一周内（平时5天和周末2天）每天至少1小时以上中高强度身体活动（MVPA）的天数来调查我国青少年身体活动水平，同时统计了学生每天MVPA的平均时间，从而更全面地了解我国青少年身体活动水平现状。

（一）一周MVPA实施情况

调查结果如图3-70、图3-71、图3-72、图3-73所示，平时达到每天1小时MVPA的比例为23.8%，男生高于女生；城市地区高于农村地区；随着学段的升高，达标率逐级下降（小学29.4%、初中24.5%、高中17.0%），周末达标率略有回升，男生高于女生；城市地区（29.8%）高于农村地区（28.6%）；随着学段的升高，达标率同样逐级下降（小学41.4%、初中27.1%、高中18.0%）。从行政区域之间的比较可以看到，平时华东地区的达标率相对较高，周末的达标则是东北地区最高。

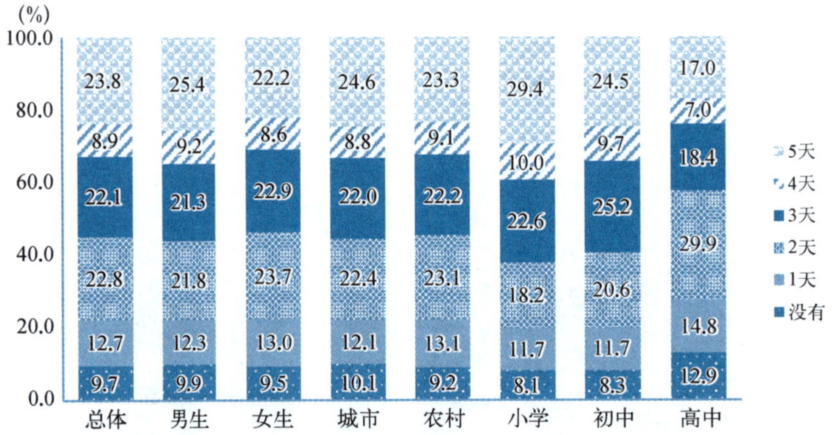

图3-70　平时MVPA天数的男女生、城乡、学段比较

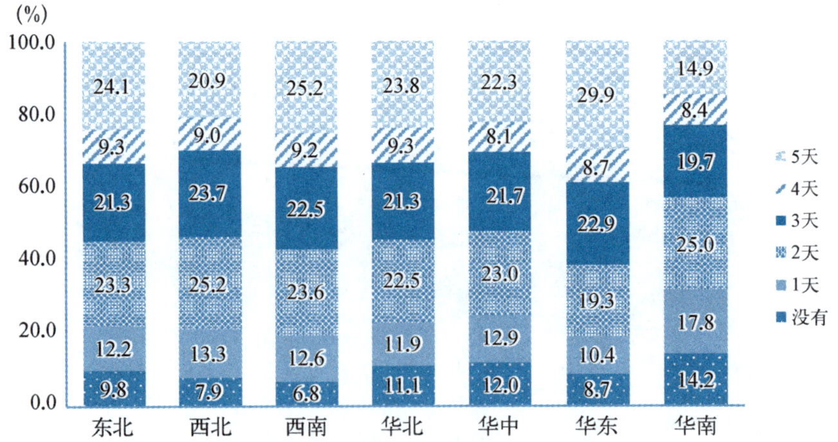

图3-71　平时MVPA天数的行政区域比较

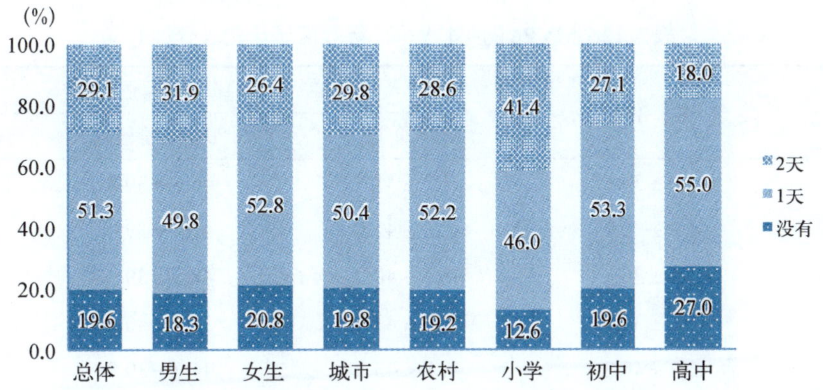

图3-72　周末MVPA天数的男女生、城乡、学段比较

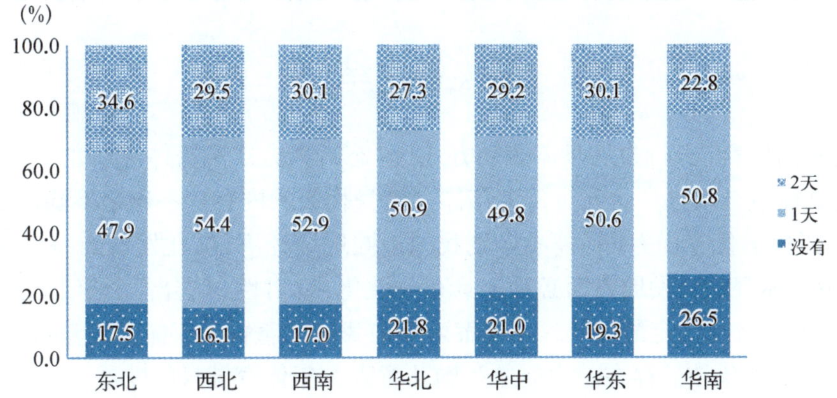

图3-73　周末MVPA天数的行政区域比较

（二）每天平均MVPA时间

从学生每天的参加MVPA的平均时间来看（表3-11），总体的平均值为45.4分钟，男生高于女生；城市地区要高于农村地区；随着学段的升高，平均的MVPA时间逐步递减，值得注意的是在小学和初中阶段，城市地区的平均时间都要高于农村地区，而到了高中阶段，农村地区的平均时间则更高。从行政区域的角度来看（表3-12），总体而言华东地区的平均时间最长，而华南地区的平均时间则最短。

表3-11　MVPA的平均时间（男女生、城乡、学段比较）（分钟）

	总体		学段					
			小学阶段		初中阶段		高中阶段	
	男生	女生	男生	女生	男生	女生	男生	女生
总体	45.4 ± 39.6		49.2 ± 42.5		47.7 ± 39.7		39.9 ± 36.1	
	47.2 ± 40.3	43.7 ± 38.8	49.8 ± 43.1	48.6 ± 42.1	49.1 ± 40.4	46.4 ± 39.0	43.4 ± 37.6	36.8 ± 34.4
城市地区	46.9 ± 39.8		52.6 ± 43.9		49.5 ± 39.6		38.7 ± 34.8	
	49.0 ± 40.8	44.7 ± 39.0	52.6 ± 44.3	52.6 ± 43.7	51.8 ± 40.8	47.4 ± 38.3	43.3 ± 36.9	34.4 ± 32.1
农村地区	44.8 ± 40.0		46.0 ± 42.7		46.6 ± 39.9		41.6 ± 37.5	
	46.2 ± 40.0	43.3 ± 38.8	47.5 ± 41.6	44.7 ± 40.2	47.3 ± 40.2	46.1 ± 39.6	44.1 ± 38.4	39.5 ± 36.5

表3-12　MVPA的平均时间（行政区域比较）（分钟）

行政区域	总　体	学　段		
		小学阶段	初中阶段	高中阶段
东北地区	42.9 ± 38.6	51.0 ± 41.9	46.6 ± 39.8	32.9 ± 31.8
西北地区	44.9 ± 39.2	47.3 ± 42.5	47.4 ± 39.0	40.5 ± 35.8
西南地区	46.5 ± 39.1	48.5 ± 40.2	48.5 ± 39.9	42.9 ± 37.2
华北地区	46.2 ± 39.9	49.3 ± 42.9	51.3 ± 40.8	38.9 ± 35.4
华中地区	43.8 ± 40.2	48.7 ± 43.5	44.7 ± 39.9	38.9 ± 37.0
华东地区	48.4 ± 40.7	54.2 ± 44.9	49.3 ± 39.5	42.7 ± 37.2
华南地区	40.2 ± 37.0	39.9 ± 36.6	42.6 ± 38.5	38.0 ± 35.6

四、总　结

我国儿童青少年体育健身行为从身体活动方式、静态行为方式和身体活动水平三个方面进行全面的评价，从不同的观测点针对性评价儿童青少年体育健身相关的内容。不论是不同性别，不同学段或者地区，在不同评价指标上各有优劣；另外考虑到我国不同地域经济、文化发展的差异，因此在制定相关政策引导儿童青少年体育健身发展方面必须要具有个性化、针对性，结合各个年龄段、不同性别及该地区各项指标的实际发展情况制定最优的解决方案。目前我国儿童青少年体育健身行为的发展状况还不容乐观，发展的不均衡现象依然存在。为促进我国儿童青少年体育健身的发展，支持、引导和保障儿童青少年体育健身行为的发展是不可忽视的一个环节。

范朔、马晓凯、曹振波

第四章
中国儿童青少年体育健身效果评估报告

一、健 身 意 识

健身意识（exercise intention）是指个体在主观意识上希望积极主动参与体育锻炼的程度。健身意识这一指标参照日本《健康日本21世纪》（日本政府国民健康促进计划）中对儿童青少年参与健身意识的调研而设立，以儿童青少年当下的运动状态为基准，让儿童青少年设想自己未来的运动情况，从“目前每天能锻炼1小时以上，未来也会保持这一习惯”到“不喜欢体育锻炼，未来也不打算参加体育锻炼”将青少年未来健身意识分为5个等级（即健身意识1–5）。当前运动状态越好且未来运动计划越好的儿童青少年健身意识越积极，反之则越不积极，该指标可较为准确地表达儿童青少年健身意识。

（一）2016年全国儿童青少年健身意识现状

2016年全国儿童青少年健身意识现状如表4–1所示，全国儿童青少年健身意识最积极的百分比为31.1%，男生健身意识最积极的百分比为33.6%，女生健身意识最积极的百分比为28.6%，各学段男生占比均高于女生，总体高出5.0个百分点。在各学段中，小学学段健身意识最积极占比最高，占40.3%，其次是初中，为31.2%，高中学段最低，为21.0%。其中小学男生最高达42.1%，高中女生最低仅为18.0%。全国儿童青少年健身意识最不积极的百分比为1.0%，男生健身意识最不积极的百分比为1.1%，女生健身意识最不积极的百分比为1.0%，在各学段中，高中和小学学段健身意识最不积极占比最高，均为1.1%，初中最低为0.9%，各学段差异较小，其中小学男生最高达1.2%，初中女生最低为0.8%。

表4–1　2016年全国儿童青少年健身意识现状（%）

		1	2	3	4	5
小　学	男	42.1	17.2	30.1	9.4	1.2
	女	38.5	18.3	31.3	10.9	1.0
	合计	40.3	17.8	30.7	10.1	1.1
初　中	男	33.7	21.8	35.5	8.0	1.0
	女	28.8	24.6	35.9	9.9	0.8
	合计	31.2	23.3	35.7	8.9	0.9

续 表

		1	2	3	4	5
高　中	男	24.1	21.4	47.2	6.3	1.0
	女	18.0	21.2	51.3	8.4	1.1
	合计	21.0	21.2	49.3	7.4	1.1
全　国	男	33.6	20.0	37.4	7.9	1.1
	女	28.6	21.3	39.3	9.8	1.0
	合计	31.1	20.7	38.4	8.8	1.0

注：健身意识1表示当前每天能锻炼1小时以上，未来会继续保持每天锻炼1小时；2表示决心增加锻炼频率，努力达到每天锻炼1小时以上；3表示当前每天锻炼不足1小时，尽量参加体育锻炼，但不能保证每天锻炼1小时以上；4表示当前每天锻炼的情况不好，准备尝试参加体育锻炼；5表示不喜欢体育锻炼，未来也不打算参加体育锻炼；本节中下表同。

（二）2016年全国城乡儿童青少年健身意识比较

2016年全国城乡儿童青少年健身意识如表4-2所示，城市地区中小学生健身意识最积极的百分比为31.3%，高于乡村地区的30.9%。城市地区男生健身意识最积极的百分比为34.1%，高于乡村地区男生的33.0%，各学段差异不一，小学学段城市地区男生健身意识最积极的占比高于乡村地区男生，而初中和高中学段乡村地区男生健身意识最积极的占比高于城市地区男生；城市地区女生健身意识最积极的百分比为28.6%，低于乡村地区女生的28.9%，各学段差异不一，小学学段城市地区女生健身意识最积极的占比高于乡村地区女生，而初中和高中学段乡村地区女生健身意识最积极的占比高于城市地区女生。城市地区中小学生健身意识最不积极的百分比与乡村学生相同，均为1.0%。城市地区男生健身意识最不积极的百分比为1.0%，低于乡村地区男生的1.1%，各学段差异较小，小学和初中学段乡村地区男生健身意识最不积极的占比高于城市地区男生，而高中学段城市地区男生健身意识最不积极的占比高于乡村地区男生；城市地区女生健身意识最不积极的百分比与乡村地区女生相同，均为1.0%，小学学段乡村地区女生健身意识最不积极的占比高于城市地区女生，而初中和高中学段城市地区女生健身意识最不积极的占比高于乡村地区女生。

表4-2　2016年全国城乡儿童青少年健身意识比较（%）

		1	2	3	4	5
城市地区						
小　学	男	43.1	18.6	29.3	8.0	1.0
	女	39.9	19.9	30.8	8.6	0.8
	合计	41.5	19.2	30.1	8.3	0.9
初　中	男	33.7	22.8	35.8	6.8	0.9
	女	27.6	25.9	37.5	8.1	0.9
	合计	30.6	24.4	36.6	7.5	0.9
高　中	男	24.0	22.0	46.8	6.0	1.2
	女	15.9	21.7	52.9	8.2	1.3
	合计	20.0	21.8	49.8	7.1	1.3
全　国	男	34.1	21.0	36.9	7.0	1.0
	女	28.6	22.4	39.7	8.3	1.0
	合计	31.3	21.7	38.3	7.7	1.0
乡村地区						
小　学	男	40.6	15.9	31.1	11.0	1.4
	女	37.2	16.7	31.7	13.2	1.2
	合计	39.0	16.2	31.4	12.1	1.3

续　表

		1	2	3	4	5
初　中	男	34.0	20.6	35.3	8.9	1.2
	女	29.8	23.8	34.2	11.4	0.8
	合计	31.9	22.2	34.8	10.1	1.0
高　中	男	24.1	21.2	47.2	6.7	0.8
	女	19.9	20.9	49.8	8.5	0.9
	合计	22.0	21.0	48.6	7.6	0.8
全　国	男	33.0	19.2	37.8	8.9	1.1
	女	28.9	20.5	38.6	11.0	1.0
	合计	30.9	19.9	38.3	9.9	1.0

（三）2016年七大区域儿童青少年健身意识比较

2016年七大片区儿童青少年健身意识如表4-3所示，华东地区中小学生健身意识最积极的百分比最高，为34.2%，其次是东北地区，华北地区，华中地区，西北地区，西南地区，分别为33.5%，31.7%，31.3%，31.3%，31.2%，华南地区最低，仅为20.8%。

华南地区中小学生健身意识最不积极的百分比最高，为1.8%，其次是华北地区，华中地区，东北地区，华东地区，西南地区，分别为1.1%，1.1%，1.0%，1.0%，0.9%，西北地区最低，为0.7%。

表4-3　2016年七大片区儿童青少年健身意识比较（%）

	1	2	3	4	5
华北地区	31.7	21.6	36.7	8.9	1.1
东北地区	33.5	20.3	36.5	8.7	1.0
华东地区	34.2	21.1	36.2	7.5	1.0
华中地区	31.3	20.6	37.9	9.1	1.1
西北地区	31.3	21.5	36.4	10.1	0.7
西南地区	31.2	20.5	38.2	9.2	0.9
华南地区	20.8	18.0	50.3	9.1	1.8

二、运动技能

运动技能（motor skill）是指人体运动中掌握和有效地完成专门动作的一种能力。我国颁布的《“健康中国2030”规划纲要》和《国务院办公厅关于强化学校体育促进学生身心健康全面发展的意见》中明确要求青少年应熟练掌握一项以上体育运动技能。根据这一要求，学生结合自己已掌握的运动项目情况，从“0项”“1项”到“2项及以上”，将学生掌握运动技能的情况分为3个等级，通过该指标等级的划分可以反映高中生目前掌握运动技能的情况。

（一）2016年全国高中学生掌握运动技能情况现状

2016年全国高中学生掌握运动技能现状如表4-4所示，掌握运动技能0项的比例为7.2%，其中男生占比4.9%，低于女生的9.4%。2016年全国高中生掌握运动技能2项及以上的比例为57.8%，其中男生占比68.6%，高于女生的47.2%。

表4-4　2016年全国高中学生掌握运动技能现状（%）

	0项	1项	2项及以上
男	4.9	26.5	68.6
女	9.4	43.4	47.2
合计	7.2	35.0	57.8

（二）2016年全国城乡高中学生掌握运动技能情况比较

2016年全国城乡高中学生掌握运动技能情况如表4-5所示，城市地区高中生掌握运动技能0项的比例为6.8%，低于乡村地区的7.4%。城市地区高中男生掌握运动技能0项的比例为4.7%，低于乡村地区的5.0%；城市地区高中女生掌握运动技能0项的比例为8.9%，低于乡村地区的9.8%。城市地区高中生掌握运动技能2项及以上的比例为59.8%，高于乡村地区的56.1%。城市地区高中男生掌握运动技能2项及以上的比例为69.7%，高于乡村地区的67.3%；城市地区高中女生掌握运动技能2项及以上的比例为49.6%，高于乡村地区的45.5%。

表4-5　2016年全国城乡高中学生掌握运动技能情况比较（%）

	0项	1项	2项及以上
城市地区			
男	4.7	25.6	69.7
女	8.9	41.5	49.6
合计	6.8	33.4	59.8
乡村地区			
男	5.0	27.7	67.3
女	9.8	44.7	45.5
合计	7.4	36.5	56.1

（三）2016年七大区域高中学生掌握运动技能情况比较

2016年七大片区高中学生掌握运动技能情况如表4-6所示，东北地区高中生掌握运动技能0项的百分比最高，为10.5%，其次是华北地区，华中地区，华东地区，华南地区，西北地区，分别为9.5%，7.5%，6.7%，6.7%，5.7%，西南地区最低，仅为4.9%。西南地区高中生掌握运动技能2项及以上的百分比最高，为65.8%，其次是西北地区，华东地区，华南地区，华中地区，华北地区，分别为62.4%，59.1%，57.7%，56.4%，51.7%，东北地区最低，为46.8%。

表4-6　2016年七大片区高中学生掌握运动技能情况比较（%）

	0项	1项	2项及以上
华北地区	9.5	38.8	51.7
东北地区	10.5	42.7	46.8
华东地区	6.7	34.2	59.1
华中地区	7.5	36.1	56.4
西北地区	5.7	31.9	62.4
西南地区	4.9	29.3	65.8
华南地区	6.7	35.6	57.7

三、体 质 健 康

我国学生体质健康标准的发展历程划分为1954年和1963年《劳卫制》时期、1963 ～ 1975年《青少年体育锻炼标准》时期、1975 ～ 1989年《国家体育锻炼标准》时期和2002年至今的《国家学生体质健康标准》时期。2002年7月国家体育总局和教育部共同组织研制颁布了《学生体质健康标准（试行方案）》并开始实施。为建立健全国家学生体质健康监测评价机制，激励学生积极参加身体锻炼，引导学校深化体育教学改革，推动各地加强学校体育工作，促进青少年身心健康、体魄强健、全面发展，2014年7月，教育部对《学生体质健康标准》进行了修订，并印发《国家学生体质健康标准（2014年修订）》（以下简称《标准》）。2016年10月，中共中央、国务院印发的《"健康中国2030"规划纲要》中提出，到2030年，国家学生体质健康标准达标优秀率25%以上。2016年10月至11月，教育部《标准》测试抽查复核工作组对我国各省、自治区、直辖市及新疆生产建设兵团中小学生进行了体质测试，总体纳入统计的学生（小学一年级至高中三年级）有171 991名（小学生89 949名，初中生43 996名，高中生38 046名；男生50%）；其中城乡比较部分纳入统计的学生（小学四年级至高中三年级）有107 088名（小学生38 404名，初中生37 160名，高中生31 524名；男生50%），根据青少年体育健身指数评估体系统计得分如下。

（一）综合得分

1. 2016年全国中小学生体质健康综合得分

2016年全国中小学生体质健康综合得分如表4-7所示，总体综合得分为91.65，男生体质健康综合得分为89.63，女生体质健康综合得分为93.67，各学段女生体质健康综合得分均高于男生。在各学段中，小学学段体质健康综合得分最高，为93.22，其次是高中学段，为90.68，初中学段最低，为88.55。

表4-7　2016年全国中小学生体质健康综合得分（分）

		得　分
小　学	男	91.89
	女	94.55
	合计	93.22
初　中	男	84.25
	女	92.85
	合计	88.55
高　中	男	89.87
	女	91.47
	合计	90.68
总　体	男	89.63
	女	93.67
	合计	91.65

2. 2016年全国中小学生体质健康综合得分城乡比较

2016年全国中小学生体质健康综合得分城乡情况如表4-8所示，乡村地区中小学生体质健康综合得分为92.49，高于城市地区的90.62。乡村地区男生体质健康综合得分为91.39，高于城市地区男生的87.86，各学段乡村地区男生体质健康综合得分均高于城市地区男生；乡村地区与城市地区女生体质健康综合得分基本持平，分别为93.55、93.32，高中学段乡村地区与城市地区女生体质健康综合得分基本持平，初中学段乡村地区女生体质健康综合得分高于城市地区女生，而小学学段城市地区女生体质健康综合得分高于乡村地区女生。

表4-8　2016年全国中小学生体质健康综合得分城乡比较（分）

		得　分	
		城 市 地 区	乡 村 地 区
小　学	男	92.93	94.61
	女	95.32	94.60
	合计	94.15	94.60
初　中	男	81.13	87.76
	女	91.71	93.40
	合计	86.49	90.65
高　中	男	88.13	91.8
	女	91.56	91.84
	合计	89.84	91.82
总　体	男	87.86	91.39
	女	93.32	93.55
	合计	90.62	92.49

3. 2016年全国中小学生体质健康综合得分七大片区比较

2016年全国中小学生体质健康综合得分七大片区情况如表4-9所示，华东地区中小学生体质健康综合得分最高为95.34，其次是西南地区、华中地区、华南地区、西北地区、华北地区，分别为93.05、92.35、90.69、90.31、90.08，东北地区最低，为86.31。

表 4-9　2016 年全国中小学生体质健康综合得分七大片区比较（分）

	得　分
华北地区	90.08
东北地区	86.31
华东地区	95.34
华中地区	92.35
华南地区	90.69
西南地区	93.05
西北地区	90.31

（二）身体质量指数（BMI）得分

1. 2016 年全国中小学生 BMI 得分

2016年全国中小学生BMI得分如表4-10所示，总体综合得分为76.87，男生为76.30，女生为77.44，各学段女生BMI得分均高于男生。在各学段中，小学学段BMI得分最高，为77.26，初中学段和高中学段基本持平，分别为76.32，76.23。

表 4-10　2016 年全国中小学生 BMI 得分（分）

		得　分
小　学	男	76.75
	女	77.76
	合计	77.26
初　中	男	75.52
	女	77.12
	合计	76.32
高　中	男	75.77
	女	76.68
	合计	76.23
总　体	男	76.30
	女	77.44
	合计	76.87

2. 2016 年全国中小学生 BMI 得分城乡比较

2016年全国中小学生BMI得分城乡情况如表4-11所示，乡村地区中小学生BMI得分为80.68，高于城市地区的73.03。乡村地区男生BMI得分为80.77，高于城市地区男生的70.54，各学段乡村地区男生BMI得分均高于城市地区男生；乡村地区女生BMI得分为80.58，高于城市地区女生的75.47，各学段乡村地区女生BMI得分均高于城市地区女生。

表 4-11　2016 年全国中小学生 BMI 得分城乡比较（分）

		得分	
		城市地区	乡村地区
小学	男	71.01	80.92
	女	75.85	82.47
	合计	73.47	81.69
初中	男	69.80	80.48
	女	75.09	79.86
	合计	72.48	80.16
高中	男	70.75	81.05
	女	75.25	78.35
	合计	73.00	79.63
总体	男	70.54	80.77
	女	75.47	80.58
	合计	73.03	80.68

3. 2016 年全国中小学生 BMI 得分七大片区比较

2016年全国中小学生BMI得分七大片区情况如表4-12所示，西南地区中小学生BMI得分最高为82.71，其次是华南地区、西北地区、华中地区、华东地区、华北地区，分别为80.88、79.67、78.35、76.41、70.50，东北地区最低，为67.74。

表 4-12　2016 年全国中小学生 BMI 得分七大片区比较（分）

	得分
华北地区	70.50
东北地区	67.74
华东地区	76.41
华中地区	78.35
华南地区	80.88
西南地区	82.71
西北地区	79.67

（三）肺活量得分

1. 2016 年全国中小学生肺活量得分

2016年全国中小学生肺活量得分如表4-13所示，总体得分为93.96，男生肺活量得分为93.64，女生肺活量得分为94.29，小学学段女生肺活量得分高于男生，初中学段男生和女生肺活量得分基本持平，高中学段男生肺活量得分高于女生。在各学段中，小学学段肺活量得分最高，为94.82，初中学段和高中学段基本持平，分别为92.57，92.88。

表4-13 2016年全国中小学生肺活量得分(分)

		得分
小学	男	94.18
	女	95.47
	合计	94.82
初中	男	92.49
	女	92.65
	合计	92.57
高中	男	93.45
	女	92.33
	合计	92.88
总体	男	93.64
	女	94.29
	合计	93.96

2. 2016年全国中小学生肺活量得分城乡比较

2016年全国中小学生肺活量得分城乡情况如表4-14所示，城市地区中小学生肺活量得分为95.13，高于乡村地区的92.97。城市地区男生肺活量得分为94.69，高于乡村地区男生的92.63，各学段城市地区男生肺活量得分均高于乡村地区男生；城市地区女生肺活量得分为95.55，高于乡村地区女生的93.30，各学段城市地区女生肺活量得分均高于乡村地区女生。

表4-14 2016年全国中小学生肺活量得分城乡比较(分)

		得分	
		城市地区	乡村地区
小学	男	94.89	92.91
	女	97.17	94.72
	合计	96.05	93.81
初中	男	93.92	92.30
	女	94.35	92.22
	合计	94.14	92.26
高中	男	95.55	92.66
	女	93.98	92.61
	合计	94.76	92.63
总体	男	94.69	92.63
	女	95.55	93.30
	合计	95.13	92.97

3. 2016年全国中小学生肺活量得分七大片区比较

2016年全国中小学生肺活量得分七大片区情况如表4-15所示，华东地区中小学生肺活量得分最高为96.85，其次是东北地区、华中地区、华北地区、西南地区、西北地区，分别为95.99、95.88、95.66、91.85、91.52，华南地区最低，为88.87。

表4-15 2016年全国中小学生肺活量得分七大片区比较(分)

	得　分
华北地区	95.66
东北地区	95.99
华东地区	96.85
华中地区	95.88
华南地区	88.87
西南地区	91.85
西北地区	91.52

(四)50米跑得分

1. 2016年全国中小学生50米跑得分

2016年全国中小学生50米跑得分如表4-16所示，总体得分为93.06，男生50米跑得分为93.46，女生50米跑得分为92.66，初中和高中学段男生50米跑得分均高于女生，而小学学段女生50米跑得分高于男生。在各学段中，高中学段50米跑得分最高，为95.32，其次是初中学段，为95.09，小学学段最低，为91.65。

表4-16 2016年全国中小学生50米跑得分(分)

		得　分
小　学	男	90.77
	女	92.53
	合计	91.65
初　中	男	96.44
	女	93.75
	合计	95.09
高　中	男	99.50
	女	91.25
	合计	95.32
总　体	男	93.46
	女	92.66
	合计	93.06

2. 2016年全国中小学生50米跑得分城乡比较

2016年全国中小学生50米跑得分城乡情况如表4-17所示，乡村地区中小学生50米跑得分为94.55，高于城市地区的94.01。乡村地区男生50米跑得分为96.61，高于城市地区男生的95.12，小学和初中学段乡村地区男生50米跑得分高于城市地区男生，而高中学段城市地区和乡村地区男生50米跑得分基本持平；城市地区女生50米跑得分为92.92，高于乡村地区女生的92.57，小学和高中学段城市地区女生50米跑得分高于乡村地区，而初中学段乡村地区女生50米跑得分高于城市地区。

表4-17　2016年全国中小学生50米跑得分城乡比较（分）

		得　分	
		城市地区	乡村地区
小　学	男	92.28	94.81
	女	92.95	92.57
	合计	92.62	93.69
初　中	男	96.11	97.07
	女	93.14	93.54
	合计	94.61	95.26
高　中	男	99.63	99.49
	女	92.48	90.76
	合计	96.06	94.91
总　体	男	95.12	96.61
	女	92.92	92.57
	合计	94.01	94.55

3. 2016年全国中小学生50米跑得分七大片区比较

2016年全国中小学生50米跑得分七大片区情况如表4-18所示，华东地区中小学生50米跑得分最高为95.24，其次是华南地区、西北地区、华中地区、西南地区、华北地区，分别为94.32、93.54、93.24、93.09、91.18，东北地区最低，为88.67。

表4-18　2016年全国中小学生50米跑得分七大片区比较（分）

	得　分
华北地区	91.18
东北地区	88.67
华东地区	95.24
华中地区	93.24
华南地区	94.32
西南地区	93.09
西北地区	93.54

（五）坐位体前屈得分

1. 2016年全国中小学生坐位体前屈得分

2016年全国中小学生坐位体前屈得分如表4-19所示，总体得分为93.58，男生坐位体前屈得分为92.97，女生坐位体前屈得分为94.19，各学段女生坐位体前屈得分均高于男生。在各学段中，小学学段坐位体前屈得分最高，为94.23，其次是初中学段，为92.67，高中学段最低，为92.51。

表 4-19　2016 年全国中小学生坐位体前屈得分（分）

		得　分
小　学	男	94.07
	女	94.39
	合计	94.23
初　中	男	91.24
	女	94.09
	合计	92.67
高　中	男	91.43
	女	93.57
	合计	92.51
总　体	男	92.97
	女	94.19
	合计	93.58

2. 2016 年全国中小学生坐位体前屈得分城乡比较

2016年全国中小学生坐位体前屈得分城乡情况如表4-20所示，乡村地区中小学生坐位体前屈得分为94.70，高于城市地区的92.43。乡村地区男生坐位体前屈得分为94.74，高于城市地区男生的90.96，各学段乡村地区男生坐位体前屈得分均高于城市地区男生；乡村地区女生坐位体前屈得分为94.66，高于城市地区女生的93.86，各学段乡村地区女生坐位体前屈得分均高于城市地区。

表 4-20　2016 年全国中小学生坐位体前屈得分城乡比较（分）

		得　分	
		城市地区	乡村地区
小　学	男	93.15	96.24
	女	94.18	94.64
	合计	93.68	95.44
初　中	男	88.86	93.70
	女	93.95	94.83
	合计	91.44	94.28
高　中	男	89.73	93.61
	女	92.96	94.37
	合计	91.34	94.01
总　体	男	90.96	94.74
	女	93.86	94.66
	合计	92.43	94.70

3. 2016 年全国中小学生坐位体前屈得分七大片区比较

2016年全国中小学生坐位体前屈得分七大片区情况如表4-21所示，华中地区中小学生坐位体前屈得分最高为95.43，其次是华东地区、西南地区、华北地区、华南地区、西北地区，分别为95.17、95.13、93.28、93.06、91.82，东北地区最低，为90.00。

表4-21　2016年全国中小学生坐位体前屈得分七大片区比较（分）

	得　分
华北地区	93.28
东北地区	90.00
华东地区	95.17
华中地区	95.43
华南地区	93.06
西南地区	95.13
西北地区	91.82

（六）1分钟跳绳得分

1. 2016年全国小学生1分钟跳绳得分

2016年全国小学生1分钟跳绳得分如表4-22所示，总体得分为89.15，女生1分钟跳绳得分为92.73，高于男生的85.60。

表4-22　2016年全国小学生1分钟跳绳得分（分）

	得　分
男	85.60
女	92.73
合　计	89.15

2. 2016年全国小学生1分钟跳绳得分城乡比较

2016年全国小学生1分钟跳绳得分城乡情况如表4-23所示，城市地区小学生1分钟跳绳得分为91.92，高于乡村地区的91.48。城市地区男生1分钟跳绳得分为88.58，高于乡村地区男生的87.24；乡村地区女生1分钟跳绳得分为95.72，高于城市地区女生的95.14。

表4-23　2016年全国小学生1分钟跳绳得分城乡比较（分）

	得　分	
	城市地区	乡村地区
男	88.58	87.24
女	95.14	95.72
合　计	91.92	91.48

3. 2016年全国小学生1分钟跳绳得分七大片区比较

2016年全国小学生1分钟跳绳得分七大片区情况如表4-24所示，华东地区小学生1分钟跳绳得分最高为93.46，其次是华北地区、东北地区、西南地区、西北地区、华中地区，分别为91.61、90.33、88.78、87.59、86.35，华南地区最低，为80.42。

表4-24　2016年全国小学生1分钟跳绳得分七大片区比较(分)

	得　分
华北地区	91.61
东北地区	90.33
华东地区	93.46
华中地区	86.35
华南地区	80.42
西南地区	88.78
西北地区	87.59

(七)1分钟仰卧起坐得分

1. 2016年全国中小学生1分钟仰卧起坐得分

2016年全国中小学生1分钟仰卧起坐得分如表4-25所示,总体得分为84.31,男生1分钟仰卧起坐得分为89.78,女生1分钟仰卧起坐得分为81.60。在各学段中,小学学段1分钟仰卧起坐得分最高,为85.76,其次是初中学段,为81.79,高中学段最低,为80.92。

表4-25　2016年全国中小学生1分钟仰卧起坐得分(分)

		得　分
小　学	男	89.78
	女	81.71
	合计	85.76
初　中	女	81.79
高　中	女	80.92
总　体	男	89.78
	女	81.60
	合　计	84.31

2. 2016年全国中小学生1分钟仰卧起坐得分城乡比较

2016年全国中小学生1分钟仰卧起坐得分城乡情况如表4-26所示,城市地区中小学生1分钟仰卧起坐得分为87.25,高于乡村地区的82.74。城市地区男生1分钟仰卧起坐得分为91.52,高于乡村地区男生的91.08;城市地区女生1分钟仰卧起坐得分为85.38,高于乡村地区女生的79.41,各学段城市地区女生1分钟仰卧起坐得分均高于乡村地区。

表4-26　2016年全国中小学生1分钟仰卧起坐得分城乡比较(分)

		得　分	
		城市地区	乡村地区
小　学	男	91.52	91.08
	女	85.92	81.2
	合　计	88.67	86.14

续 表

		得 分	
		城市地区	乡村地区
初 中	女	84.35	78.78
高 中	女	85.94	77.18
总 体	男	91.52	91.08
	女	85.38	79.41
	合 计	87.25	82.74

3. 2016年全国中小学生1分钟仰卧起坐得分七大片区比较

2016年全国中小学生1分钟仰卧起坐得分七大片区情况如表4–27所示，华东地区中小学生1分钟仰卧起坐得分最高为90.39，其次是西南地区、华北地区、华中地区、华南地区、东北地区，分别为86.26、84.59、83.25、81.09、79.85，西北地区最低，为79.82。

表4–27 2016年全国中小学生1分钟仰卧起坐得分七大片区比较（分）

	得 分
华北地区	84.59
东北地区	79.85
华东地区	90.39
华中地区	83.25
华南地区	81.09
西南地区	86.26
西北地区	79.82

（八）50米×8往返跑得分

1. 2016年全国小学生50米×8往返跑得分

2016年全国小学生50米×8往返跑得分如表4–28所示，总体得分为94.41，女生50米×8往返跑得分为95.59，高于男生的93.24。

表4–28 2016年全国小学生50米×8往返跑得分（分）

	得 分
男	93.24
女	95.59
合 计	94.41

2. 2016年全国小学生50米×8往返跑得分城乡比较

2016年全国小学生50米×8往返跑得分城乡情况如表4–29所示，乡村地区小学生50米×8往返跑得分为96.10，高于城市地区的93.16。乡村地区男生50米×8往返跑得分为95.79，高于城市地区男生的91.11；乡村地区女生50米×8往返跑得分为96.40，高于城市地区女生的95.14。

表 4-29 2016年全国小学生50米 ×8往返跑得分城乡比较(分)

	得分	
	城市地区	乡村地区
男	91.11	95.79
女	95.14	96.40
合计	93.16	96.10

3. 2016年全国小学生50米 ×8往返跑得分七大片区比较

2016年全国小学生50米 ×8往返跑得分七大片区情况如表4-30所示,华东地区小学生50米 ×8往返跑得分最高为97.42,其次是华南地区、西南地区、华中地区、西北地区、华北地区,分别为96.22、95.76、95.36、95.11、89.72,东北地区最低,为89.12。

表 4-30 2016年全国小学生50米 ×8往返跑得分七大片区比较(分)

	得分
华北地区	89.72
东北地区	89.12
华东地区	97.42
华中地区	95.36
华南地区	96.22
西南地区	95.76
西北地区	95.11

(九)立定跳远得分

1. 2016年全国中学生立定跳远得分

2016年全国中学生立定跳远得分如表4-31所示,总体得分为81.83,男生立定跳远得分为83.73,女生立定跳远得分为79.95,初中和高中学段男生立定跳远得分均高于女生。高中学段立定跳远得分为83.89,高于初中学段的80.70。

表 4-31 2016年全国中学生立定跳远得分(分)

		得分
初中	男	82.96
	女	78.44
	合计	80.70
高中	男	85.16
	女	82.64
	合计	83.89
总体	男	83.73
	女	79.95
	合计	81.83

2. 2016年全国中学生立定跳远得分城乡比较

2016年全国中学生立定跳远得分城乡情况如表4-3所示，乡村地区中学生立定跳远得分为84.00，高于城市地区的80.31。乡村地区男生立定跳远得分为85.79，高于城市地区男生的81.62，初中和高中学段乡村地区男生立定跳远得分均高于城市地区男生；乡村地区女生立定跳远得分为82.32，高于城市地区女生的79.03，初中和高中学段乡村地区女生立定跳远得分均高于城市地区。

表4-32　2016年全国中学生立定跳远得分城乡比较（分）

		得　分	
		城市地区	乡村地区
初　中	男	80.41	85.49
	女	77.22	81.46
	合计	78.79	83.42
高　中	男	83.64	86.38
	女	82.14	83.93
	合计	82.89	85.10
总　体	男	81.62	85.79
	女	79.03	82.32
	合计	80.31	84.00

3. 2016年全国中学生立定跳远得分七大片区比较

2016年全国中学生立定跳远得分七大片区情况如表4-33所示，华南地区中学生立定跳远得分最高为88.10，其次是西南地区、华东地区、华中地区、华北地区、西北地区，分别为88.10、86.98、85.10、82.43、78.64、77.38，东北地区最低，为73.00。

表4-33　2016年全国中学生立定跳远得分七大片区比较（分）

	得　分
华北地区	78.64
东北地区	73.00
华东地区	85.10
华中地区	82.43
华南地区	88.10
西南地区	86.98
西北地区	77.38

（十）1 000米跑得分

1. 2016年全国中学男生1 000米跑得分

2016年全国中学男生1 000米跑得分如表4-34所示，总体得分为76.28，高中学段男生1 000米跑得分为79.56，高于初中学段的74.49。

表4-34　2016年全国中学男生1 000米跑得分（分）

	得　分
初　中	74.49
高　中	79.56
总　体	76.28

2. 2016年全国中学男生1 000米跑得分城乡比较

2016年全国中学男生1 000米跑得分城乡情况如表4-35所示，乡村地区中学男生1 000米跑得分为79.47，高于城市地区男生的73.71，初中和高中学段乡村地区男生1 000米跑得分均高于城市地区男生。

表4-35　2016年全国中学男生1 000米跑得分城乡比较（分）

	得　分	
	城 市 地 区	乡 村 地 区
初　中	71.77	78.33
高　中	76.96	81.71
总　体	73.71	79.47

3. 2016年全国中学男生1000米跑得分七大片区比较

2016年全国中学男生1 000米跑得分七大片区情况如表4-36所示，西南地区中学男生1 000米跑得分最高为84.93，其次是华东地区、华南地区、西北地区、华中地区、华北地区，分别为82.28、78.14、77.49、74.53、69.90，东北地区最低，为55.95。

表4-36　2016年全国中学男生1 000米跑得分七大片区比较（分）

	得　分
华北地区	69.90
东北地区	55.95
华东地区	82.28
华中地区	74.53
华南地区	78.14
西南地区	84.93
西北地区	77.49

（十一）800米跑得分

1. 2016年全国中学女生800米跑得分

2016年全国中学女生800米跑得分如表4-37所示，总体得分为88.08，初中学段女生800米跑得分为89.33，高于高中学段的85.84。

表 4-37 2016年全国中学女生800米跑得分（分）

	得 分
初 中	89.33
高 中	85.84
总 体	88.08

2. 2016年全国中学女生800米跑得分城乡比较

2016年全国中学女生800米跑得分城乡情况如表4-38所示，乡村地区中学女生800米跑得分为90.30，高于城市地区女生的84.44，初中和高中学段乡村地区女生800米跑得分均高于城市地区女生。

表 4-38 2016年全国中学女生800米跑得分城乡比较（分）

	得 分	
	城市地区	乡村地区
初 中	86.04	91.25
高 中	81.68	88.52
总 体	84.44	90.30

3. 2016年全国中学女生800米跑得分七大片区比较

2016年全国中学女生800米跑得分七大片区情况如表4-39所示，华东地区中学女生800米跑得分最高为93.32，其次是西南地区、华中地区、西北地区、华南地区、华北地区，分别为92.50、89.32、89.12、87.61、85.51，东北地区最低，为69.95。

表 4-39 2016年全国中学女生800米跑得分七大片区比较（分）

	得 分
华北地区	85.51
东北地区	69.95
华东地区	93.32
华中地区	89.32
华南地区	87.61
西南地区	92.50
西北地区	89.12

四、总 结

中小学生正处于成长发育的关键阶段，他们的体质健康对其未来的健康有着重要的影响。同时他们的健康发展关系到整个民族的健康素质和国家的未来，因此中小学生的体质健康状况一直都是国家关注的重点。根据本次青少年体育健身指数评估体系统计得分，2016年全国中小学生体质健康总体呈现出女高于男，乡村高于城市，小学高、初中低的趋势。

体质健康主要包括身体形态、身体机能和身体素质三个方面。身体形态通过身高、体重指标反映中小学生生长发育及营养状况，2016年全国中小学生BMI得分呈现女高男低，乡村高于城市，南方高北方低的特点。身体机能水平主要通过肺活量指标反映机体呼吸系统的工作能力，2016年全国中小学生肺活量得分总体呈现小学女生高于男生，高中男生高于女生的趋势，这与男女生肺分化的时间不同有关，一般男生肺分化完成时间跟女生相比较晚。同时肺活量得分还呈现城市高于乡村，东部高于西南部地区。身体素质一般是指人体在活动中所表现出来的力量、速度、耐力、灵敏、柔韧等机体能力。在2016年全国中小学生体质健康测试中，分别从50 m跑、坐位体前屈、1分钟跳绳、1分钟仰卧起坐、50米 ×8、立定跳远和800 m/1 000 m跑等项目测试中得以体现。2016年全国中小学生以50米跑得分为代表的速度素质，呈现小学学段女高男低，中学学段男高女低，乡村高于城市，随学龄增长而逐步提高的趋势；以坐位体前屈得分为代表的柔韧素质，呈现女高男低，小学高高中低，乡村高于城市，随学龄增长而逐步下降的趋势；以1分钟仰卧起坐得分为代表的力量素质，呈现男高女低，城市高乡村低的特点，随学龄增长而逐渐下降趋势；以800 m/1 000 m得分为代表的耐力素质，呈现高中男生高于初中男生，初中女生高于高中女生，乡村高于城市的趋势。总体提示，体质健康水平提高需充分考虑不同项目、指标的性别、学段、地域和城乡差别，才能更有针对性地有的放矢。

朱政、王俊宇、庄洁

第五章

中国国民经济和社会发展水平与儿童青少年体育健身发展

国民经济和社会综合发展是国家重要发展战略。2017年6月16日，国家统计局发布的国民经济和社会发展相关数据显示，十八大以来，我国经济保持中高速增长，消费成为经济增长主要推动力，文化教育事业取得辉煌成绩，"健康中国"建设加快推进。儿童青少年体育健身作为"健康中国"国家战略的重要组成部分，伴随着我国国民经济和社会发展进程，是否呈现出协调发展特征，值得关注。部分研究表明，国民经济和社会发展是影响儿童青少年体育健身重要因素，与儿童青少年体育健身行为、习惯及生活方式的养成息息相关。然而，前人研究多将国民经济和社会指标的某一或某些方面与儿童青少年体育健身的单一指标进行关联分析，且资料更新不及时，不能全面地展现我国整体国民经济和社会发展水平与儿童青少年体育健身的关系。本章通过对国民经济和社会发展水平各级指标与儿童青少年体育健身指标进行相关性分析，并探讨其中存在的问题，对儿童青少年体育健身科学发展具有重要的意义。

广义的社会包括经济、科技、文化、生活、法制等领域，反映社会结构、经济效益、人口素质、生活质量、社会稳定等方面的发展状况。为了综合分析国民经济和社会发展水平，从众多指标中选取了能够反映国民经济和社会发展的典型指标。国民经济和社会发展指标数据来源于国家及各省市统计局，本报告中儿童青少年体育健身数据来源于2016年度教育部《国家学生体质健康标准（2014年修订）》测试抽查复核问卷调查。数据采集期间，2016年度国民经济和社会发展官方数据尚未更新完毕，为了保持国民经济和社会指标和体育健身数据在时间上的统一性以及准确性，本章统一使用2015年国民经济和社会发展数据，指标体系见表5-1。使用SPSS 24.0软件进行数据统计分析，采用Pearson简单相关对国民经济和社会发展水平指标与儿童青少年体育健身指标进行分析。统计学显著性水平设置为$p < 0.05$。

表5-1　国民经济和社会发展水平与儿童青少年体育健身指标体系

指标类型	一级指标	二级指标
国民经济和社会发展水平指标体系	国内生产总值	人均GDP
	居民可支配收入	人均可支配收入
	居民消费支出	居民人均消费支出
	教育水平	教育经费
	文化	公共图书馆总流通人次
	体育	等级运动员发展人数
	城市化水平	城市化率
	人口密度	人口密度

续 表

指标类型	一级指标	二级指标
儿童青少年体育健身指标体系	健身环境	学校环境
		家庭环境
		社区环境
		人际环境
		制度环境
	健身行为	身体活动水平
		静态行为方式
		身体活动方式
	健身效果	运动技能
		体质健康水平
		健身意识

一、人均国内生产总值与儿童青少年体育健身发展

国内生产总值(gross domestic product, GDP)是指一个国家或者地区所有常驻单位在一定时期内生产的所有最终产品和劳务的市场价值。人均国内生产总值(以下简称“人均GDP”)既考虑了经济总量的大小,又结合了人口多少的因素,因此能够较客观地反映了一个国家或地区的国民经济和社会发展水平,是了解和把握一个国家或地区的宏观经济运行状况的有效指标。有研究指出国民经济和社会发展能够对人们的体质健康产生一定的影响①~③,并且相关分析结果发现,各省市人均GDP与健身指数总分、健身环境、健身行为和健身效果均存在相关关系。

(一)我国各省市人均GDP划分

将我国31个省市按照人均GDP进行升序排列,以“30 000以下”为最低标准,10 000为单位依次递增,共分为六个区间④,切点分别为28 272.7、36 273.6、42 363.7、51 353.7、66 247.8、92 498.8,具体区间划分如表5-2。

表5-2 各省市人均GDP区间划分

区 间	人均GDP(元)	省 市
一区	28 272.7	贵州省、云南省、甘肃省
二区	36 273.6	西藏自治区、山西省、安徽省、江西省、河南省、广西壮族自治区、四川省、黑龙江省
三区	42 363.7	新疆维吾尔自治区、青海省、宁夏回族自治区、河北省、湖南省、海南省、陕西省
四区	51 353.7	湖北省、重庆市、吉林省
五区	66 247.8	福建省、山东省、广东省、辽宁省
六区	92 498.8	北京市、天津市、内蒙古自治区、上海市、江苏省、浙江省

总体来看,人均GDP水平相对较高的地区多位于经济发达的东部沿海城市,西部地区以及西南地

① 姜文凯,许浩,周家仪,等.江苏省区域经济发展对国民体质的影响[J].体育与科学,2004,25(2):47-48.
② 胡利军,杨远波.国民经济和社会发展与国民体质关系的研究[J].体育科学,2005,25(5):3-10.
③ 周新新.我国国民体质与经济社会发展相关性研究[J].体育文化导刊,2012(11):1-4.
④ 2007年各省人均GDP排名我省列全国12名[J].黑龙江金融,2008(03):11.

区的人均GDP水平相对较低。

（二）人均GDP与儿童青少年体育健身发展

1. 体育健身指数总分

图5-1数据显示，随着人均GDP的增加，体育健身指数总分整体上呈现出上升趋势，存在相关关系。其中指数总分在第三区间出现微弱的下降趋势，在第三区间后持续上升。表明人均GDP达到第三区间后，人均GDP的增加使人们对体育健身以及健康生活方式的重视程度增强，体育活动参与度增加，指数总分上升。

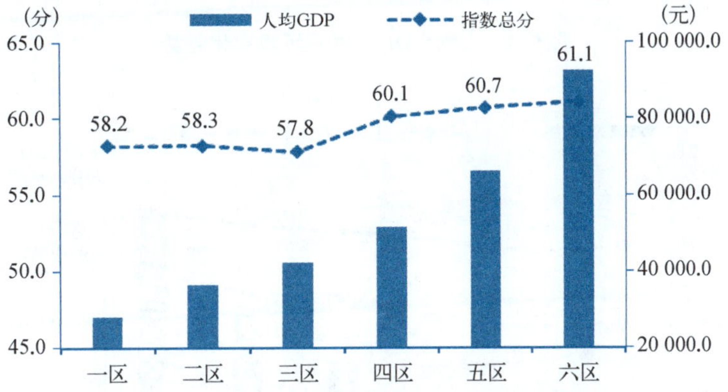

图5-1　人均GDP与体育健身指数总分变化趋势

2. 健身环境

图5-2数据显示，随着人均GDP的增加，健身环境得分整体上呈现出上升趋势，存在相关关系，表明经济发展水平对健身环境的改善起到了一定的促进作用。其中，儿童青少年健身环境主要由制度环境、学校环境、家庭环境、社区环境和人际环境五个方面组成。经相关关系分析得出，人均GDP与健身环境的五个方面均存在相关关系。

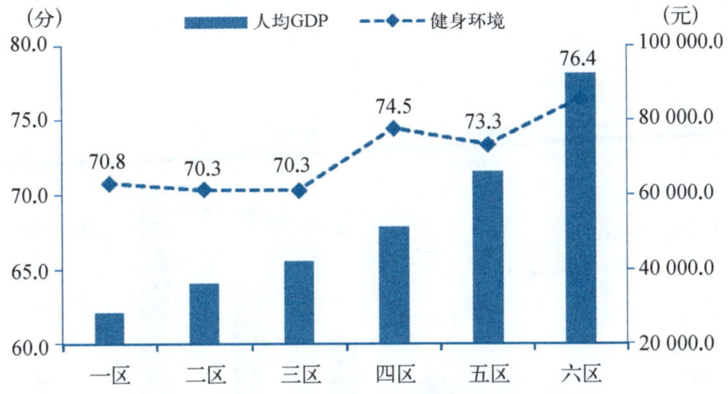

图5-2　人均GDP与健身环境变化趋势

（1）家庭环境：图5-3数据显示，随着人均GDP的增加，家庭环境得分整体上呈现出上升趋势，存在相关关系。其中家庭环境得分在第二区间出现微弱的下降趋势，在第二区间后持续上升。这种整体上升趋势发生的原因可能与父母对孩子体育健身发展的主观支持和客观表率有关。父母的主观支持和客观表率是家庭环境的重要组成部分。图5-4数据显示，随着人均GDP的增加，父母的主观支持和客观表率得分整体上均呈现出上升趋势，存在相关关系。表明随着经济发展水平的提高，父母对儿童青少年体育健身的重视程度和支持力度增强，进而促进家庭环境水平的提高。

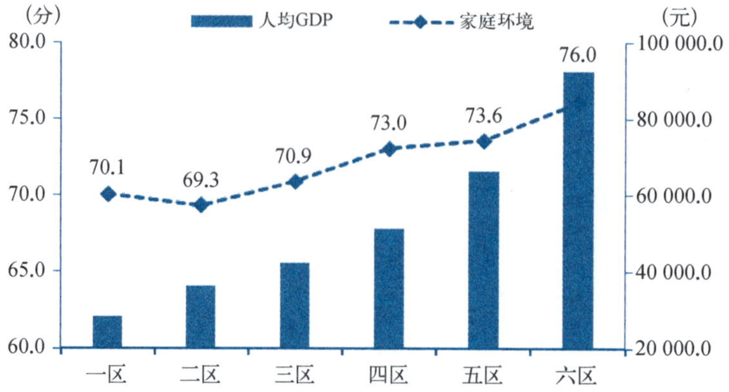

图5-3 人均GDP与家庭环境变化趋势

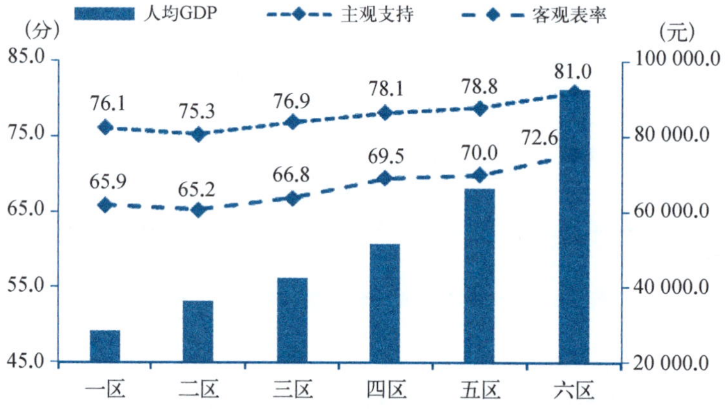

图5-4 人均GDP与父母主观支持和客观表率变化趋势

(2)人际环境:图5-5数据显示,随着人均GDP的增加,人际环境得分整体上呈现出上升趋势,存在相关关系。其中人际环境得分在第二区间出现微弱的下降趋势,在第二区间后持续上升。这种整体上升趋势发生的原因可能与同伴身体活动水平的影响有关。

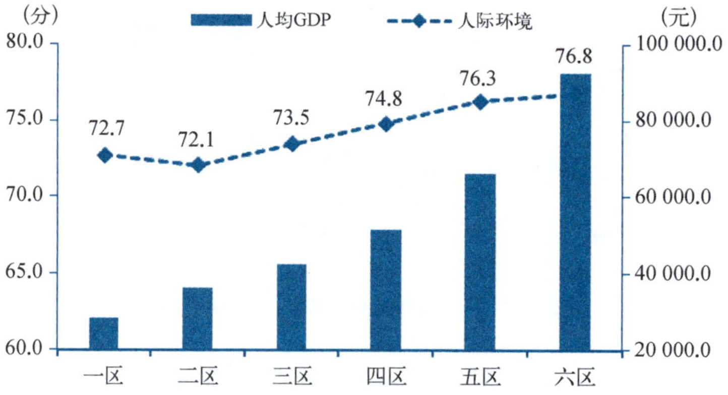

图5-5 人均GDP与人际环境变化趋势

同伴支持是人际环境的重要组成部分。图5-6数据显示,随着人均GDP的增加,同伴支持得分整体上呈现出上升趋势,存在相关关系。表明随着经济发展水平的提高,同伴之间的支持增加,体育健身的氛围更加浓厚,进而促进了人际水平的提高。

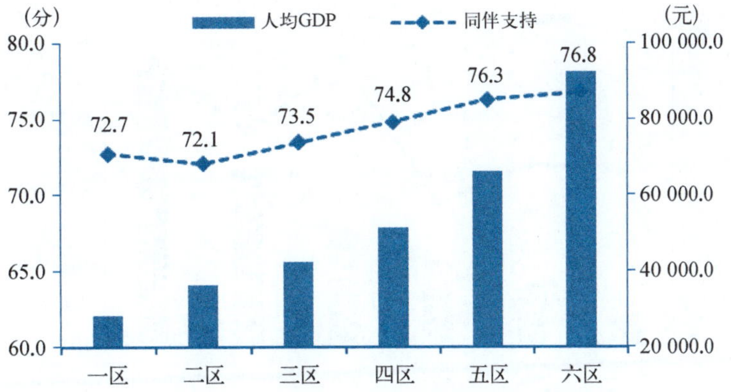

图5-6　人均GDP与同伴支持变化趋势

（3）社区环境：图5-7数据显示，随着人均GDP的增加，社区环境得分呈现出持续上升趋势，存在相关关系。这种整体上升趋势发生的原因可能与社区体育设施、组织、活动有关。

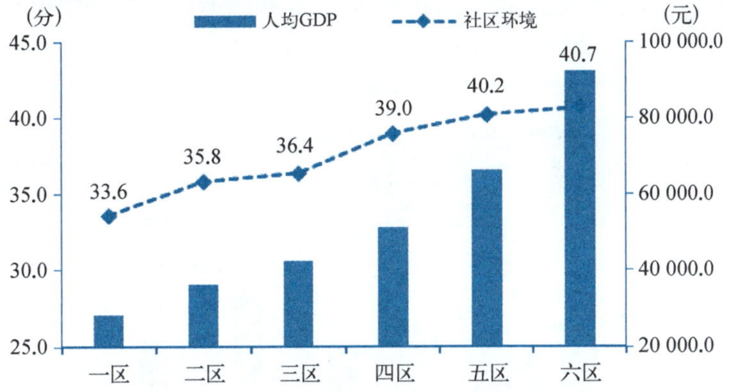

图5-7　人均GDP与社区环境变化趋势

社区体育设施、社区体育组织和社区体育活动是社区环境的重要组成部分。图5-8数据显示，随着人均GDP的增加，社区环境得分呈现出持续上升趋势，存在相关关系。表明随着经济发展水平的提高，社区体育设施更加完善，进而促进了社区环境水平的提高。

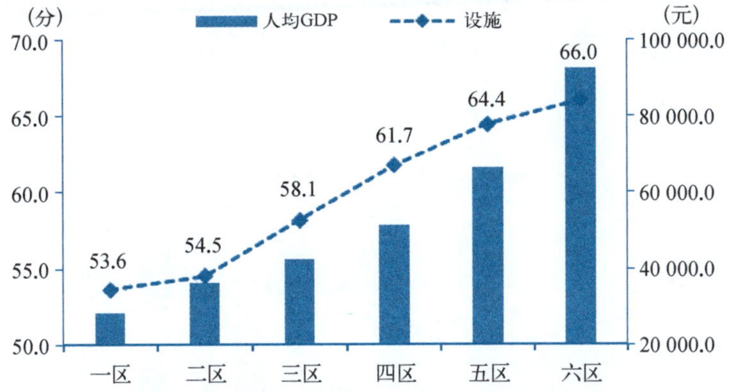

图5-8　人均GDP与体育设施变化趋势

（4）制度环境：图5-9数据显示，随着人均GDP的增加，制度环境得分整体上呈现出上升趋势，存在相关关系。这种整体上升趋势发生的原因可能与政策执行情况、部门协同情况和政策社会知晓情况等有关。

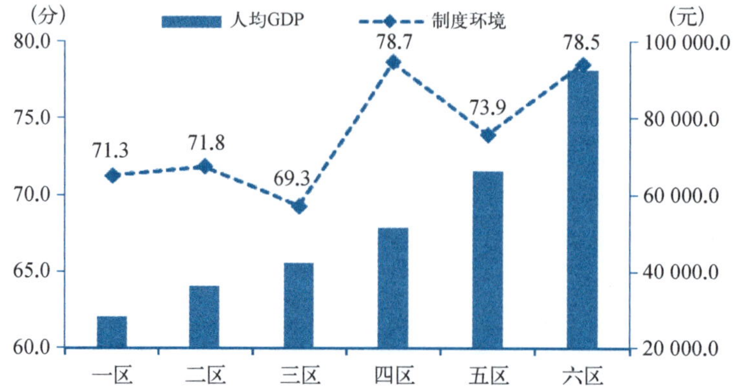

图5-9 人均GDP与制度环境变化趋势

图5-10数据显示，随着人均GDP的增加，政策执行情况和部门协同情况得分整体上均呈现出上升趋势，存在相关关系。表明随着经济发展水平的提高，各部门之间的协同情况更加密切，政策的执行力度增强，促进了制度环境水平的提高。此外，部门协同情况和政策社会知晓情况在不同区间存在较大起伏，可能与不同地区部门的具体实际情况存在较大的差异有关。

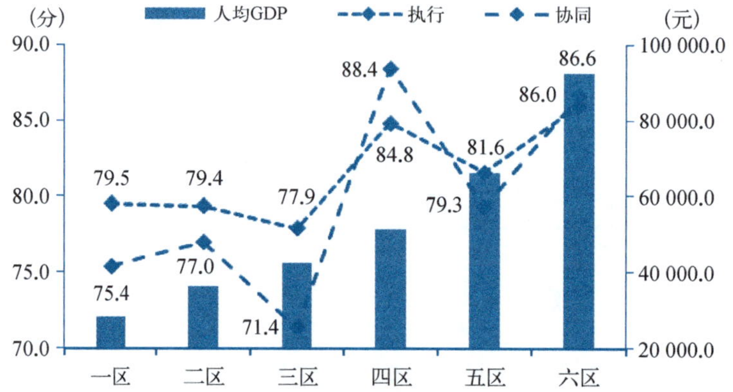

图5-10 人均GDP与政策执行情况和部门协同情况变化趋势

（5）学校环境：图5-11数据显示，随着人均GDP的增加，学校环境得分整体上呈现出上升趋势，存在相关关系。这种整体上升趋势发生的原因可能与学校体育氛围、场地器械、体育师资、领导重视等情况有关。

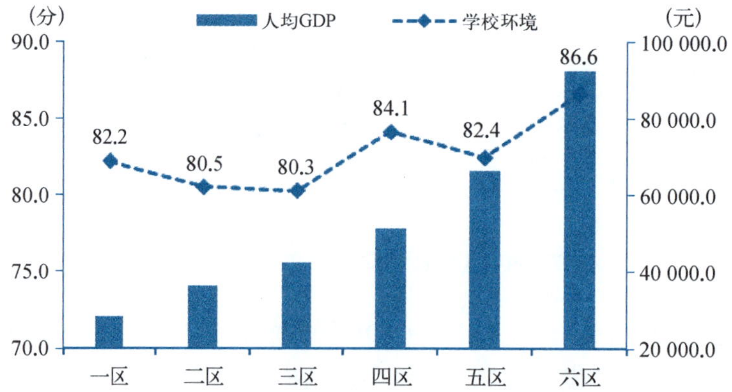

图5-11 人均GDP与学校环境变化趋势

学校领导重视程度、场地器材设施情况、体育师资力量情况、体育健身时间保障和学校体育氛围是学校环境的重要组成部分。相关性结果分析得出，人均GDP与学校领导重视程度、场地器材设施情况、体育师资力量情况、体育健身氛围均存在相关关系。图5-12数据显示，随着人均GDP的增加，其具有相关关系的下级指标均整体上呈现出上升趋势。表明随着经济水平的提高，学校领导对体育的重视程度增强，学校体育场地器材和体育师资更加完善，学校体育健身氛围更加浓厚，进而促进学校环境水平的提高。此外，各区间的学校体育领导重视程度得分普遍较高，而体育健身氛围得分则处于最低水平，可能的原因是由于学生课业压力大，参与体育健身的时间有限，造成体育健身氛围低下。

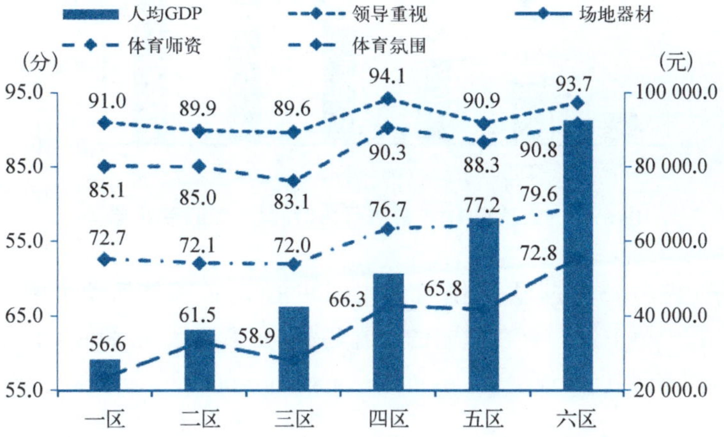

图5-12　人均GDP与学校环境下级指标变化趋势

3. 健身行为

儿童青少年体育健身行为主要包括身体活动方式、静态行为方式和身体活动水平三个方面。通过人均GDP与健身行为二级指标的相关关系分析得出：身体活动水平和静态行为方式与人均GDP均存在相关关系。

（1）静态行为方式：图5-13数据显示，随着人均GDP的增加，静态行为方式得分（反向计分）整体上呈现出下降趋势，静态行为越发严重，存在负相关关系。其中静态行为方式在第一区间到第四区间，无明显的趋势走向，但在第四区间后儿童青少年的静态行为方式得分随着人均GDP的增加而持续下降。这种静态行为现象发生严重的原因可能与久坐行为增加有关。

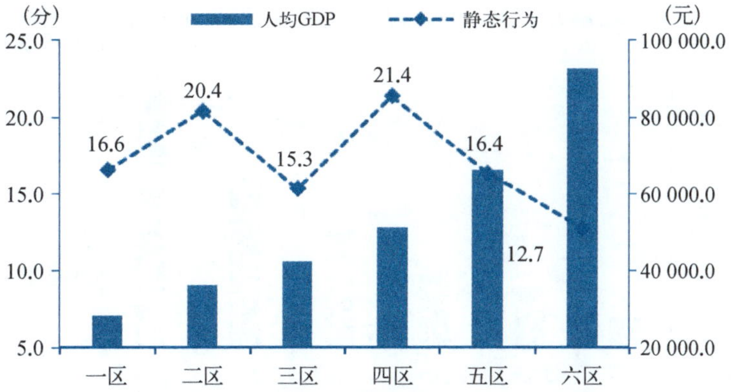

图5-13　人均GDP与静态行为方式变化趋势

静态行为时间是静态行为方式的重要组成部分。图5-14数据显示，各区间静态行为时间超过两小时的比例处于78.6%到87.0%之间，严重超过静态行为时间推荐量。并且随着人均GDP的增加，静态行为时间（≥2 h）百分比整体上呈现出上升趋势，同时在第四区间后持续上升。表明随着经济发展水平的提高，儿童青少年静态行为时间反而增加，久坐行为现象严重。

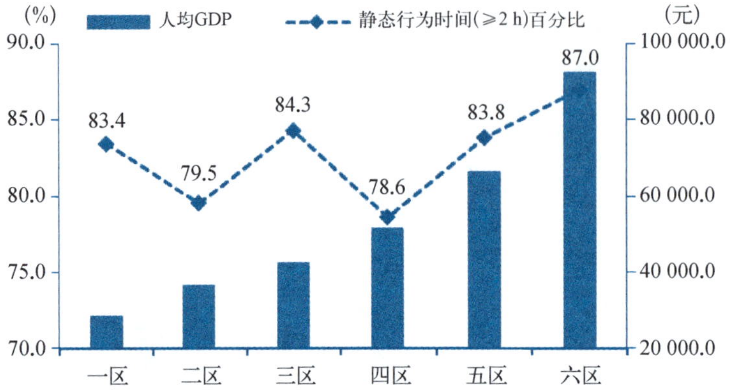

图5-14　人均GDP与静态行为时间（≥2 h）变化趋势

（2）身体活动水平：图5-15数据显示，随着人均GDP的增加，身体活动水平得分整体上呈现出上升趋势，存在相关关系。其中第三区间存在微弱的下降趋势，在第三区间后持续上升。这种整体上升趋势发生的原因可能与每周中高强度身体活动（moderate and vigorous physical activity，以下简称“MVPA”）时间升高有关。

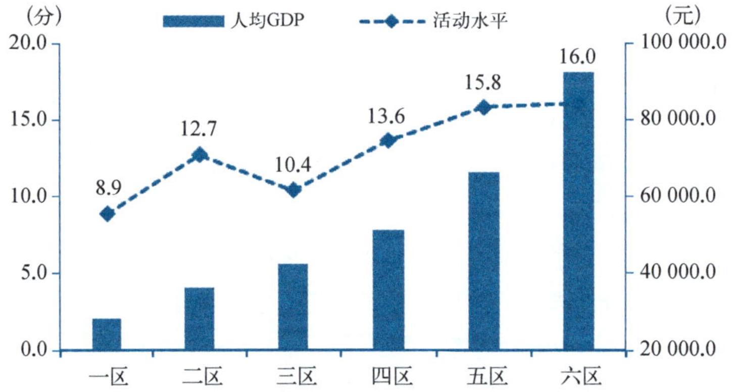

图5-15　人均GDP与身体活动水平变化趋势

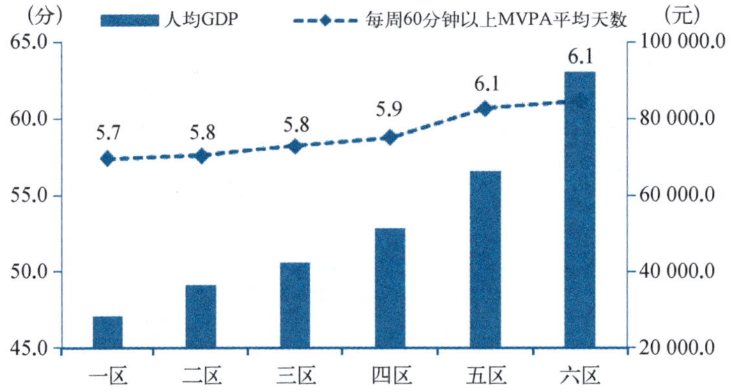

图5-16　人均GDP与每周60分钟以上MVPA平均天数变化趋势

每周60分钟以上MVPA天数是衡量身体活动水平的重要组成部分。图5-16数据显示，各区间每周60分钟以上MVPA天数处于5.7天到6.1天之间，与我国推荐的每天锻炼1小时仍存在一定差距。随着人均GDP的增加，每周60分钟以上MVPA平均天数持续上升。表明随着经济发展水平的提高，儿童青少年的身体活动水平得到提高。

4. 健身效果

儿童青少年健身效果分为小学和初中阶段、高中阶段。相关分析结果显示，人均GDP与小学和初中阶段的儿童青少年健身效果具有相关关系。

图5-17数据显示，随着人均GDP的增加，健身效果（小学和初中阶段）得分整体上呈现出上升趋势，存在相关关系。其中健身效果（小学和初中阶段）得分在第二区间与第五区间之间持续上升。这种整体上升的趋势可能与健身意识（小学和初中阶段）增强、体质健康水平提高等因素相关。

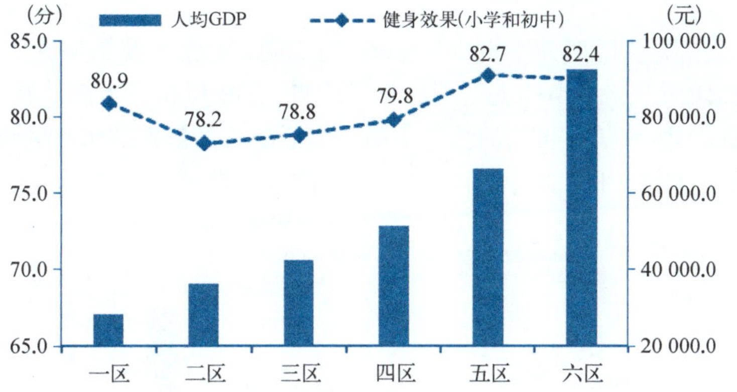

图5-17　人均GDP与健身效果（小学和初中阶段）变化趋势

（1）健身意识（小学和初中阶段）：图5-18数据显示，随着人均GDP的增加，健身意识（小学和初中阶段）得分整体上呈现出上升趋势，存在相关关系。其中健身意识（小学和初中阶段）得分在第二区间存在微弱的下降趋势，在第二区间后呈现出持续上升趋势。表明身体活动水平提高在一定程度上增强了健身效果。

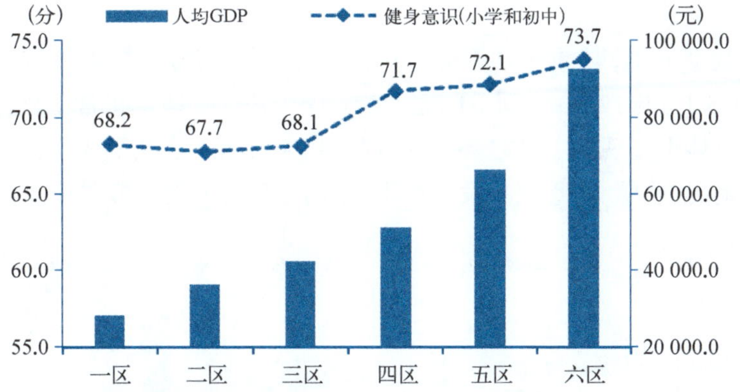

图5-18　人均GDP与健身意识（小学和初中阶段）变化趋势

（2）儿童青少年体质健康达标情况：图5-19数据显示，体质优秀率介于2.6%与10.3%之间，体质良好率介于18.6%与26.8%之间，体质优良率介于21.6%与35. 4%之间。随着人均GDP的增加，体质优秀率、体质良好率、体质优良率整体上均呈现出上升趋势，存在相关关系。其中体质优秀率随人均GDP增加持续上升，而体质优良率只有在人均GDP达到第三区间后才持续上升。表明随着经济水平的发展，儿童青少年体质优秀率持续上升。而在经济水平发展到一定程度时，体质优良率和体质优秀率得到了更好地促进。

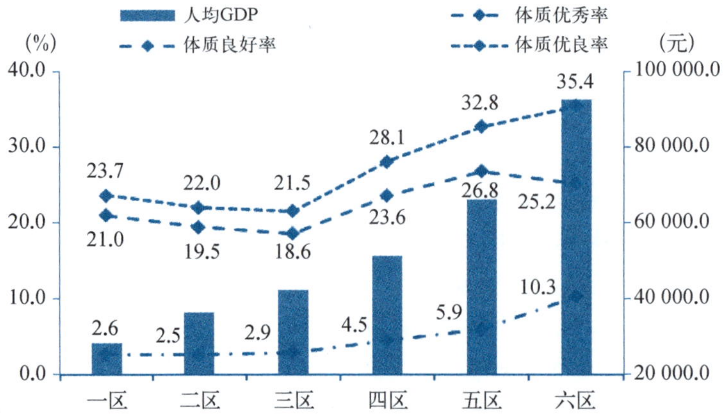

图5-19　人均GDP与体质优秀率、体质良好率、体质优良率变化趋势

图5-20数据显示，体质及格率介于53.2%与66.1%之间，体质不及格率介于9.2%与14.3%之间。随着人均GDP的增加，体质及格率整体上呈现出下降趋势，存在负相关关系。其中体质及格率在第三区间存在微弱的上升的趋势，在第三区间后持续下降。表明随着经济发展水平的提高，儿童青少年的体质及格率反而下降，体质健康水平变差，这可能是由于经济发展带来的不健康的生活方式造成的。

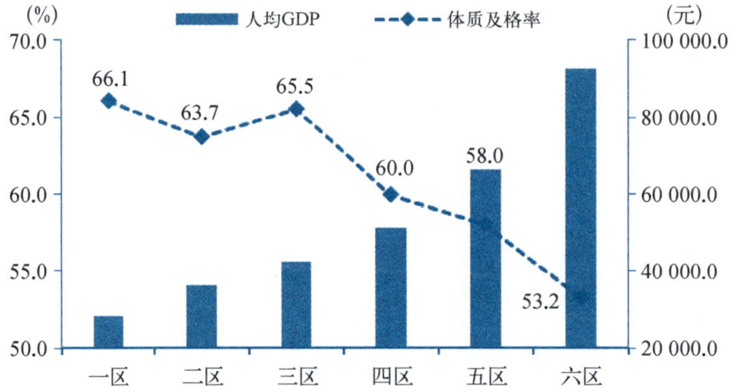

图5-20　人均GDP与体质及格率变化趋势

图5-21、图5-22数据显示，体重正常率介于69.7%与80.6%之间，体重超重率介于10.9%与15.2%之间，体重肥胖率介于5.3%与12.5%之间。随着人均GDP的增加，体重正常率整体上呈现出下降趋势，体重超重率和肥胖率整体上呈现出上升趋势，且都存在相关关系。表明随着经济发展水平的提高，儿童青少年的体重不正常情况，肥胖、超重现象发生严重，进而导致儿童青少年体质下降。

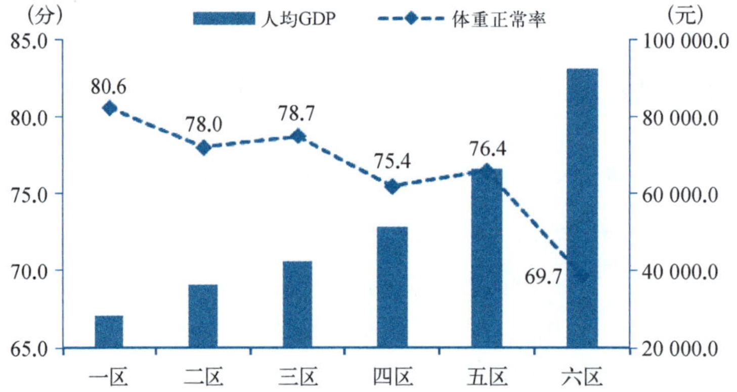

图5-21　人均GDP与体重正常率变化趋势

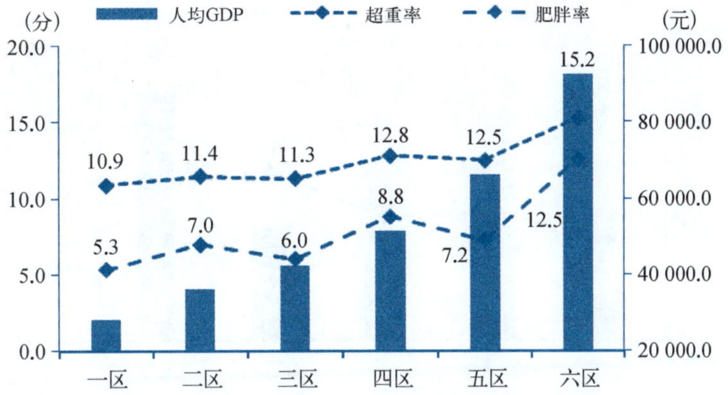

图5–22　人均GDP与体重超重率、肥胖率变化趋势

二、居民可支配收入与儿童青少年体育健身发展

居民可支配收入（per capita disposable income，以下简称“PCDI”）是指城乡居民用于最终消费支出和其他非义务性支出及储蓄的总和，即居民家庭可以用来自由支配的收入，它不仅能够衡量各地区的居民生活水平，而且对国家宏观经济政策的制定也有着重要的作用，是经济学的一项重要指标。分析发现，不同省市PCDI与儿童青少年体育健身指标之间存在相关关系。

（一）我国各省市按居民可支配收入等级的划分

2016年《中国统计年鉴》中，采用五等份分组法对2015年度PCDI进行了等级区间划分。据此对我国31个省市的居民可支配收入进行升序和五等份分组，将各省市划分为一区（0 ～ 20%）、二区（20% ～ 40%）、三区（40% ～ 60%）、四区（60% ～ 80%）、五区（80% ～ 100%）（表5–3）。

表5–3　PCDI省份划分

区　间	PCDI（元）	省　　市
一区	14 552.0	贵州省、云南省、西藏自治区、甘肃省、青海省、新疆维吾尔自治区
二区	17 299.5	山西省、河南省、广西壮族自治区、四川省、陕西省、宁夏回族自治区
三区	18 641.5	河北省、吉林省、黑龙江省、安徽省、江西省、湖南省、海南省
四区	22 521.5	内蒙古自治区、辽宁省、福建省、山东省、湖北省、重庆市
五区	37 091.9	北京市、天津市、上海市、江苏省、浙江省、广东省

从表5–3可看出，我国不同区域的PCDI存在一定的差距，其中华东地区的PCDI要高于西北及西南地区，东部沿海地区的PCDI水平要优于其他地区。

（二）居民可支配收入与儿童青少年体育健身关系

1. 体育健身指数总分

图5–23数据显示，随着居民可支配收入的增加，体育健身指数总分逐渐上升，两者存在相关关系。各区儿童青少年体育健身指数的均值为59.2，总体水平不高。在第三到第四区间内，健身指数总分上升明显，但在第二到第三区间、第四到第五区间，随着居民可支配收入的增加，指数总分反而有轻微的下降，说明在一定程度上居民可支配收入对体育健身指数产生影响。

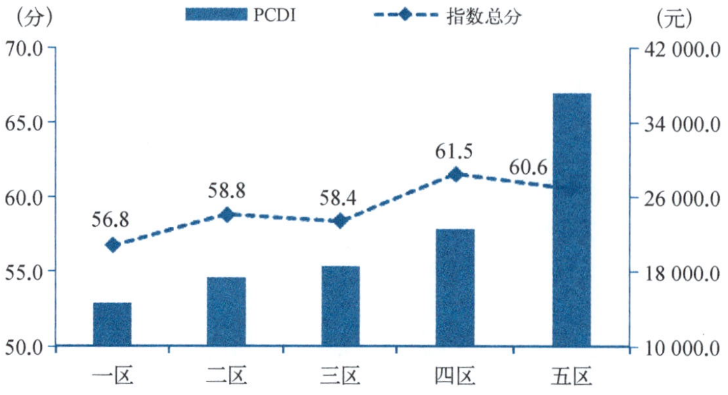

图5-23　PCDI与体育健身指数总分变化趋势

2. 健身环境

图5-24数据显示，随着居民可支配收入的增长，健身环境得分逐渐增加，两者存在正相关关系。健身环境得分在第一至第四区间上升趋势明显，在第四至五区间增幅相对偏低，说明居民可支配收入上升对健身环境的提高具有一定影响作用。儿童青少年健身环境主要包括制度环境、学校环境、家庭环境、社区环境和人际环境五个方面，健身环境的得分情况在一定程度上由这五项二级指标决定。

（1）学校环境：图5-25数据显示，随着居民可支配收入的增长，学校环境得分逐渐增加，两者存在正相关关系。各区间学校环境的均值为82.4。在第一到第四区间，学校环境随着居民可支配收入的增加而上升，但在第四到第五区间，出现一定的下降趋势。学校环境包含的指标为学校领导重视、场地器材、体育师资、体育时间保障和学校体育氛围，第四至第五区间学校环境得分出现微弱的下降情况，这可能与上述二级指标的得分较低有关。

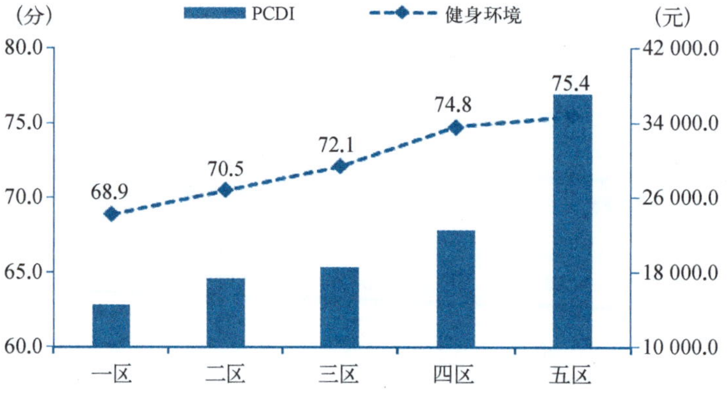

图5-24　PCDI与健身环境变化趋势

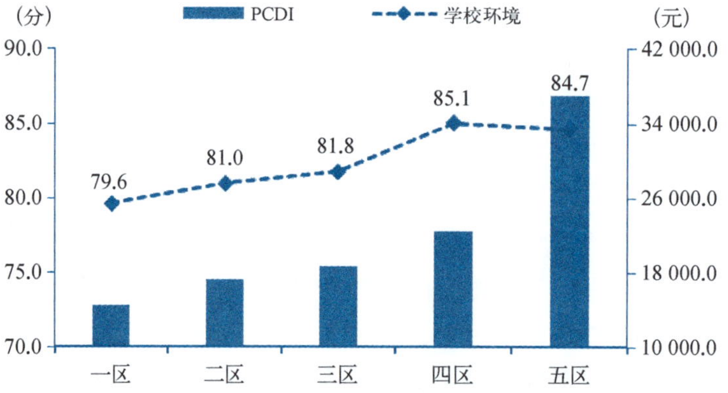

图5-25　PCDI与学校环境变化趋势

图5-26数据显示，随着居民可支配收入的增长，学校环境下级指标得分逐渐增加，两者存在正相关关系。其中各区间领导重视的均值为91.2，属于较高水平，说明在不同地区，学校校长及学校体育工作小组的其他领导，对体育工作的重视程度较高、学校体育经费较充足；各区间场地器材的均值为63.7，表明学校体育场地和器材在一定程度上不能满足学校日常体育工作的要求；各区间体育师资的均值为86.6，可见学校体育教师在数量、业务培训以及在学科地位方面得到一定的提升。

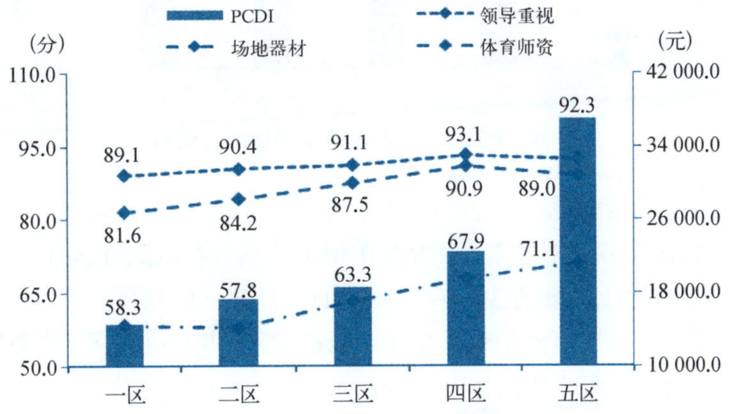

图5-26　PCDI与学校环境下级指标变化趋势

（2）家庭环境：图5-27数据显示，随着居民可支配收入的增长，家庭环境的得分也随之上升，两者存在正相关关系。各区间家庭环境的均值为72.0。在居民可支配收入增长幅度较大的第四至第五区间内，家庭环境的上升趋势明显，其余区间上升趋势缓慢，这跟家长的主观支持和客观表率有关。家庭环境是由家长的主观支持和客观表率这两项指标构成的。调查显示，居民可支配收入高的地区，家长对体育健身的态度更加积极、对物质的支持力度大，因此家庭环境的得分相对较高。

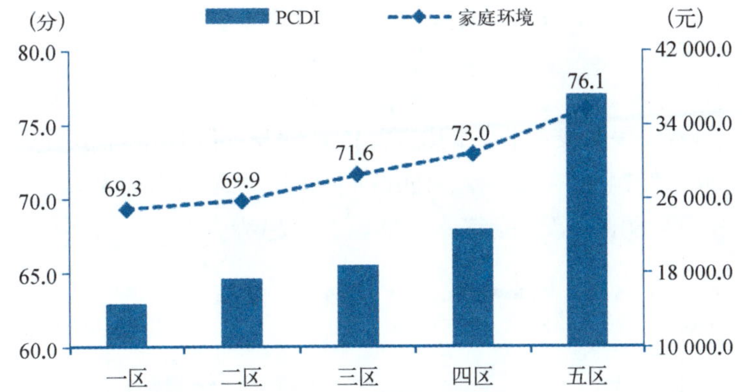

图5-27　PCDI与家庭环境变化趋势

图5-28数据显示，主观支持与客观表率得分总体上随着居民可支配收入的增加而增加，两者存在正相关关系，说明居民可支配收入在一定程度上会影响家长对体育健身的认识及对其物质投入程度。随着居民可支配收入增加，家长在主观意识层面能够更加关心并鼓励孩子参与体育活动，在物质上也给予孩子更多的支持。主观支持的得分一直高于客观表率，这说明很多家长对体育锻炼的认知和态度是积极的，但是在实际的体育经费投入、自身表率等方面难以保持一致。

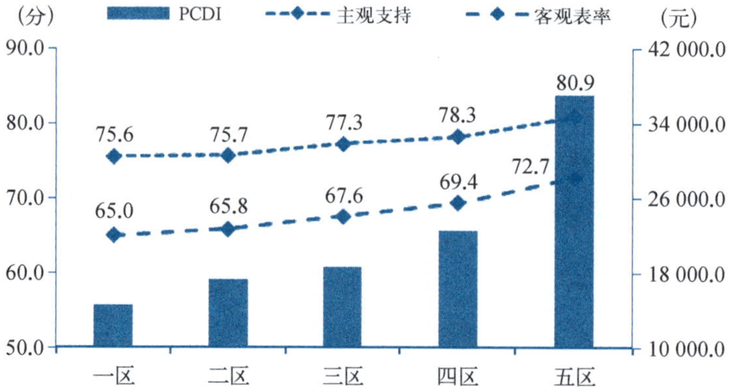

图5-28　PCDI与家庭环境下级指标变化趋势

（3）社区环境：图5-29数据显示，随着居民可支配收入的增加，社区环境的下级指标——社区体育设施与社区体育组织整体上呈现上升趋势，两者存在相关关系。各区间社区体育设施的均值为59.6，整体得分偏低，说明在社区环境中，儿童青少年缺乏便利的体育锻炼的场所。各区间社区体育组织的均值为21.3，表明当前我国不管是居民可支配收入高还是低的地区，其所在社区（或街道、村镇）成立的青少年体育组织较少，无法满足儿童青少年的体育健身需求。

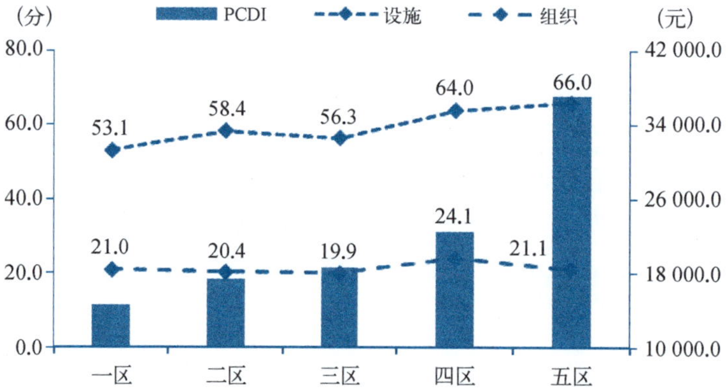

图5-29　PCDI与社区环境下级指标变化趋势

（4）人际环境

图5-30数据显示，随着居民可支配收入的增高，体育健身人际环境得分逐步增高，两者存在正相关关系，各区间人际环境均值为74.2，在第一到第四区间，人际环境得分趋势增长幅度较小；在第四至第五区间内，人际环境得分有微弱的下降，但整体上呈现上升趋势。

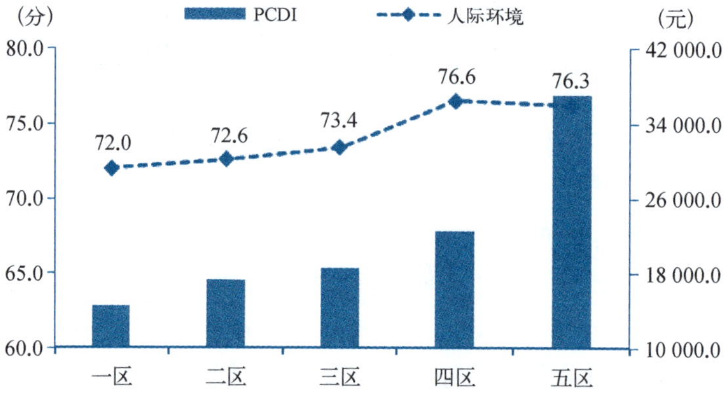

图5-30　PCDI与人际环境变化趋势

3. 健身行为

图5-31数据显示，随着居民可支配收入的增加，儿童青少年的健身行为得分整体上也呈上升趋势，两者存在正相关关系。各区间健身行为的均值为40.7，可见健身行为得分偏低。第一到第二区间、第三到第四区间，健身行为得分呈上升趋势；在第二到第三区间、第四到第五区间，健身行为得分呈下降趋势，其中第四到第五区间比较明显。由于健身行为是由身体活动方式、静态行为和活动水平构成的，这三项二级指标的得分在一定程度上影响健身行为得分。

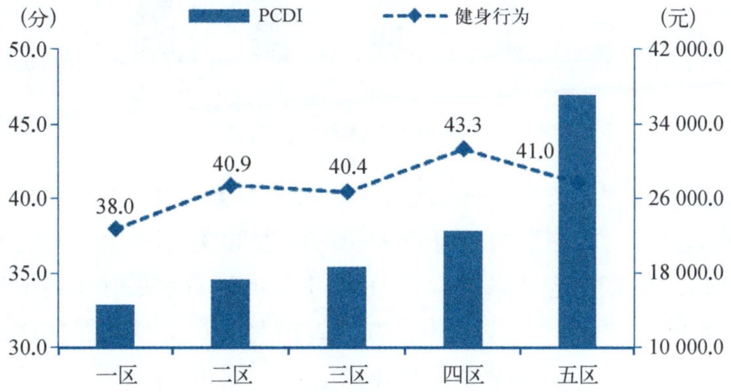

图5-31　PCDI与健身行为变化趋势

图5-32数据显示，随着居民可支配收入水平的提高，儿童青少年的静态行为总体呈下降趋势，两者存在相关关系，各区间静态行为的均值为17.0。在第二到第三区间、第四到第五区间，儿童青少年的静态行为得分呈现下降趋势，其中在第四到第五区间内下降较为明显。儿童青少年的静态行为得分低，表明当前儿童青少年一周内静态行为时间普遍较高；而居民可支配收入的增加，儿童青少年接触智能设备过多，可能会导致儿童青少年不健康生活习惯的养成。

图5-32数据还显示，随着居民可支配收入的增加，儿童青少年的身体活动水平整体呈现上升趋势，两者存在相关关系。各区间身体活动水平的均值为13.0，整体上升的幅度不大，部分区间有轻微的下降情况。由此可见，中国儿童青少年身体活动水平相对偏低，存在身体活动量不足的问题。

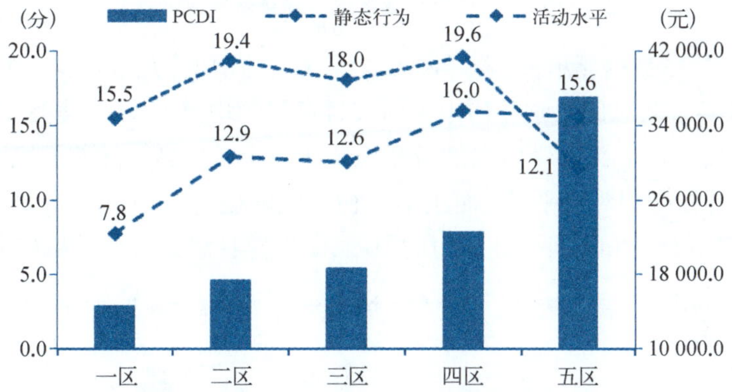

图5-32　PCDI与静态行为和活动水平变化趋势

4. 健身效果

图5-33数据显示，随着居民可支配收入的增加，健身效果得分整体呈上升趋势，两者存在相关关系。各区间的健身效果的均值为77.8，在第三到第四区间，健身效果得分增加幅度相对较大。在居民可支配收入最高的第五区间，健身效果得分比第四区间略低，说明居民可支配收入对儿童青少年的健身效果有一定的影响。健身效果是从儿童青少年的健身意识、体质健康水平、运动技能进行评价的，这三项指标的得分情况在一定程度上影响着各区的健身效果。

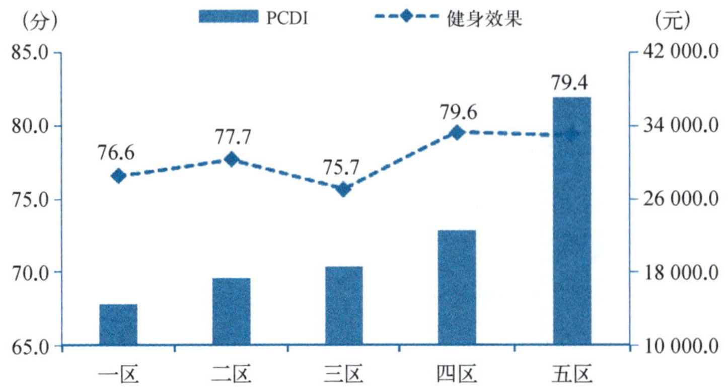

图5-33　PCDI与健身效果变化趋势

图5-34数据显示，随着居民可支配收入的增长，儿童青少年的健身效果整体上也呈上升趋势，两者存在正相关关系。各区间小学、初中生的健身效果的均值为80.3；各区间高中生健身效果得分为74.4、75.3、73.9、76.4、76.5，均值为75.3。总体来看，小学和初中生的健身效果好于高中生；在两者健身意识相差不大的情况下，健身效果出现差异，说明高中生在体育健身意识上可能保持积极态度，但可能由于学业压力等方面原因造成其无法按自己的意愿参与体育活动，所以健身效果得分不如小学和初中生的高。

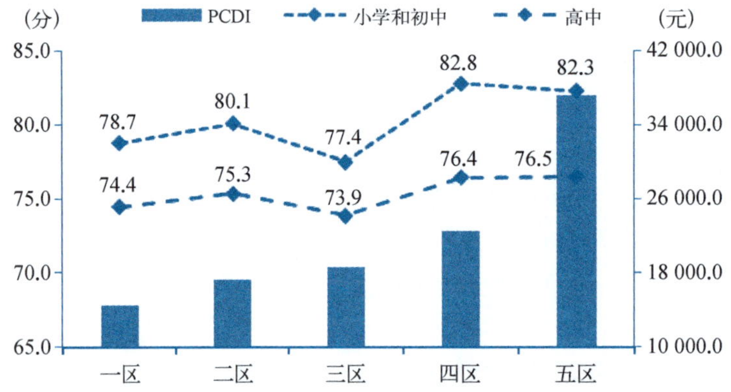

图5-34　PCDI与儿童青少年健身效果变化趋势

（1）健身意识：图5-35数据显示，随着居民可支配收入的增加，儿童青少年的健身意识整体呈上升趋势，两者存在相关关系。各区间小学和初中生的健身意识的均值为70.0；各区间高中生的健身意识的均值为63.3。由此可见，小学和初中学生的健身意识要比高中学生高。随着居民可支配收入的增加，高中学生的健身意识上升幅度相对较平缓；而小学和初中生的健身意识波动幅度较大，上升趋势较为明显。高中生可能由于外界环境和自身学业压力的原因，所以健身意识与小学和初中生相比，相对较差。

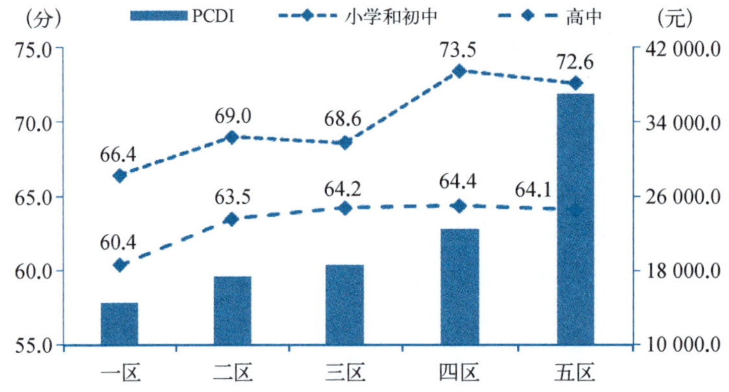

图5-35　PCDI与健身意识变化趋势

（2）体质健康水平：图5-36数据显示，随着居民可支配收入的增加，儿童青少年的肥胖率逐渐上升，体重正常率逐渐下降，存在相关关系。各区间体重正常率的均值为76.4%；各区间肥胖率的均值为7.9%。由数据可知，随着居民可支配收入的上升，儿童青少年的体重正常率逐渐下降，儿童青少年的肥胖率越来越高，这说明居民收入增加使得居民物质生活水平提高，儿童青少年享有较好的生活条件，出现营养过剩、肥胖率上升的不良现象。

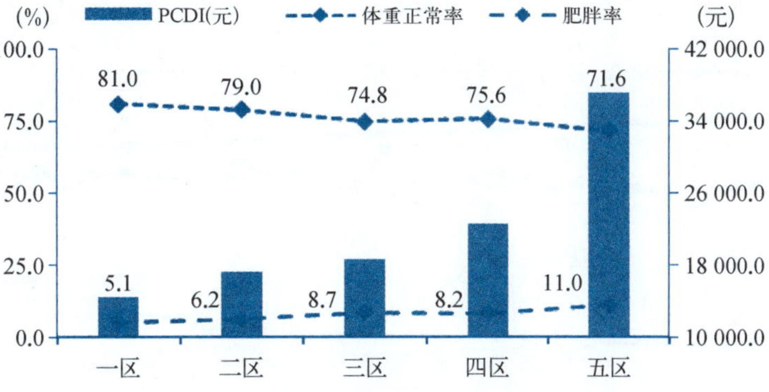

图5-36　PCDI与体质健康水平变化趋势

三、居民人均消费支出与儿童青少年体育健身发展

人均消费支出指居民用于满足家庭日常生活消费的全部支出，包括购买实物支出和服务性消费支出。消费支出按商品和服务的用途可分为食品、衣着、家庭设备用品及服务、医疗保健、交通和通讯、娱乐教育文化服务、居住、杂项商品和服务等八大类。人均消费支出是社会消费需求的主体，是拉动经济增长的直接因素，是体现居民生活水平和质量的重要指标。

（一）我国居民人均消费支出情况

对我国31个省的居民人均消费支出按照升序排序，从图5-37可看出，我国各省市居民人均消费支出大部分在10千～20千元之间；少于10千元的省市只有1个；20千～30千元的省市有4个，超过30千元的省市有2个。

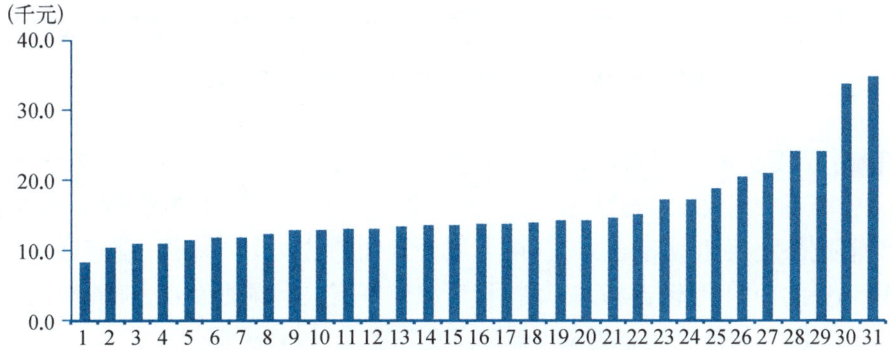

图5-37　各省市居民人均消费支出情况

（二）居民人均消费支出与儿童青少年体育健身发展

1. 体育健身指数总分

从图5-38可以看出，儿童青少年体育健身指数总分最低为52.2分，最高为67.6分。居民人均消费支出在13.1千元以内的省市，健身指数总分均低于60.0分。随着居民人均消费支出的增长，我国儿童青少年体育健身指数总分总体呈现出上升趋势。

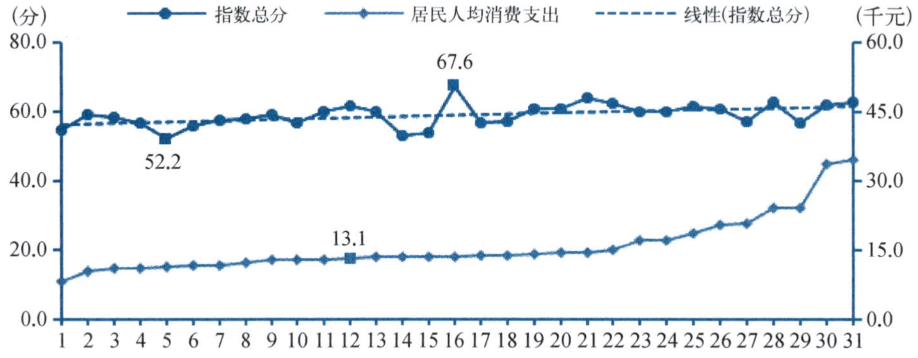

图5-38　居民人均消费支出与体育健身指数总分变化趋势

2. 健身环境

从图5-39可以看出，我国儿童青少年体育健身指数、健身环境得分全部在60分以上，最低分为61.5分，最高分为79.4分。当居民人均消费支出达到或超过14.3千元时，儿童青少年体育健身指数、健身环境得分全部在70.0分以上。随着居民人均消费支出的增长，我国儿童青少年体育健身环境得分总体呈现出上升趋势。

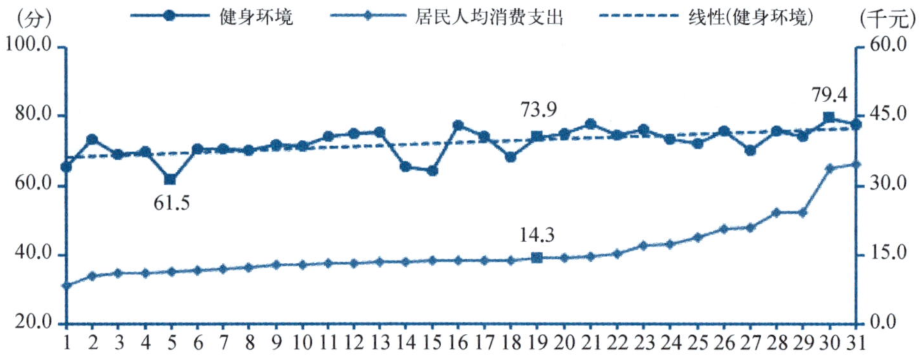

图5-39　居民人均消费支出与健身环境的变化趋势

（1）制度环境：从图5-40可以看出，制度环境得分最低为57.3分，最高为82.2分。2个省市的健身指数总分在60.0分以下，5个省市的健身指数总分在60.0～70.0分之间，其余省市均高于70.0分，说明我国各省在健身制度环境层面做得比较好。随着居民人均消费支出的增长，制度环境得分呈现出上升趋势。出现这种趋势的原因可能与体育政策执行情况较好有关。调查发现，随着居民人均消费支出的增长、生活条件的提高，学校体质健康测试仪器配备更加齐全，过程更加规范。

（2）学校环境：从图5-41以看出，学校环境得分都在70.0分以上，全国平均得分也比较高，最低为72.0分，最高为91.6分。随着居民人均消费支出的增长，学校环境得分总体呈现出上升趋势，但是上升幅度较小。居民生活水平高的地区，学校场地器材较好，会给学生提供更好的硬件保障。此外，学校的

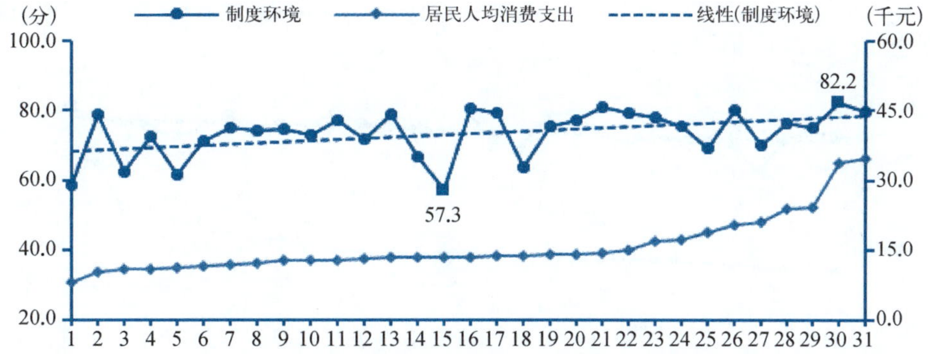

图 5-40　居民人均消费支出与制度环境变化趋势

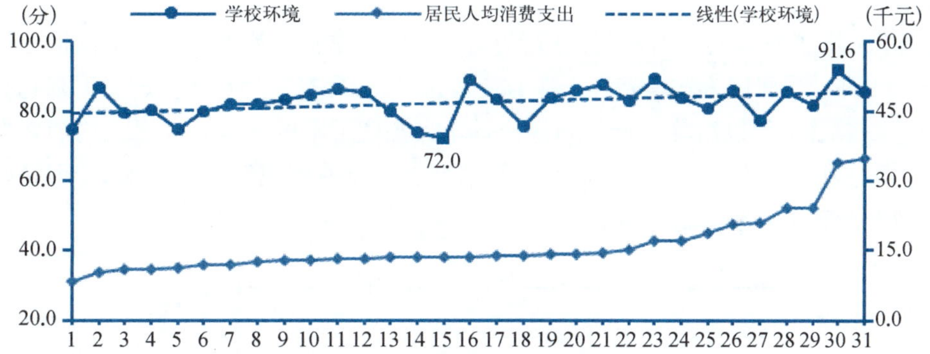

图 5-41　居民人均消费支出与学校环境变化趋势

体育氛围也是影响学校环境得分的重要指标，加强学校体育氛围的建设也是提高学校环境得分的重要手段之一。

（3）家庭环境：从图 5-42 可以看出，家庭环境得分都在 60 分以上，最低为 60.5 分，最高为 79.9 分。在居民人均消费支出在 13.6 千元及以上的省市，家庭环境得分均在 70.0 分以上。随着居民人均消费支出的增长，家庭环境得分总体呈现出上升趋势。居民人均消费支出反映一个家庭的经济水平，当家庭经济水平达到一定程度时能够为儿童青少年体育健身创造一个较好的家庭环境。

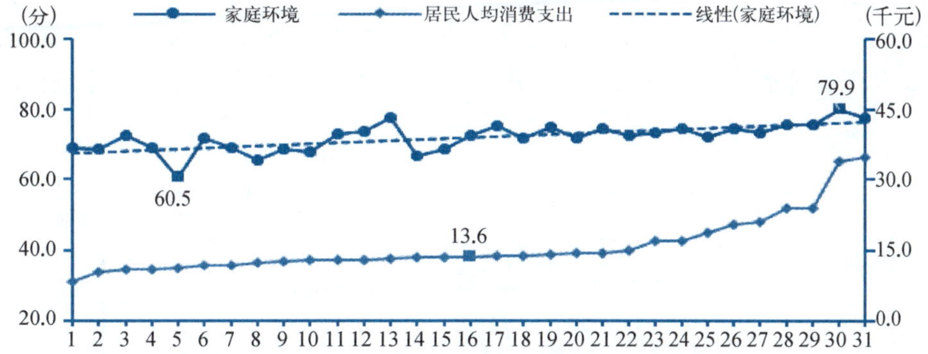

图 5-42　居民人均消费支出与家庭环境变化趋势

（4）人际环境：儿童青少年体育健身人际环境主要指同伴支持。从图 5-43 可以看出，人际环境得分大部分在 70.0 ～ 80.0 分之间，最低为 61.9 分，最高为 81.0 分，有 2 个省市在 60.0 ～ 70.0 分之间，有一个省市得分在 80.0 分以上。随着居民人均消费支出的增长，人际环境得分呈现出上升趋势。

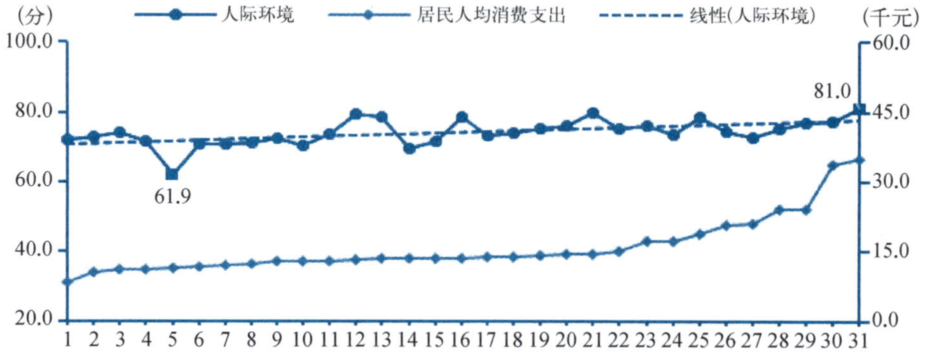

图 5-43　居民人均消费支出与人际环境变化趋势

3. 健身行为

(1) 静态行为：从图5-44可以看出，静态行为得分总体非常低。静态行为的最低得分仅为8.3分，最高得分也只有26.2分。当居民人均消费开支在14.3千元以内，静态行为总体呈轻微下降趋势。但当居民人均消费支出达到14.3千元以后静态行为的得分是呈大幅度下降的趋势。居民人均消费支出最高的两个省，静态行为得分甚至都不足10.0分。居民人均消费支出反映区域经济生活水平，但是好的生活物质条件可能会导致儿童青少年静态行为的时间增加，如电子产品使用低龄化。

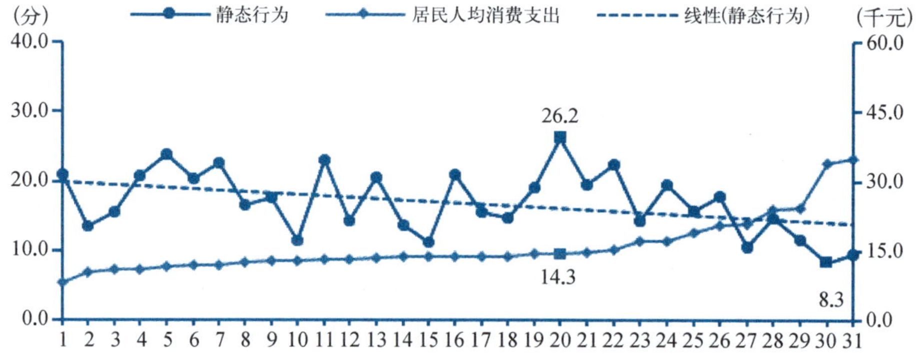

图 5-44　居民人均消费支出与静态行为变化趋势

(2) 身体活动水平：从图5-45可以看出，身体活动水平的平均得分非常低。最低仅有4.3分，最高为30.3分。说明我国儿童青少年身体活动水平远远达不到国际卫生组织每天至少1小时中高强度体力活动的建议。随着居民人均消费支出的增长，身体活动水平总体呈现出上升趋势，但是随着居民人均消费支出大幅度增长，身体活动水平得分并未呈现出一致的趋势，而是保持在了一个相对较为稳定的区间。

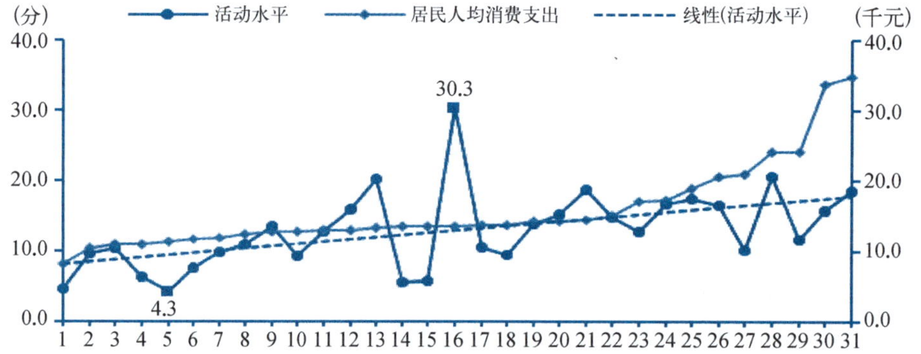

图 5-45　居民人均消费支出与身体活动水平变化趋势

4. 健身效果

从图5-46可以看出，我国儿童青少年健身效果的总得分总体相对较高，全部在70.0分以上，最低为71.0分，最高为84.3分。随着我国居民人均消费支出的增长，健身效果得分总体呈现出上升趋势，但是上升幅度较小。

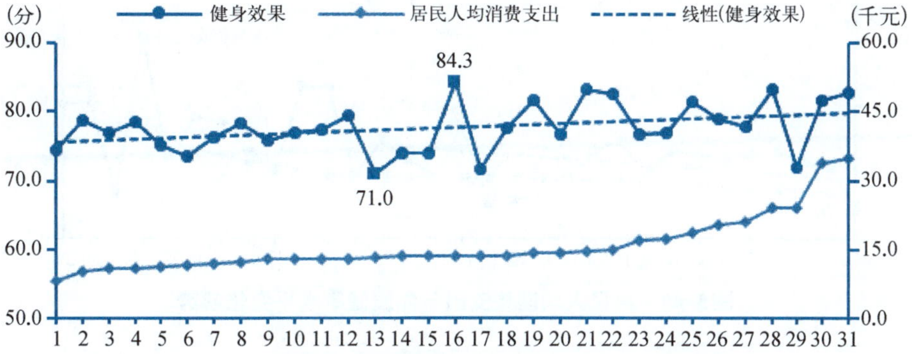

图5-46　居民人均消费支出与健身效果总得分变化趋势

从图5-47可以看出，健身效果（小学和初中）得分全在70.0分以上，平均得分比较高。随着我国居民人均消费支出的增长，健身效果（小学和初中）变化趋势不明显，保持在一个相对稳定的区间。

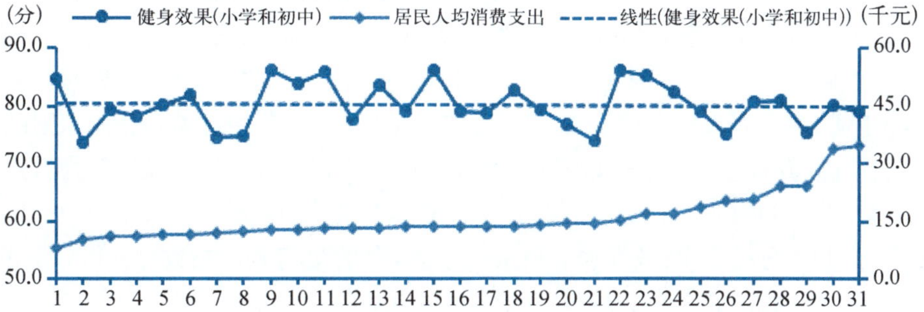

图5-47　居民人均消费支出与健身效果（小学和初中）变化趋势

（1）健身意识（小学和初中）：从图5-48可以看出，健身意识（小学和初中）最低为59.6分，最高为77.7分，只有一个省市得分低于60.0分。随着我国居民人均消费支出的增长，健身意识（小学和初中）的得分总体呈现出上升趋势，但是上升幅度较小。

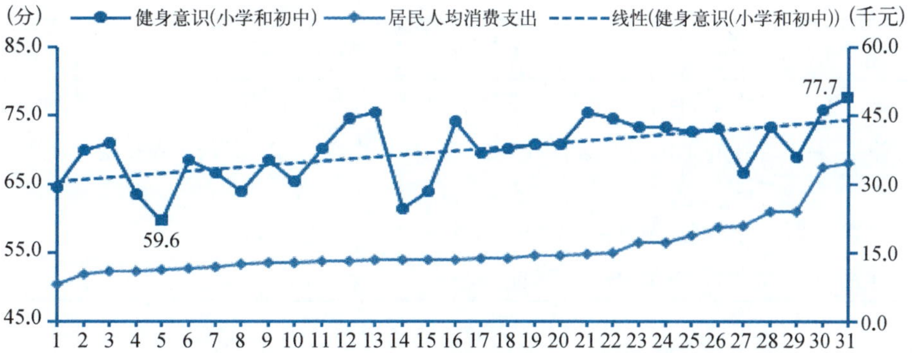

图5-48　居民人均消费支出与健身意识（小学和初中）变化趋势

（2）体质健康水平：从图5-49可以看出，体质优良率总体非常低。最高为61.0%，最低的仅9.2%，只有一个省市的体质优良率超过60.0%。大多数省市的体质优秀率在10.0%～40.0%之间。随着我国居民人均消费支出的增长，体质优良率的得分呈现出上升趋势。

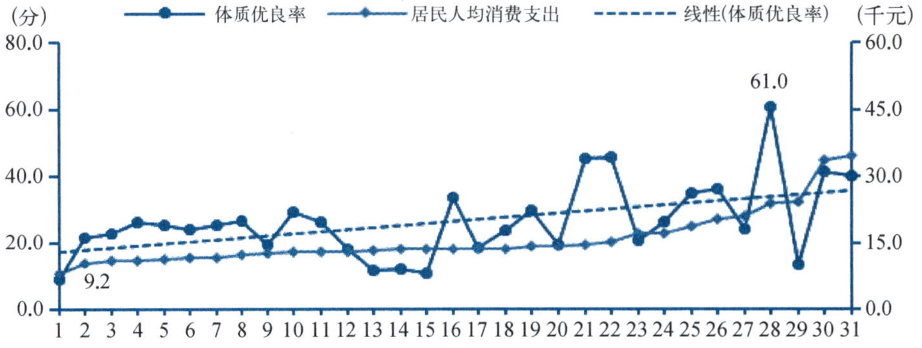

图5-49　居民人均消费支出与体质健康水平变化趋势

四、教育水平与儿童青少年体育健身发展

教育水平是指在一定社会条件下，各级各类教育的结构体系及其数量和质量的总和，是衡量一个国家或者地区国民经济和社会发展水平的重要指标。许多经济学家证实了教育对于生产率和经济增长有重要的影响①。教育水平的高低影响着人们健康生活的能力及生活方式，尤其是对儿童青少年的体育健身发展有着重要影响。儿童青少年时期是形成一个人生活方式、心理行为的关键时期，这一时期所形成的生活方式、心理行为将对他们的一生产生深远的影响。国家统计局网站上的信息显示，衡量教育水平的指标包括：教育经费、师生比、每十万人口在校生数、毕业生数、入学率等。教育经费包括国家财政预算内教育经费、民办学校办学经费、教育经费社会捐赠经费、教育经费事业收入等。教育经费作为教育水平的核心指标之一，是教育工作顺利开展的重要保障，对教育水平发挥着重要的推动作用。本研究采用教育经费指标来衡量教育水平。经相关分析得出，教育水平和儿童青少年体育健身发展指数总分得分呈正相关关系。

（一）我国各省市教育水平等级区间划分

将我国31个省（市、区）（新疆建设兵团除外）的教育经费用升序排序按照四分位划分法分为四个等级。其中，0～25%为第一区间，25%～50%为第二区间，50%～75%为第三区间，75%～100%为第四区间，切点分为别为349.0亿元、744.5亿元、990.7亿元、1 789.5亿元（表5-4）。我国教育经费的投入具有明显的地域趋势，从西部到中、东部地区呈现出逐渐增加的趋势，沿海地区教育经费的投入比例较高。

表5-4　我国31省市教育经费四分位划分

四分位数	省　市	教育经费（亿元）
一区	西藏自治区、宁夏回族自治区、青海省、海南省、甘肃省、吉林省、黑龙江省	349.0
二区	天津市、新疆维吾尔自治区、内蒙古自治区、重庆市、山西省、贵州省、广西壮族自治区、辽宁省、福建省	744.5
三区	江西省、陕西省、云南省、湖北省、上海市、安徽省、河北省、北京市	990.7
四区	湖南省、四川省、浙江省、河南省、山东省、江苏省、广东省	1 789.5

① 陈贵富.教育水平与中国家庭储蓄率[J].厦门大学学报（哲学社会科学版），2015（2）：60-72.

（二）教育水平与儿童青少年体育健身发展

1. 体育健身指数总分

图5-50数据显示，随着教育经费投入的增加，儿童青少年体育健身指数总分逐渐增加，上升趋势较为明显，存在正相关关系，各区间儿童青少年体育健身指数总分的均值为59.2。四个区间健身指数总分的差异较小，但整体得分较低，表明我国儿童青少年体育健身发展状况不容乐观，有待提高。

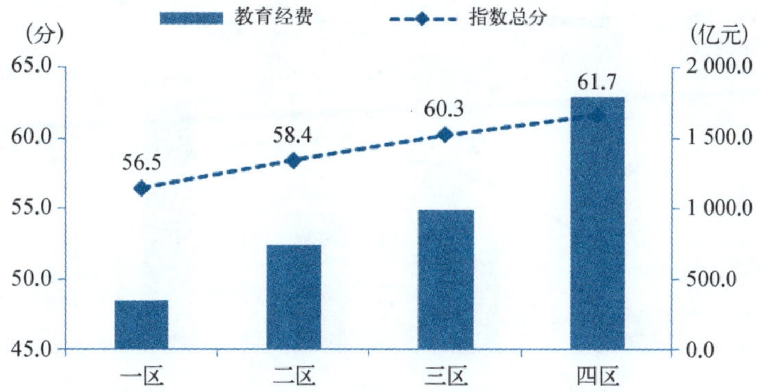

图5-50　教育经费与体育健身指数总分变化趋势

2. 健身环境

图5-51数据显示，随着教育经费的增加，健身环境得分呈上升趋势，存在正相关关系。各区间健身环境的均值为72.3。健身环境得分在第四区间上升趋势变缓。

（1）制度环境：图5-52数据显示，随着教育经费的增加，制度环境得分逐渐增加，存在正相关关系。各区间制度环境的均值为73.4，呈现这种趋势的原因可能与各部门协调情况相关。相关性分析显示，部

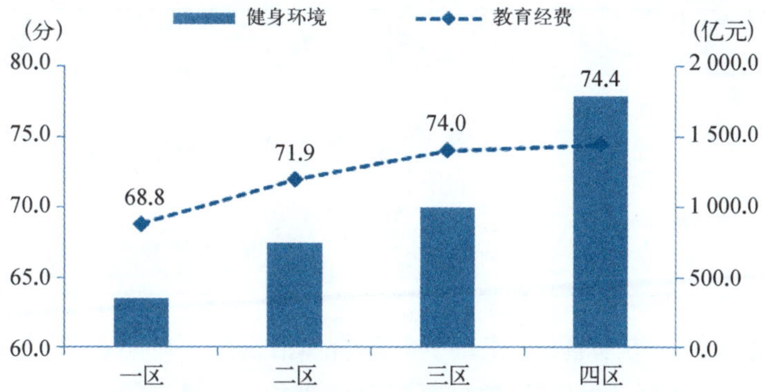

图5-51　教育经费和健身环境变化趋势

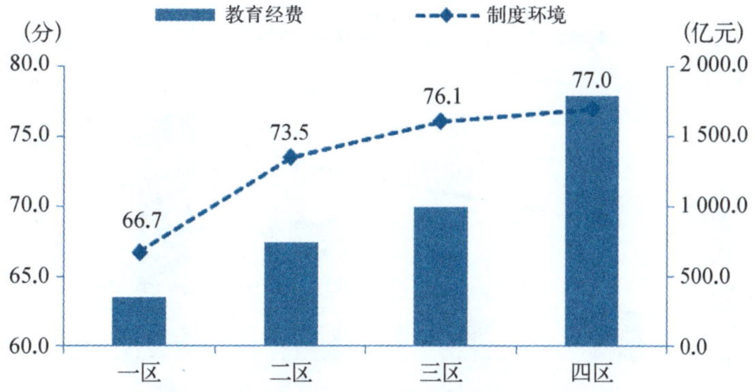

图5-52　教育经费与制度环境变化趋势

门协同情况和教育经费呈显著相关关系。可见，开展学校体育工作时其他部门或机构给予的支持对学校制度环境有着重要贡献。

（2）学校环境：图5-53数据显示，随着教育经费的增加，学校环境得分整体上呈现出上升趋势，存在正相关关系。各区间学校环境的均值为82.3。当教育经费超过第三区间均值时，学校环境得分有所下降，但下降趋势不明显。这种下降趋势的发生原因可能与体育学科在学校教育中边缘化导致教育经费分配不均衡有关。

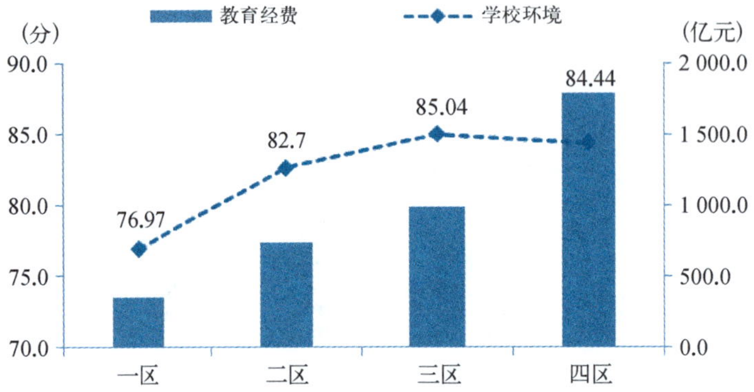

图5-53　教育经费与学校环境的变化趋势

3. 健身行为

经相关分析得出，教育经费与儿童青少年体育健身行为没有相关关系，但是与儿童青少年身体活动水平相关。表5-5数据显示，各四个区间健身行为的均值为40.8，相比健身环境得分均值72.3，健身行为得分较低。

表5-5　教育经费与健身行为平均得分

区　间	健身行为（分）	教育经费（亿元）
一区	38.9	349.0
二区	39.7	744.5
三区	41.5	990.7
四区	43.0	1 789.7

从身体活动水平变化的趋势来看，儿童青少年的身体活动水平随着教育经费的增加而增加。经相关分析得出，儿童青少年身体活动水平和教育经费存在正相关关系。图5-54数据显示，各区间中儿童青少年身体活动水平的均值为13.0，在所有指标中得分最低。由此可见我国儿童青少年严重缺乏身体

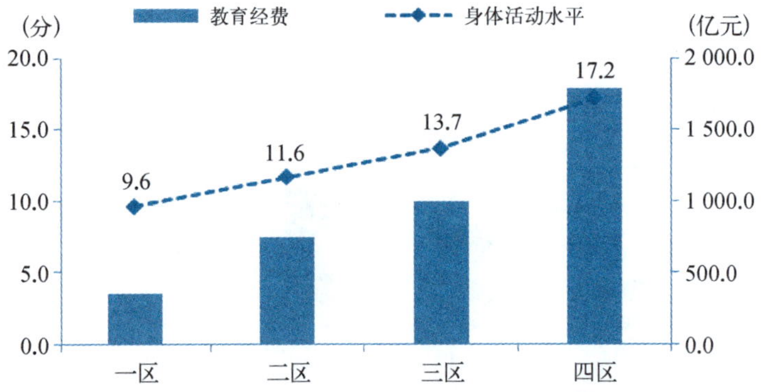

图5-54　教育经费与身体活动水平变化趋势

活动，而身体活动不足将严重影响儿童青少年的体质健康。WHO指出，身体活动不足已成为影响全球死亡率的第四大危险因子，每年有6%的死亡率与身体活动不足有关，仅次于高血压、烟品使用及高血糖。因此，促进儿童青少年参与体育锻炼仍然是学校体育的重要目标之一。

4. 健身效果

从相关性分析来看，随着教育经费的增加，小学初中生和高中生的健身效果都随之提升，存在正相关关系。图5-55数据显示，各区间儿童青少年总健身效果的均值为77.7；小学和初中生健身效果的均值为80.2；高中生健身效果的均值为75.2。可见，我国儿童青少年体育健身效果得分较好。其中，小学和初中生健身效果的均值明显高于高中，原因可能是高中学生面临高考的压力，学业紧张，参加体育健身的时间变少。

图5-56数据显示，随着教育经费的增加，小学和初中生，以及高中生的体质水平都逐渐增加，存在正相关关系。各区间小学、初中生体质水平的均值为90.3；高中生体质水平的均值为89.0。可以看出，我国儿童青少年体质水平整体得分较高，其中，小学和初中生的体质水平得分高于高中生。可见，高中生由于缺乏身体活动，体质水平明显下降。虽然小学和初中生的体质水平在第二区到第三区有所下降，但是下降趋势不明显。

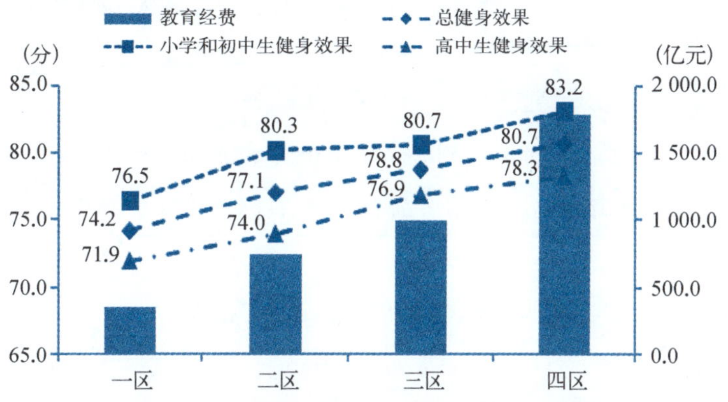

图5-55　教育经费区间与健身效果变化趋势

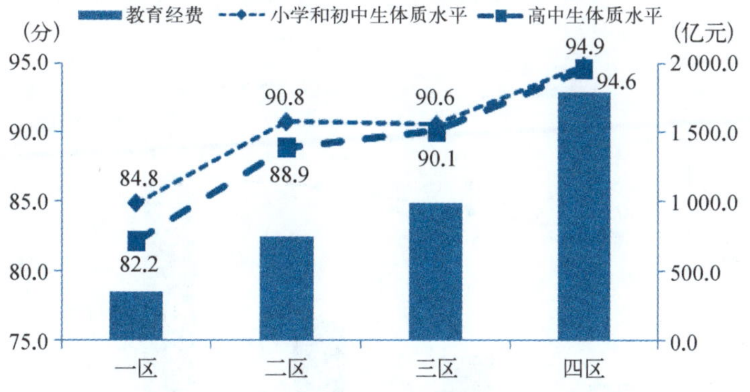

图5-56　教育经费和体质水平变化趋势

五、文化水平与儿童青少年体育健身发展

文化水平是文化发展状况从质和量两方面表现出来的规定性，也是对文化发展状况所做出的综合评价①。文化的进步是促进社会发展的重要因素，文化水平的高低关系着社会发展的进度。反映文

① 李忠尚，软科学大辞典[M].辽宁人民出版社，1989：59.

化水平的指标通常有：艺术表演团体、艺术表演场馆演出情况，博物馆，公共图书馆及图书、期刊和报纸出版情况等①。因公共图书馆一方面向所有居民开放（包括儿童、青少年），且公共图书馆总流通人次（circulation in public libraries，以下简称CPL）是本年度内到图书馆场馆接受图书馆服务的总人次，包括借阅书刊、咨询问题以及参加各类读者活动等②；另一方面，数据③来源于官方，真实可靠。所以，本研究选取CPL作为反映各省市文化水平的指标。相关分析显示，CPL与体育健身指数总分、健身效果、健身行为呈现出一定的相关关系。

（一）我国各省市CPL等级区间划分

对我国31个省市（新疆建设兵团除外）按照CPL升序排序，四分位划分为四个等级区间。从表5-6可以看出，我国各省市CPL具有明显地域趋势，从西到东逐渐上升，沿海地区省市CPL明显高于其他地区。

表5-6　CPL与省市划分

区　间	CPL（万人次）	具　体　省　市
一区	406.7	西藏自治区、青海省、宁夏回族自治区、海南省、新疆维吾尔自治区、贵州省、内蒙古自治区、甘肃省
二区	1 002.2	吉林省、天津市、山西省、黑龙江省、陕西省、云南省、重庆市、江西省
三区	1 768.2	北京市、河北省、湖南省、安徽省、湖北省、四川省、广西壮族自治区、辽宁省
四区	4 762.8	河南省、福建省、山东省、上海市、江苏省、广东省、浙江省

（二）不同CPL省市儿童青少年体育健身发展现状

1. 体育健身指数总分

图5-57数据显示，随着CPL的增加，体育健身指数总分逐渐上升，存在正相关关系。随着CPL的提高，儿童、青少年的体育健身效果增强，健身行为改善，体育健身指数总分逐渐上升。

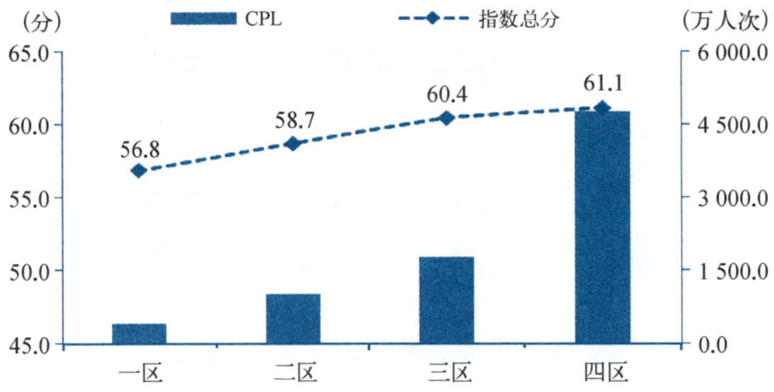

图5-57　CPL与体育健身指数总分变化趋势

① 中华人民共和国国家统计局.中国统计年鉴[M].北京：中国统计出版社，2016：23-25.
② 中华人民共和国国家统计局.中华人民共和国2016年国民经济和社会发展统计公报[R].2016.
③ 中华人民共和国国家统计局.2015年全国各省市公共图书馆总流通人次[EB/OL]. http://data.stats.gov.cn/easyquery.htm?cn=E0103[2017-09-08].

2. 健身行为

健身行为分为身体活动方式、静态行为方式、身体活动水平。经相关分析得出，CPL与健身行为不具有相关关系，但与身体活动水平具有相关关系。图5-58数据显示，随着CPL的增加，身体活动水平得分逐渐上升，存在正相关关系。这种整体上升趋势发生的原因可能与每周中高强度身体活动时间有关。

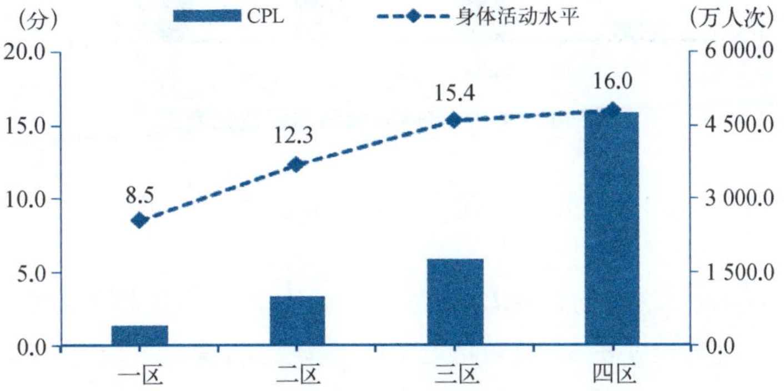

图5-58　CPL与身体活动水平变化趋势

3. 健身效果

健身效果分为健身意识、运动技能和体质健康水平，经相关分析得出，CPL与体质健康水平（小学和初中）、体质健康水平（高中）具有相关关系。

图5-59数据显示，随着CPL的增加，总健身效果得分与健身效果（小学和初中）得分逐渐增加，存在正相关关系。健身效果（小学和初中）得分总体高于总健身效果，这可能是因为健身效果（高中）得分较低。在第一区间至第二区间，总健身效果得分与健身效果（小学和初中）得分皆出现小幅下降的趋势，这可能与儿童、青少年体质健康水平得分下降有关。当CPL达到第二区间之后，总健身效果得分与健身效果（小学和初中）得分皆呈现连续上升的趋势，表明当CPL发展到一定程度时，CPL与儿童、青少年的健身效果呈正相关关系。

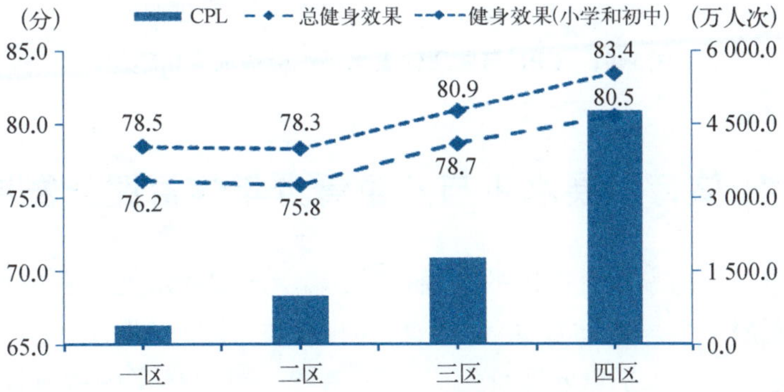

图5-59　CPL与健身效果变化趋势

图5-60数据显示，随着CPL的增加，体质健康水平（小学和初中）与体质健康水平（高中）得分总体上呈上升趋势，存在正相关关系。体质健康水平（小学和初中）得分总体上高于体质健康水平（高中）得分。在第一区间至第二区间，体质健康水平（小学和初中）得分与体质健康水平（高中）得分有小幅下降趋势，这可能与体质总及格率小幅下降有关；当CPL均值超过第二区间均值时，体质健康水平（小学和

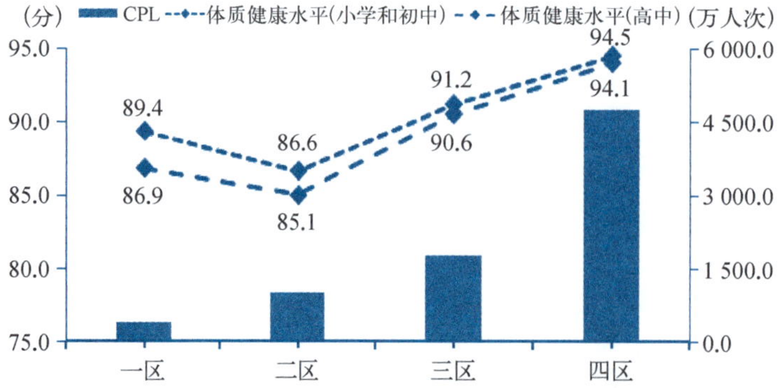

图5-60 CPL与体质健康水平变化趋势

初中)得分与体质健康水平(高中)得分皆呈现连续上升的趋势,这可能与体质优秀率、体质优良率连续上升有关。

图5-61数据显示,随着CPL的增加,体质优秀率逐渐上升,存在正相关关系。当CPL均值超过第三区间均值时,体质优秀率上升幅度较大,这可能与CPL大幅提高有关。随着CPL的增加,体质优良率逐渐上升,呈正相关关系。当CPL均值超过第三区间均值时,体质优良率上升幅度较大,这可能与CPL大幅提高有关。随着CPL的增加,体质总及格率总体上呈上升趋势,存在正相关关系。当CPL均值处于第一区间至第二区间时,体质总及格率有小幅下降,这可能与体质及格率下降有关。当CPL均值超过第二区间均值时,体质总及格率呈上升趋势。

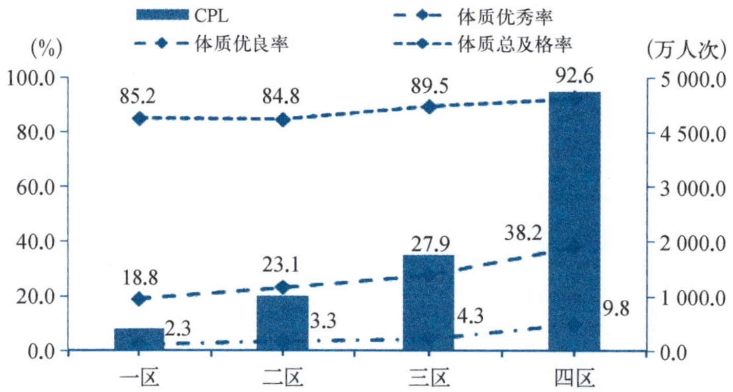

图5-61 CPL与体质健康水平达标情况变化趋势

六、体育发展水平与儿童青少年体育健身发展

体育发展水平是指一个国家体育发展的规模、速度和所达到的水准。它包括体育硬实力和体育软实力2个一级指标及竞技体育、学校体育、群众体育、体育科技、体育产业、体育文化6个二级指标。等级运动员发展人数作为竞技体育水平重要评价指标,不仅在整个评价体系内占有较高的权重,而且能从一定层面上直接反映当前我国的体育发展水平。分析发现,不同省市等级运动员发展人数与儿童青少年体育健身指标之间存在相关关系。

(一)我国各省市等级运动员发展人数分位划分

本研究依据我国31个省市(新疆建设兵团除外)等级运动员发展人数进行升序和四分位排列,将各省市划分为0～25%、25%～50%、50%～75%、75%～100%四个区间(表5-7)。

表5-7　等级运动员发展人数四分位划分

区　间	省　　份
一区	西藏自治区、宁夏回族自治区、青海省、海南省、贵州省、甘肃省、陕西省、广西壮族自治区
二区	天津市、吉林省、新疆维吾尔自治区、云南省、江西省、内蒙古自治区、安徽省、重庆市
三区	山西省、北京市、福建省、黑龙江省、湖南省、辽宁省、四川省、上海市
四区	江苏省、湖北省、河北省、河南省、广东省、浙江省、山东省

（二）等级运动员发展人数与儿童青少年体育健身发展

1. 体育健身指数总分

图5-62数据显示，随着等级运动员人数的增加，指数总分总体上升，存在正相关关系。在第一至第三区间内，我国儿童青少年体育健身指数随等级运动员发展人数的增长呈上升趋势，说明等级运动员发展人数对儿童青少年的体育健身发展具有积极的影响。但随着等级运动员人数的增加，第四区间指数总分与前三区间的趋势相比第三到第四区间下降，这种下降的原因可能与目前体育资源分配不均衡、政策执行力度不够有关系。

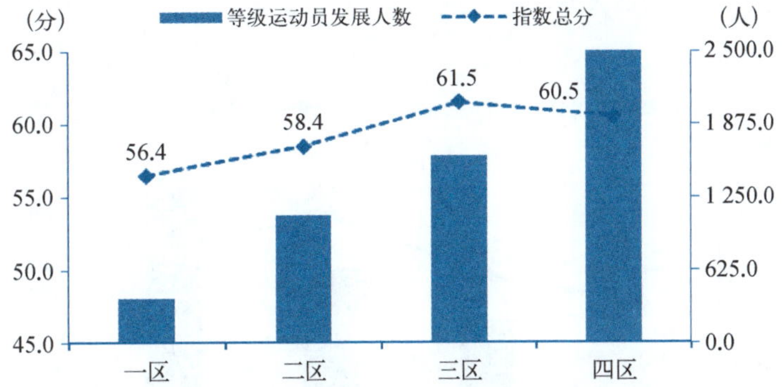

图5-62　等级运动员发展人数与体育健身指数总分变化趋势

2. 健身环境

图5-63数据显示，随着等级运动员人数的增加，健身环境分数总体上升，存在正相关关系。随着等级运动员发展人数的增加，我国儿童青少年体育健身指数在第一至第三区间之间呈上升趋势，随着等级运动员人数的增加，第三到第四区间，出现一定程度下降，这可能与目前体育健身社区环境和家庭环境的失衡有关系。

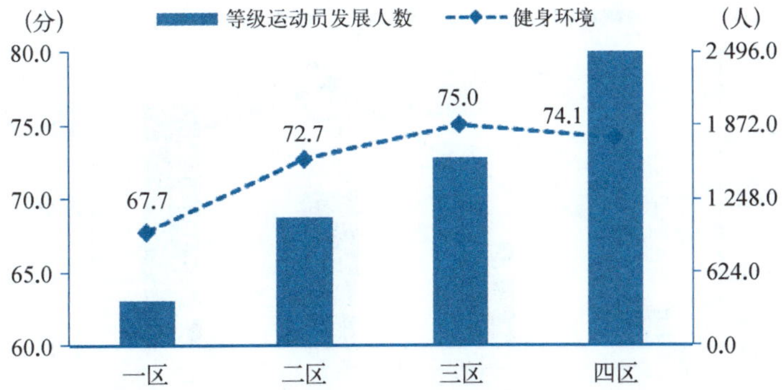

图5-63　等级运动员发展人数与健身环境变化趋势

（1）制度环境：图5-64数据显示，随着等级运动员人数的增加，制度环境分数总体上升，二者存在正相关关系。等级运动员发展人数较好的省份离不开良好的制度环境支持。其中，制度环境中政策执行情况和部门协同情况是与等级运动员发展人数相关性最高的两个指标。

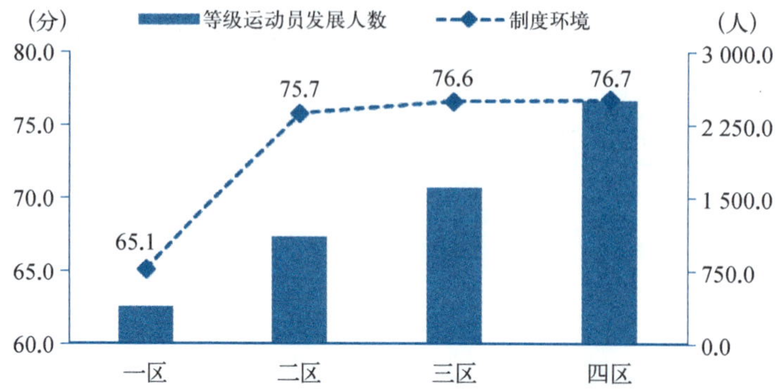

图5-64　等级运动员发展人数与制度环境变化趋势

（2）家庭环境：图5-65数据显示，随着等级运动员人数的增加，家庭环境分数总体上升，二者存在正相关关系。从变化趋势可以看出，在第一到第三区间内，随着等级运动员发展人数的提高，家庭环境在儿童青少年全民健身中发挥的作用越来越突出，家长对儿童青少年参与体育支持程度越来越高；相反，在第三到第四区间，等级运动员发展人数与家庭环境得分呈现负相关这可能与家庭观念和家庭物质生活水平有关。

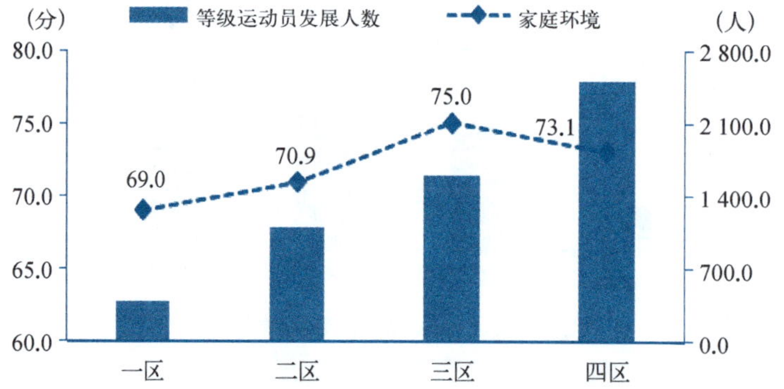

图5-65　等级运动员发展人数与家庭环境变化趋势

（3）社区环境：图5-66数据显示，随着等级运动员人数的增加，社区环境分数总体上升，二者存在正相关关系。在第一至第三区间，随着等级运动员发展人数的提高，社区环境在儿童青少年全民健身中发挥的作用越来越突出，相反在第三到第四区间社区环境得分呈下降趋势，这与目前社区体育活动开展不够广泛，缺乏有效的组织、管理面临诸多的困难有关。

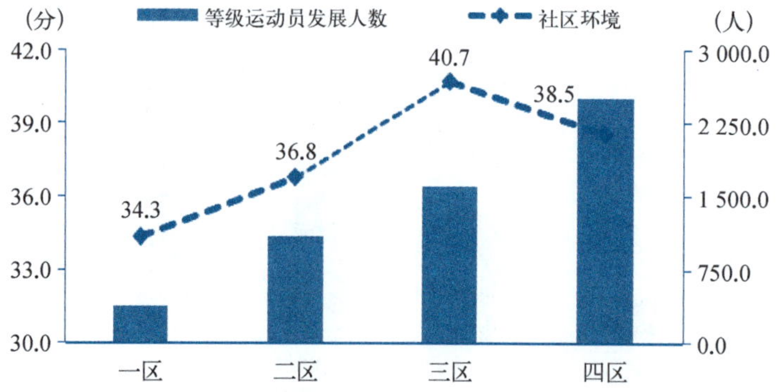

图5-66　等级运动员发展人数与社区环境变化趋势

（4）人际环境：图5-67数据显示，随着等级运动员人数的增加，人际环境分数总体上升，存在正相关关系。其中，从变化趋势可以看出，在第一至第三区间中，随着等级运动员发展人数逐步提高，人际环境在儿童青少年全民健身中发挥的作用越来越突出，人际关系对儿童青少年参与体育支持程度越来越高；但在第三到第四区间，随着等级运动员发展人数的提高，人际环境得分反而呈下降趋势，这可能与家庭结构和应试教育有关。

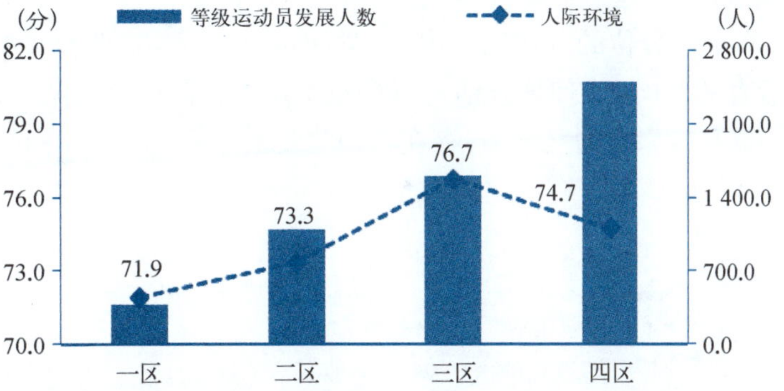

图5-67　等级运动员发展人数与人际环境变化趋势

（5）学校环境：图5-68数据显示，随着等级运动员人数的增加，学校环境分数总体上升，存在正相关关系。其中，学校环境中的领导重视、体育师资、场地器材和体育氛围是与等级运动员发展人数相关性较高的指标。从变化趋势可以看出，随着等级运动员发展人数逐步提高，学校环境在儿童青少年全民健身中发挥的作用越来越凸显，学校环境对儿童青少年体育参与支持程度越来越高。

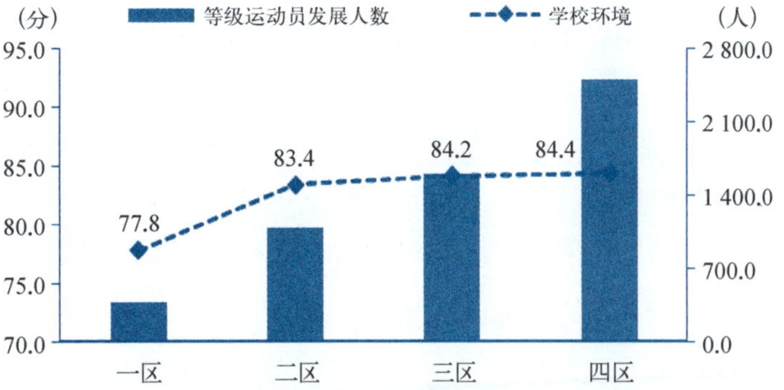

图5-68　等级运动员发展人数与学校环境变化趋势

3. 健身行为

图5-69数据显示，随着等级运动员人数的增加，健身行为分数总体上升，呈正相关关系。其中，健

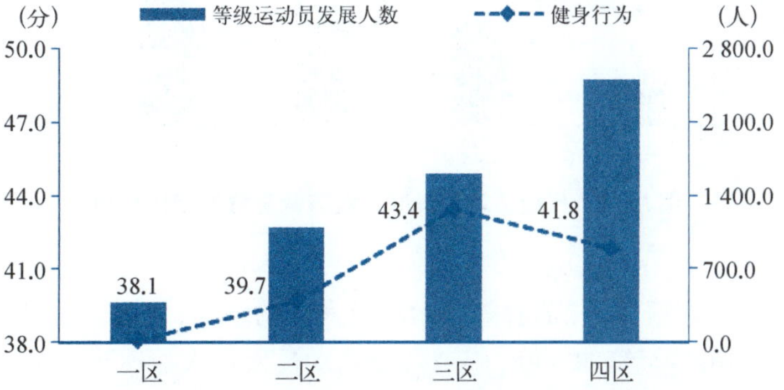

图5-69　等级运动员发展人数与健身行为变化趋势

身行为中活动水平是与等级运动员发展人数相关性较高的指标。在第一至第三区间，健身行为得分随着等级运动员发展人数的增加而呈现上升趋势。相反在第三到第四区间，等级运动员发展人数与健身行为得分呈现下降趋势，这与目前健身设施不完善、社区体育发展失衡以及体育项目过于单一有关系。

4. 健身效果

健身效果是评价长期锻炼成果的重要指标，而健身意识、运动技能等指标是评价健身效果的重要指标。

图5-70数据显示，在统一分位的分数比较中，小学和初中得分均高于高中得分。主要是因为我国儿童青少年受到应试教育的影响，致使体育活动量严重不足。在前三个区间中，随着等级发展人数的增加，小学、初中和高中健身效果也随之增加，存在正相关关系；第三到第四区间，小学、初中小幅下降。高中小幅增加的原因可能与应试教育有一定的关系。

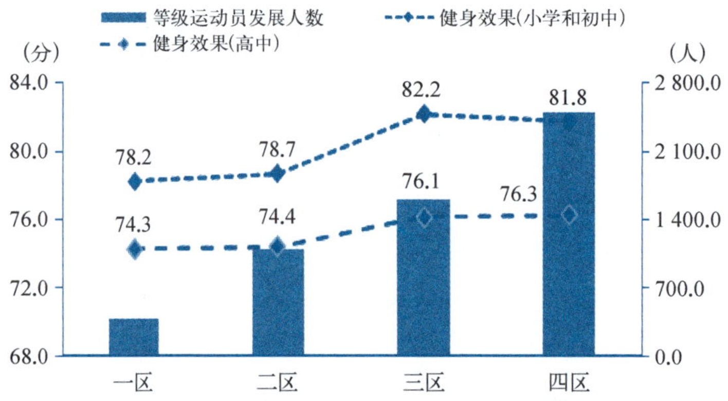

图5-70 等级运动员发展人数与健身效果变化趋势

（1）健身意识：图5-71数据显示，在不同区间的体育意识得分中，小学和初中得分均高于高中得分。在前三个区间内，随着等级运动员发展人数的增加，小学初中和高中的健身意识得分随之增加，二者存在正相关关系；在第三到第四区间，小学和高中小幅下降，造成下降趋势的原因可能与运动意愿不强烈和态度不够积极有关。

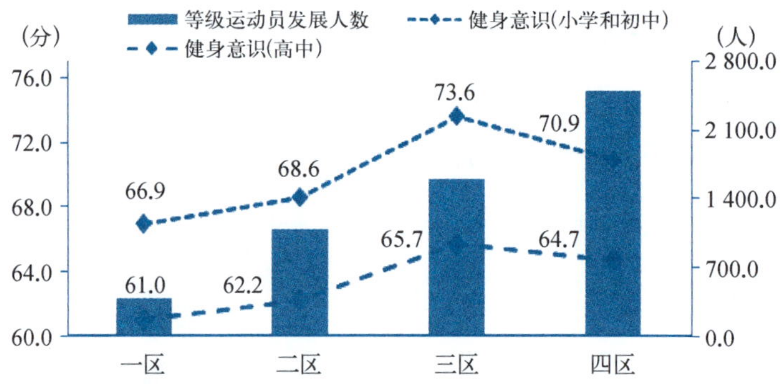

图5-71 等级运动员发展人数与健身意识变化趋势

（2）体质健康：图5-72数据显示，随着等级运动员人数的增加，体质优秀率、优良率分数总体上升，二者存在正相关关系。在第一至第四区间，随着等级运动员发展人数逐步提高，体质优秀率、优良率也在不断增加，且每个段位优良率分数明显高于优秀率。

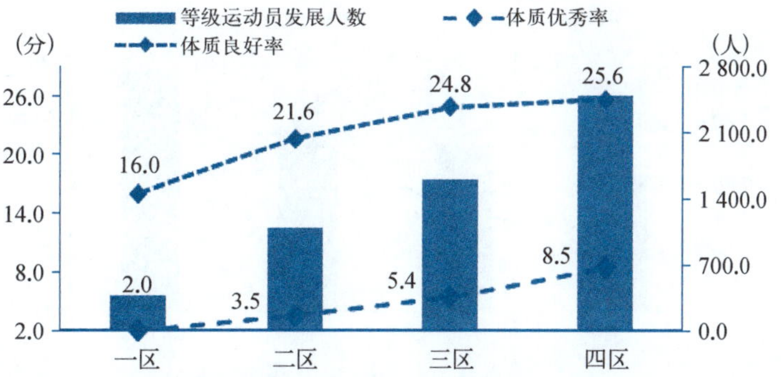

图5-72　等级运动员发展人数与体质优秀率、体质优良率变化趋势

七、城市化率与儿童青少年体育健身发展

城市化率是反映区域城市化程度的度量指标，也是反映国民经济和社会发展水平重要标志，一般采用人口占比作为指标，即城镇人口占总人口的百分比。国家统计局数据表明，2016年我国城市化率达到57.4%，这意味着我国城市化进程已进入快速发展期。儿童青少年体育健身作为城市化发展战略的重要组成部分，理应随着区域城市化率增高而快速发展。然而，现实中伴随着我国城市化进程的逐步展开和深入，儿童青少年体育健身是否跟上我国城市化发展的步伐？通过对城市化率与儿童青少年健身指数进行相关性分析发现，二者并未呈现明显相关关系（r=0.346，p=0.056），但与部分二级指标呈现相关关系，报告中将逐步展开描述，并进行分析。

（一）我国各省市城市化率等级区间划分

对我国31个省市区域（新疆建设兵团除外）按照城市化率升序排序，四分位划分为四个等级区间。其中，0 ～ 25%为第一区间，25% ～ 50%为第二区间，50% ～ 75%为第三区间，75% ～ 100%为第四区间，切点分别为43.1%、75.0%、58.4%、52.3%。从表5-8可以看出，我国城市化率水平具有明显地域趋势，从西到东逐步上升，沿海区域城市化率较高。城市化率最高地区的为北京、上海、天津，分别为86.5%、87.6%、82.6%，城市化发展水平已进入稳定成熟阶段。

表5-8　我国31省市城市化率四分位划分

四分位数区间	省　　份
一区	西藏自治区、贵州省、甘肃省、云南省、河南省、广西壮族自治区、新疆维吾尔自治区
二区	四川省、青海省、安徽省、湖南省、河北省、江西省、陕西省、山西省
三区	海南省、宁夏回族自治区、吉林省、湖北省、山东省、黑龙江省、内蒙古自治区、重庆市
四区	福建省、浙江省、江苏省、辽宁省、广东省、天津市、北京市、上海市

（二）城市化率与儿童青少年体育健身发展

1. 健身环境

图5-73数据显示，随着城市化率的增高，健身环境得分逐步增加，两者存在正相关关系（r=0.546，p=0.001）。健康生态环境建设是儿童青少年全面发展的重要保障，对于区域城市化可持续发展意义重大。

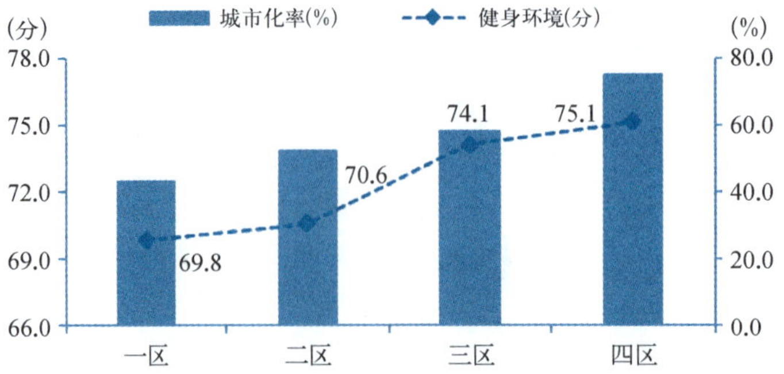

图 5-73　城市化率与健身环境变化趋势

（1）制度环境：图5-74数据显示，随着城市化率的增高，健身环境得分逐步增加，二者存在正相关关系，各区间制度环境的均值为72.5。当城市化率从第二区间达到第三区间时，制度环境得分升高幅度较大。调查发现，制度环境中政策执行情况和部门协同情况是与城市化率相关性最高的两个指标，城市化率高的省份儿童青少年体质健康测试仪器配备更加齐全，体质测试的过程更加规范，社会体育部门与学校体育工作的协同度更高。

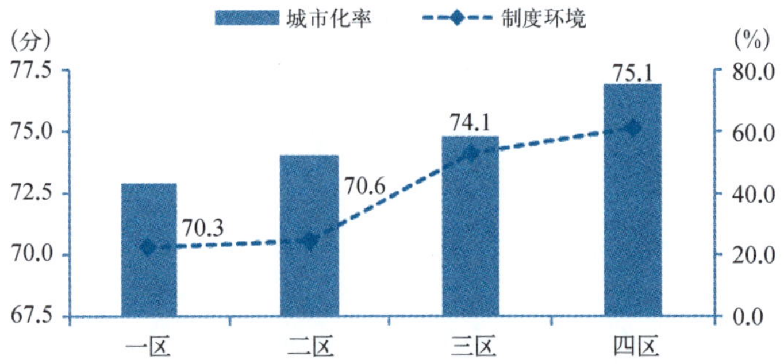

图 5-74　城市化率与制度环境变化趋势

（2）学校环境：图5-75数据显示，随着城市化率增高，学校环境得分总体呈现上升趋势，但变化幅度不明显。各区间学校环境的均值为82.5。其中，领导重视和场地器材是与城市化率相关度最高的两个指标。调查发现，城市化率较高地区，校长对学校体育重视程度较高。现阶段我国学校体育发展仍然处于后发型阶段，校长体育观直接影响到学校体育发展水平。

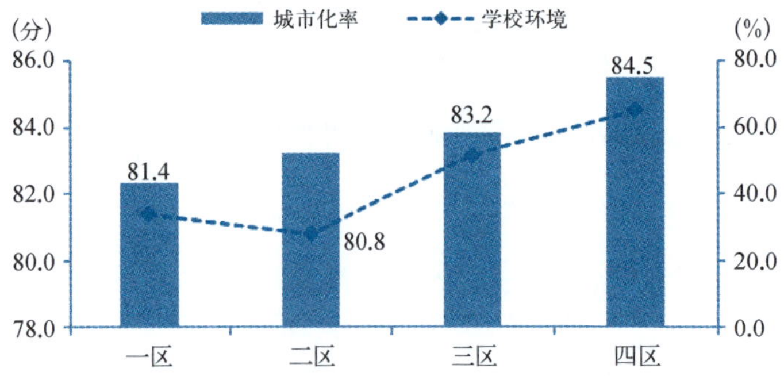

图 5-75　城市化率与学校环境变化趋势

（3）家庭环境：图5-76数据显示，随着城市化率的增高，家庭环境得分逐步增加，二者存在正相关关系。各区间家庭环境的均值为71.5。与家庭环境二级指标进行相关性分析发现，城市化率与家长主观支持和客观表率相关系数分别为0.658和0.660，可见身体活动的健康价值逐步受到家长们的认可，无论家长在体育观念还是在参与行为上均体现出较高的支持态度。通过调查也发现，在城市化率四分位

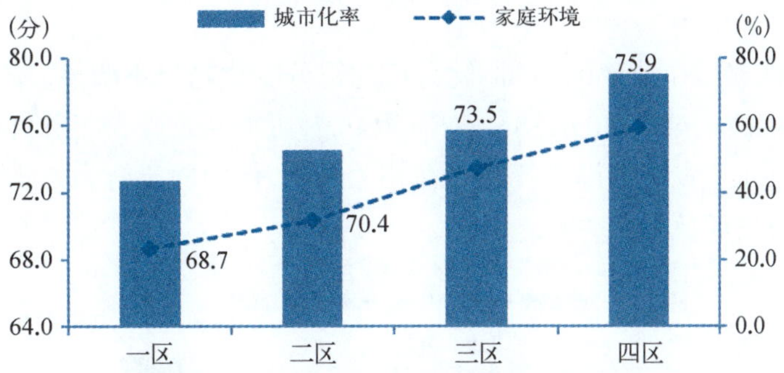

图5-76　城市化率与家庭环境变化趋势

区间，家长选择“经常会”或者“有时会”以自己的行为鼓励儿童青少年经常参加体育活动所占比例分别为70.1%、71.1%、74.1%、76.1%，呈现出逐步上升趋势。

（4）社区环境：图5-77数据显示，伴随着我国城市化进程，社区体育环境得分基本呈现上升趋势，二者存在相关关系。各区间社区环境的均值为37.6。其中，社区环境所包含指标中社区体育设施与地区城市化率呈现出高度正相关，城市化率一到四分位区间社区体育设施平均得分分别为52.4、56.6、64.3、65.3，均值为59.7。可见，社区体育设施建设随着城市化进程逐步完善，但总体得分仍然不高，此项仍然是将来社区环境建设中需要努力改变的方向。随着我国国民经济和社会发展，社区环境将成为儿童青少年体育健身发展重要场所，儿童青少年体育健身的发展最终依靠学校、家庭、社区一体化。

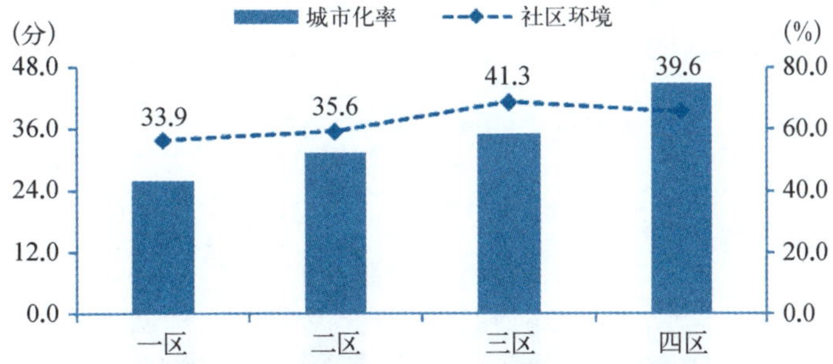

图5-77　城市化率与社区环境变化趋势

（5）人际环境：人际环境调查指标主要是指同伴支持。有研究表明，同伴支持程度越高人们参与健身的自发性越强。图5-78数据显示，伴随着城市化率的增高，人际环境得分逐步增高，二者存在正相关关系。总体而言，上升的趋势并不明显，处于四区的省份与三区省份相比，人际环境得分反而出现一定程度下降，这可能与国内社区体育组织、体育俱乐部正处于发展中有一定关系。

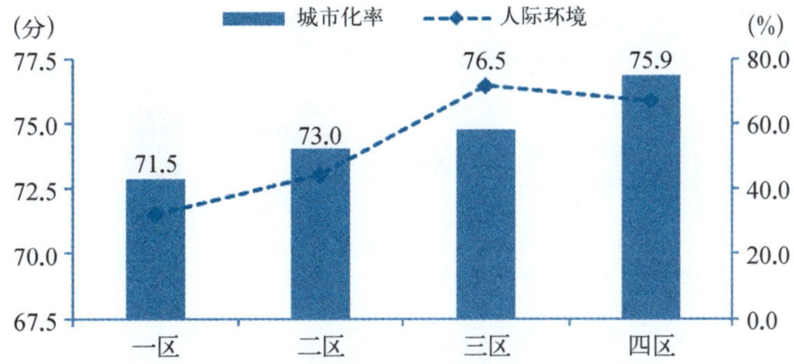

图5-78　城市化率与人际环境变化趋势

2. 健身行为

图5-79数据显示，随着城市化率的增高，健身行为得分变化趋势不明显，城市化率一到四分位省份中，健身行为得分分别为40.9，42.3，40.6，38.8，均值为40.7，可见儿童青少年健身行为得分较低。相关分析显示，城市化率并未与儿童青少年健身行为存在相关关系，但与静态行为方式和身体活动水平存在相关关系，其中与静态行为呈现负相关关系。

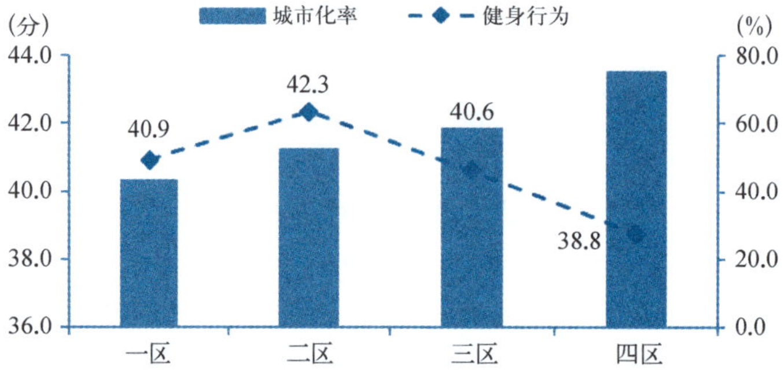

图5-79　城市化率与健身行为变化趋势

（1）静态行为方式：儿童青少年静态行为方式主要是指前一周静态行为时间，以达到平均每天静态行为时间小于2小时的比例来表示，其得分越高，静态行为越少。图5-80数据显示，伴随着城市化率的增高，静态行为得分不断降低，通过进行相关性分析发现，二者存在负相关关系。各区间静态行为时间的均值为16.9，在城市化率四区静态行为得分下降最明显。随着中国城市化率增高，大量屏前娱乐方式的出现，静态行为已成为影响儿童青少年体育健身的重要问题，相关部门加强健康行为教育，设定静态行为时间要求可能是一个比较好的选择。

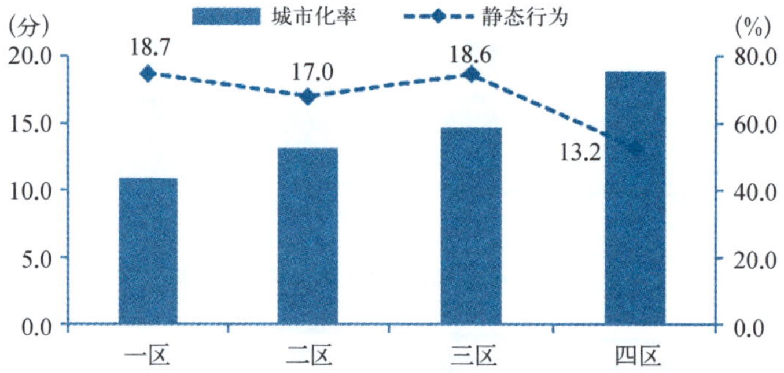

图5-80　城市化率与静态行为变化趋势

（2）身体活动水平：儿童青少年身体活动水平是指其过去一周中累积达到60分钟中高强度的天数。图5-81数据显示，伴随着城市化率增高，儿童青少年身体活动水平得分逐步降低，二者存在正相关

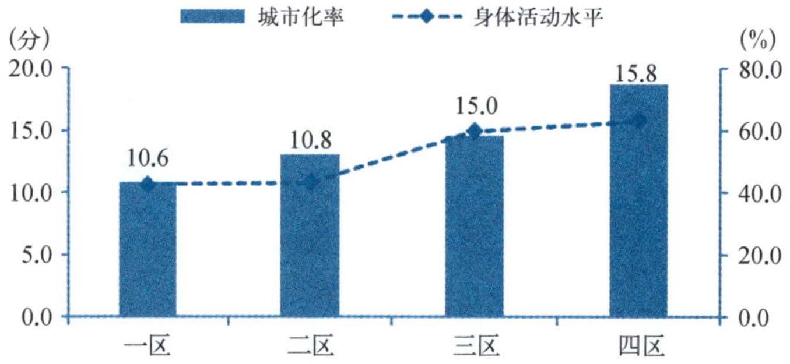

图5-81　城市化率与身体活动水平变化趋势

关系。但从儿童青少年身体活动水平得分变化趋势可以看出，随着城市化率的增高，儿童青少年的身体活动水平上升幅度较小。各区间身体活动水平的均值为13.0。可见，中国儿童青少年身体活动不足已成为影响其健康的重要问题，远远达不到世界卫生组织每天至少1小时中高强度身体活动要求。

3. 健身效果

图5-82数据显示，随着城市化率增高，我国儿童青少年健身效果变化趋势不明显，不存在相关关系。各区间儿童青少年总健身效果的均值为77.7。整体而言，随着城市化率的增高，健身效果变化趋势并不明显，50% ~ 75%区间与25% ~ 50%相比反而出现一定程度下降。小学、初中生的健身效果的均值为80.7；高中生健身效果的均值为76.4。可见，我国儿童青少年整体健身效果较好，小学、初中生的健身效果好于高中生。相关分析显示，城市化率与儿童青少年的整体健身效果不存在相关关系，而与小学、初中生健身意识呈现相关关系。

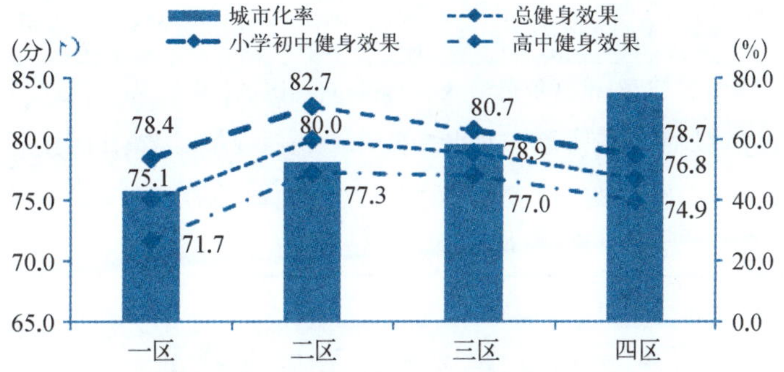

图5-82　城市化率与健身效果变化趋势

图5-83数据显示，随着城市化率的增高，小学、初中生的健身意识逐步增高，二者存在正相关关系。反观高中学生体育健身意识随着城市化率增高变化不明显，并未与城市化率呈现出相关关系，这可能与高考学业压力有关。

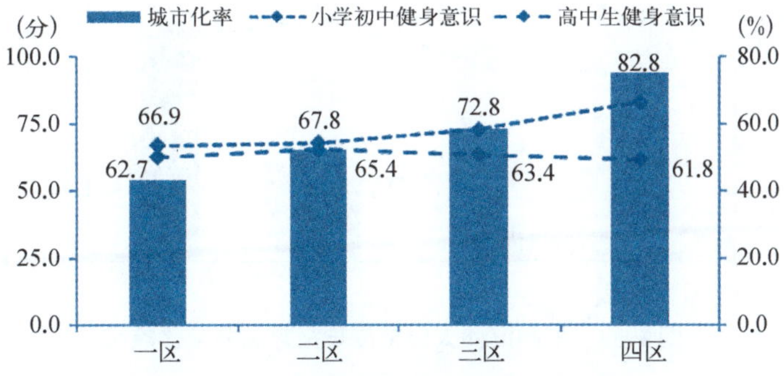

图5-83　城市化率与健身意识变化趋势

八、人口密度与青少年体育健身发展

人口密度表示某一地区人口密集程度，用单位面积土地上居住的人口数表示。科学研究表明，人口密度对经济发展促进作用存在临界值。在人口密度未达到临界值时，才会促进地区国民经济和社会发展。因此，并不是人口密度越高，经济发展水平就越高[①]。人口密度在一定范围内会影响城市健身空间的布局、体育场馆设施的规划建设、健身器械的分配使用、体育活动方式的选择等，而儿童青少年的体育健身发展又受到以上因素的影响。相关分析显示，儿童青少年体育健身指数与人口密度存在一定相关关系，本节将

① 韦柳河.经济聚集与人口聚集的关系分析：以成都为例[M].西南财经大学，2013：3.

对人口密度与儿童青少年体育健身的各级指标的关系进行描述，并分析其中存在的问题，提出优化对策与建议。

（一）人口密度的等级区间划分

对我国31个省市（新疆兵团除外）按照人口密度升序排序，四分位划分为四个等级区间。其中，0 ～ 25%为第一区间，25% ～ 50%为第二区间，50% ～ 75%为第三区间，75% ～ 100%为第四区间。

表5-9数据显示，我国人口密度水平呈现出由西向东呈现逐步上升趋势，最高的3个地区为北京、天津、上海，得分依次为1 292.3、1 369.0、3 833.3。

表5-9　人口密度分组情况

区　间	省　　份
一区	西藏自治区、青海省、新疆维吾尔自治区、内蒙古自治区、甘肃省、黑龙江省、宁夏回族自治区、云南省
二区	吉林省、四川省、陕西省、贵州省、广西壮族自治区、山西省、海南省、江西省
三区	辽宁省、湖北省、福建省、湖南省、重庆市、河北省、安徽省、浙江省
四区	河南省、广东省、山东省、江苏省、北京市、天津市、上海市

（二）不同区间人口密度和儿童青少年体育健身指数总分

图5-84数据显示，儿童青少年体育健身指数得分随着人口密度的增加逐步上升，但变化趋势不明显，在三到四区间上，指数得分反而呈现略微的下降。相关分析显示，二者不存在相关关系。

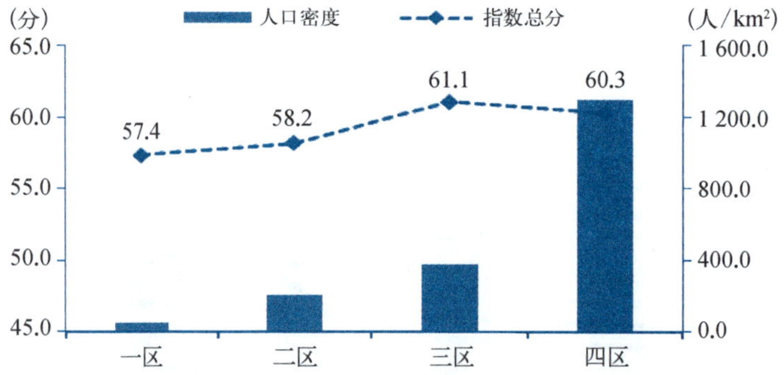

图5-84　不同区间人口密度与指数总分变化趋势

1. 健身环境

图5-85数据显示，随着人口密度的增加，健身环境得分呈现上升趋势。相关分析显示，人口密度和健身环境之间存在正相关关系。其中，人口密度与制度环境、家庭环境、人际环境具有显著的相关关系。

（1）制度环境：图5-86数据显示，随着人口密度的增加，制度环境得分逐步上升。但相关性分析显示，人口密度和制度环境之间不存在相关关系。出现这种上升趋势的原因可能与地区政策执行情况有关，调查发现人口密度较高地区学校学生体质健康测试仪器配备更齐全，学校进行学生体质健康测试更加规范。

图5-87数据显示，随着人口密度的增加，政策执行情况得分逐步上升。相关分析显示，人口密度和政策执行情况之间存在正相关关系。各区间政策执行的均值为81.2，整体水平较高。

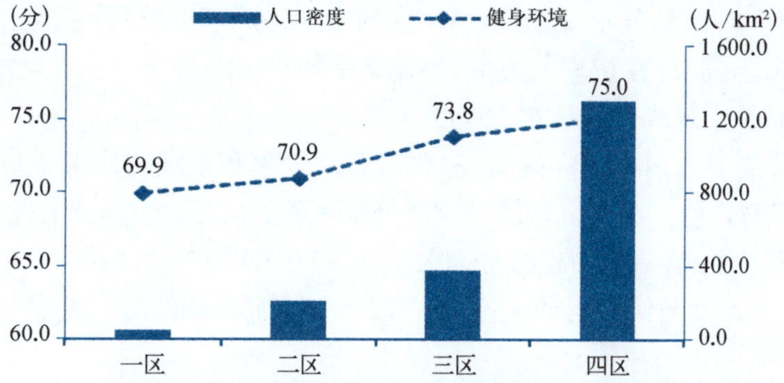

图 5-85　不同区间人口密度与健身环境变化趋势

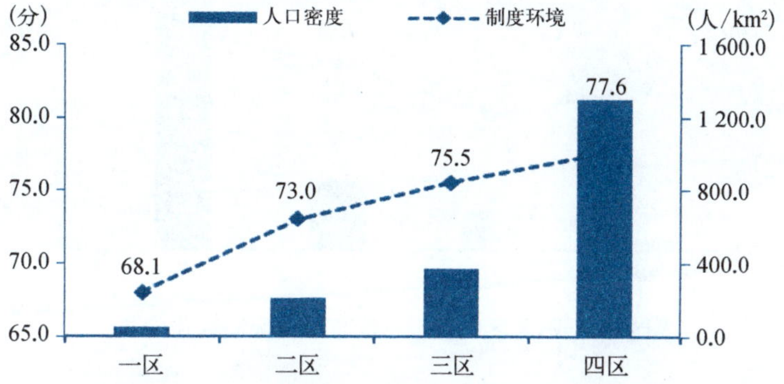

图 5-86　不同区间人口密度与制度环境变化趋势

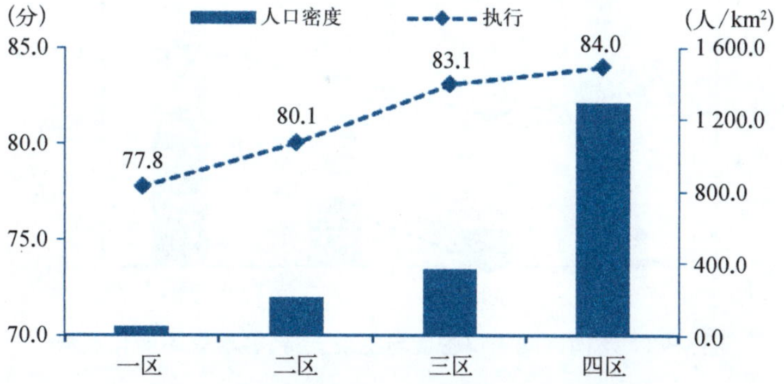

图 5-87　不同区间人口密度与执行变化趋势

（2）学校环境：图 5-88 数据显示，随着人口密度的增加，学校环境得分逐步上升，但升高趋势不明显。相关分析显示，人口密度与学校环境之间不存在相关关系。

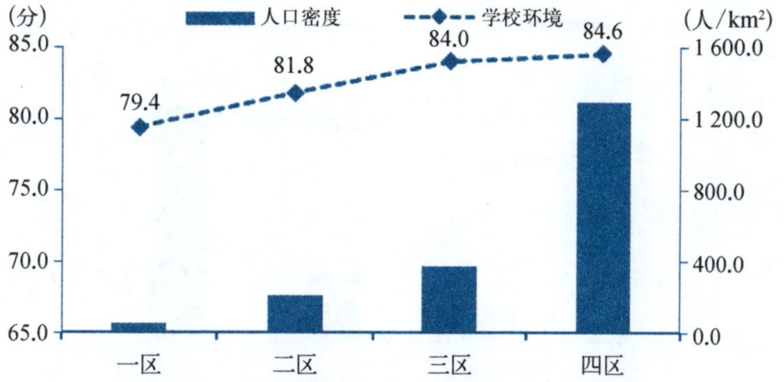

图 5-88　不同区间人口密度与学校环境变化趋势

（3）家庭环境：图5-89数据显示，随着人口密度的增加，家庭环境得分呈现上升趋势。相关分析显示，人口密度和家庭环境之间存在正相关关系，整体水平较高。随着人口密度增加，家庭环境得分呈现逐步上升趋势可能与家长主观或者客观支持程度有关。

图5-90数据显示，随着人口密度的提高，家长的客观表率和主观支持得分呈现上升趋势。相关分析显示，二者存在正相关关系。在人口密度一到四分位区间的省市中，家长主观支持得分分别为77.0、75.5、78.0、80.1，均值为77.6；客观支持得分分别为67.1、65.0、69.3、71.3，均值为68.2。调查发现，在人口密度较高的省市，家长主动参与体育运动、陪孩子一起参加体育活动的时间更多。

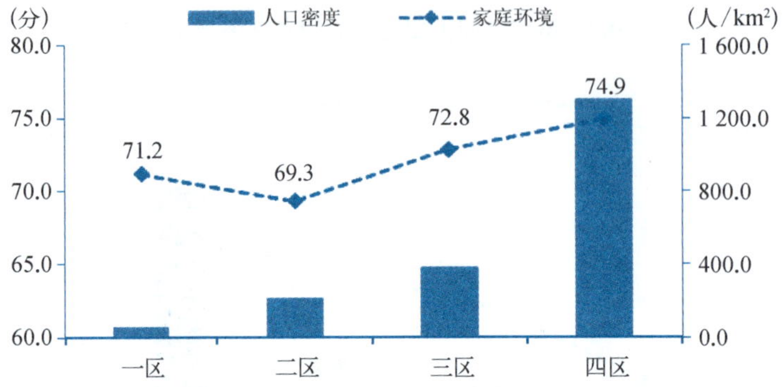

图5-89　不同区间人口密度与家庭环境变化趋势

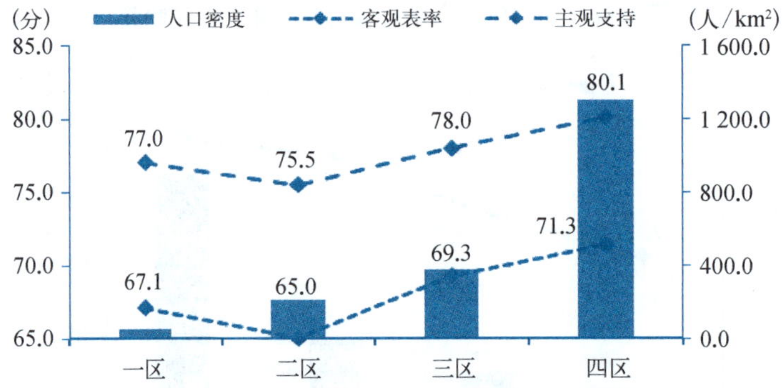

图5-90　不同区间人口密度与主观支持、客观表率变化趋势

（4）人际环境：图5-91数据显示，随着人口密度的提高，人际环境得分整体上呈现上升趋势。相关分析显示，人口密度和人际环境之间存在正相关关系。各区间人际环境的均值为74.2。调查表明，随着人口密度的增加，朋友间经常一起参加体育锻炼的行为更多。

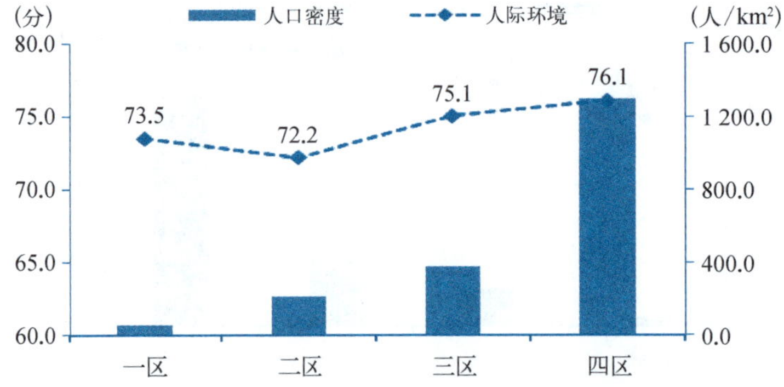

图5-91　不同区间人口密度与人际环境变化趋势

2. 健身行为

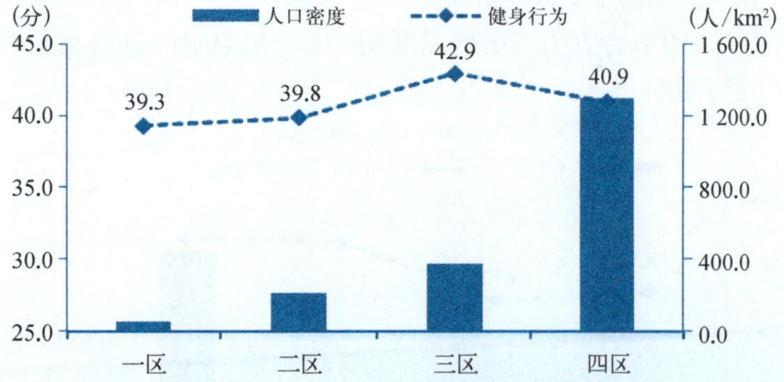

图5–92　不同区间人口密度与健身行为变化趋势

图5–92数据显示，随着人口密度的提高，健身行为的变化趋势不明显，在第三区间之后，健身行为得分反而出现一定程度下降。相关分析显示，二者不存在相关关系，但和健身行为中的二级指标静态行为之间存在相关关系。

图5–93数据显示，静态行为得分随着人口密度的提高而上升，相关分析显示，人口密度和静态行为之间存在正相关关系。各区间静态行为的均值为16.9。但在第三区间后，静态行为得分呈现明显的下降趋势，可见人口密度最高的地区儿童青少年的久坐行为比较严重。

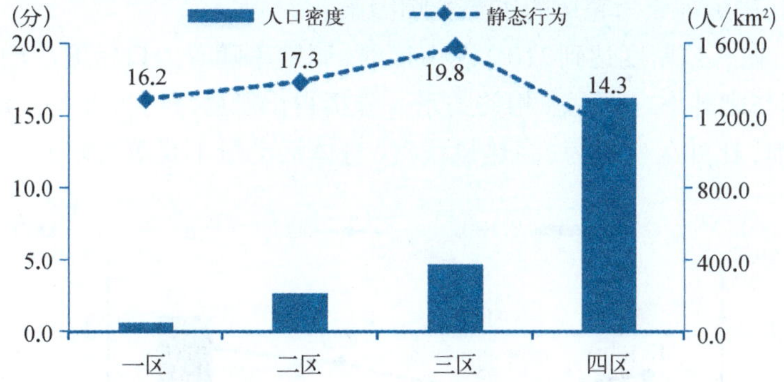

图5–93　不同区间人口密度与静态行为变化趋势

3. 健身效果

图5–94数据显示，儿童青少年总健身效果得分随着人口密度的增加而上升，但变化趋势不明显。相关分析显示，人口密度和健身效果之间不存在相关关系，但与小学和初中生的健身意识之间存在正相关关系。

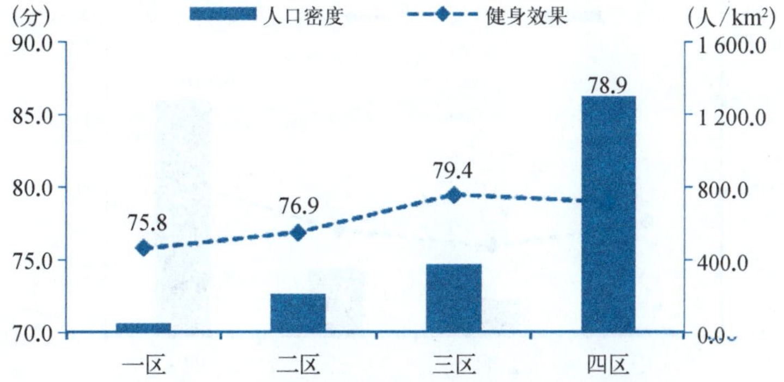

图5–94　不同区间人口密度与健身效果变化趋势

（1）健身意识（小学和初中）：图5-95数据显示，随着人口密度的增加，健身意识（小学和初中）得分整体呈现上升趋势。相关分析显示，人口密度和健身意识（小学和初中）之间存在正相关关系。各区间健身意识（小学和初中）的均值为70.0。在第二区间小学、初中生的健身意识得分最低，表明该省市的青少年体育健身意识较为薄弱。

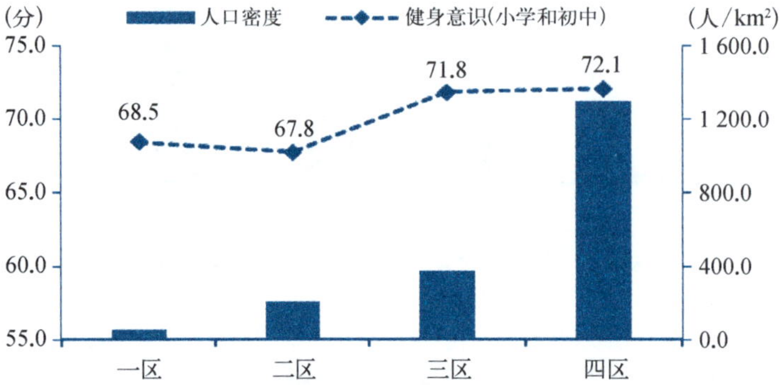

图5-95　不同区间人口密度与健身意识（小学和初中）变化趋势

（2）体质健康：体质健康指数包括体质指数和体重指数，其中人口密度与体质健康并无直接关联，但与体质健康下的体重指数（BMI）存在相关关系。图5-96数据显示，随着人口密度增高，超重率得分呈现上升趋势。相关分析显示，人口密度和超重率之间存在正相关关系。不良的生活习惯、富营养化、学业压力、运动量不足、遗传等成为超重的主要影响因素。

图5-97数据显示，在人口密度达到210.2人/km^{2}时，肥胖率随着人口密度的增加呈现上升趋势。相关分析显示，人口密度与肥胖率之间存在相关关系。分析得出肥胖率一方面与经济发达程度有关，城镇青少年的不良生活习惯，比如久坐行为、高热量饮食、身体活动量不足等影响儿童青少年体质健康。另

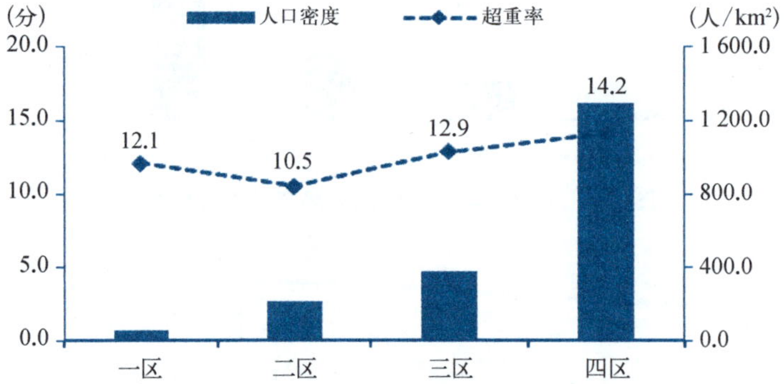

图5-96　不同区间人口密度与超重率变化趋势

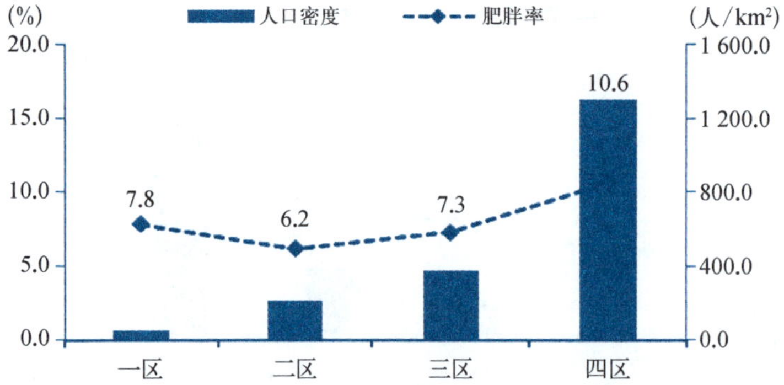

图5-97　不同区间人口密度与肥胖率变化趋势

一方面可能是因为一些省市分布在我国边境地区（高寒、缺氧、生存环境恶劣），这些省市居民的饮食中以牛羊肉及其副产品为主，较少摄入蔬菜水果，而且喜欢饮酒。

九、结论与建议

（一）结论

人均国内生产总值、居民可支配收入、居民人均消费支出、教育发展水平、文化水平、体育发展水平、城市化率和人口密度区间均与儿童青少年体育健身指标存在一定的关系。国民经济和社会发展水平是影响儿童青少年体育健身的因素之一，但不是决定因素。总的来说，国民经济和社会发展水平越高，儿童青少年体育健身环境就相对完善，但由于其他因素的制约，健身行为和健身效果并不一定会随之提高。

（二）建议

（1）加强对健身环境的建设，促进社会制度、家庭、学校、社区及儿童青少年人际环境之前的良性互动，全面完善学校、社区、家庭相结合的体育网络，形成热爱体育、崇尚运动、健康向上的良好风气，以及全社会珍视健康、重视体育的浓厚氛围。

（2）关注儿童青少年的静态行为问题，从制度入手，确保儿童青少年在校期间的活动量，减少久坐行为，培养儿童青少年良好的体育锻炼习惯和健康的生活方式，提高体育健身行为频率和强度。

（3）加大体育健身宣传力度，加深群众对体育活动的认知，积极开展体育活动，定期举办符合儿童青少年身心特点的体育赛事，为儿童青少年的体育健身制订方案、提供指导，努力提高儿童青少年的体质水平，保证其健身效果。

蔡玉军、王建、季凯、佘晶晶、荆博

第六章
国际儿童青少年身体活动发展动态

儿童青少年的身体活动是健康促进领域中的研究热点之一，近几年来受到世界各国学者的广泛关注，人们根据不同国家和地区的特点，从不同的角度进行了深入的研究。2014年，在加拿大召开的“儿童青少年身体活动全球峰会”将儿童青少年的体质问题作为讨论和研究的焦点。参会的32个国家和地区中有15个依据加拿大构建的儿童青少年身体活动评价指标体系，发布了各自国家的《儿童青少年身体活动研究报告》，参会各个国家和地区就儿童青少年身体活动发展问题进行深入交流，力求共同促进、协同发展。了解国际儿童青少年身体活动发展动态对于处于起步阶段的中国来讲有重要意义，分析不同国家和地区儿童青少年身体活动发展方式，可以在总结经验的同时从中得到启示，从而促进我国儿童青少年体育健身的健康发展。

一、英国儿童青少年身体活动发展动态

（一）英国儿童青少年身体活动相关政策

1. “全民体育的未来”和“世界级运动员”计划

2000年，英国政府颁布了“全民体育的未来①”（*A Sporting Future for All*），报告中指出：以前的英国学校能够为学生提供良好的体育教育，从而取得傲人的运动成绩。但随着比赛场地有所减少，进而造成了运动和竞赛的减少，学生们的运动随之下降。为此，英国政府在文件中提出了许多加强青少年体质的内容，主要分为三个方面：① 不仅计划投资1.5亿英镑改善学校体育设施，而且以后要充分利用体育彩票资金，将其投入到学校体育设施建设中；② 投资2.4亿英镑支持学校为学生创造课外体育活动的机会，并计划在中小学建立110个不同项目的运动队，加强中小学师资的培养，提高上课质量；③ 社区体育方面，计划投入1.25亿英镑用于绿地建设，其中也包括运动场地，并计划把75%的体育彩票收入用来发展社区体育。同时，制定了“世界级运动员”计划，以专业精英体育学院为基础，创立精英运动员培养发展体系，确保14岁至18岁具有运动天赋的青少年可以直接得到精英教练员的指导和培养。从而也为竞技体育后备人才的发展打下宽广的基础。

---

① Department for Culture, Media and Sport. A Sporting Future for All [R/OL]. http://www.lsersa.org/old/modernisation/sportfutureforall.pdf [2017-09-15].

2. "新青年和社区体育5年战略"

2012年伦敦奥运会结束后，为了继续保持体育强国的国际地位，英国政府推出了"新青年和社区体育5年战略"（*The 2012—2017 Youth and Community Strategy*）（以下简称"战略"）。其中，战略下属的"国家体育管理组织2013～2017基金"（*National Governing Body 2013—2017 Funding*）计划耗资4.5亿英镑，围绕各个单项体育组织来制定，受益人群主要为25岁以下的年轻人，包括与小学合作开展学校运动会计划、与中学合作开展以学校为中心的体育俱乐部建设、与大学合作促进学生体育参与机会及与社区俱乐部合作参与项目发展和场地维护等工作，保证学生在校外能够充分参与到体育活动中；还要促进与郡级体育合作伙伴（County Sports Partnerships，CSPs）、国家各个体育领域的专家、高等教育机构保持长期的合作关系等。战略下属的"学校运动会计划"（*The School Games*）组织全英国开展中小学体育赛事，分为校内、校际、郡级和全国比赛四个等级，鼓励各个年龄段和各种运动能力的学生都参与运动，养成终身体育的运动习惯。

3. "体育的未来——活力国家的新战略"

2015年，英国政府发布"体育的未来——活力国家的新战略①"（*Sporting Future：A New Strategy for an Active Nation*）（以下简称"新战略"），旨在通过各部门相互合作，共同打造一个更加积极、充满活力的国家。新战略摒弃了传统的大众参与体育的评价方式和理念，认为未来体育基金的资助应当取决于体育为社会带来的重要效益，重点关注身体健康、心理健康、个体发展、社会与社区发展、经济发展5个方面的成果。新战略特别提出了青少年及学校体育发展的指导方向，认为青少年时期丰富的体育运动经历，将会对未来一生的体育参与带来积极影响。因此，强调要在儿童时期发展体育技能、形成良好的运动习惯。为满足青少年的不同需求，校外体育的管理范围实现从5岁到14岁的全覆盖，提出在青少年时期着重培养敏捷性（agility）、平衡性（balance）和协调性（coordination）三方面的身体素质，这三项素质被称为青少年体育运动发展的核心。另外，把游泳作为青少年时期的一项重要技能，把自行车骑行运动作为核心技能，鼓励儿童青少年步行或骑车上学，作为增加其每天进行体育运动的有效方式。

（二）英国体育场地设施建设现状

1. 英国大众体育场地设施的供给

英国大众体育场地设施主要有三个供给主体：公共主体、私人主体及自愿和社区组织主体。政府通过财政预算和政策计划把握方向、评估结果，由地方政府负责大众体育参与的具体工作。因此，英国大众体育场地设施的供给主体主要集中在地区层级，由地方当局、政府协同辖区内的私人和第三部门予以承担。三大主体在形式以地方政府为主、自愿组织为辅、私人主体为有效补充，共同形成大众体育场地设施供给网络（图6-1）②。资料显示，英格兰地区有4 500个多功能体育馆，1 500多个室内体育中心，约21 000个运动场，以及众多私人健康俱乐部和健身房。这些场地的建设为青少年身体活动提供了坚实的场地基础。

2. 英国大众体育设施的管理

英国对大众体育设施的管理趋向多元化，主要包括自主管理、私人承包管理、委托独立的非营利组织管理这三种方式。

（1）自主管理：是指地方委员会对自身拥有的场地设施直接进行经营和管理，对收支、定价、规划等有相应的自主权，同时也应承担相应的运营风险。

---

① Department for Digital, Culture, Media & Sport. Sporting Future：A New Strategy for an Active Nation［R/OL］.https://www.gov.uk/government/organisations/department-for-digital-culture-media-sport［2017-09-15］.

② 唐胜英，Elizabeth · Pike.英国大众体育场地设施的供给、管理与使用［J］.体育与科学，2015，36（2）：94-100.

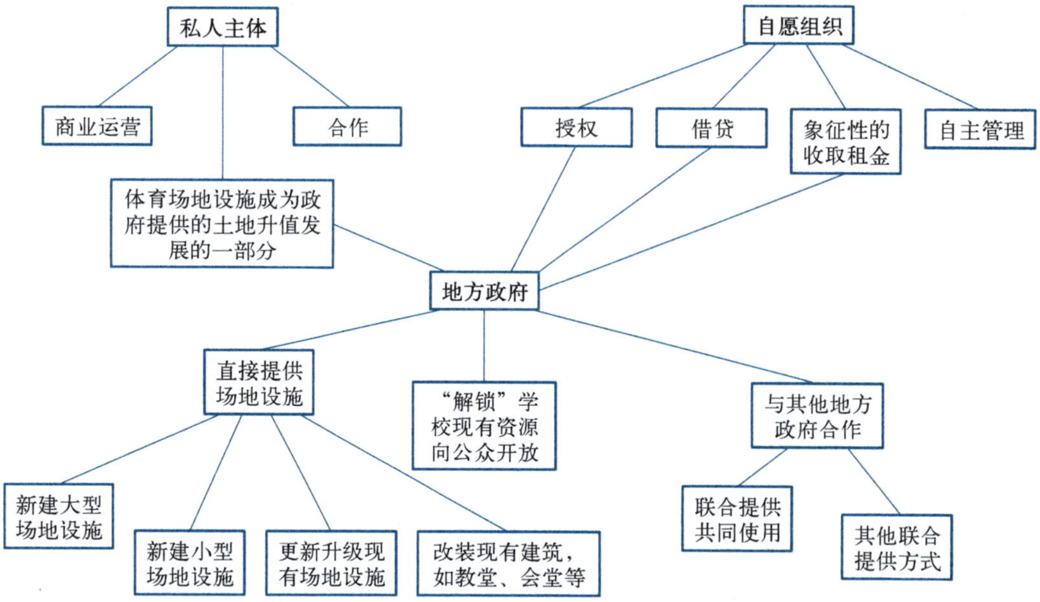

图6-1　英国大众体育场地设施供给主体关系图

（2）私人承包管理：是指地方委员会常会以五年至十年为时间期限，让私人承包商来运营公共体育场地设施。将原有的公共体育场地设施的工作人员聘用为承包商的员工。承包商只需要承担与场地设施相关的支出，除此之外拥有所有的运营收入。一般来说，地方委员会每年会给承包商提供一个对公众开放的指导价，约定其"公共服务"的性质。地方委员还允许承包商在会员费定价上有相应的自主权，以通过市场机制增加收入、提高参与率。

（3）委托独立的非营利组织管理：最普遍的是注册为慈善团体的信托基金会。虽然地方委员会对这种委托形式的控制力较弱，但仍可通过年度资助或管理费等各种资金补贴方式支持场地设施的运营。除此之外，委员会还可以推选20%的信托基金管理委员会成员，确保在不损害信托基金利益的情况下，最大限度地考虑地方委员会的目的和要求。

除以上常见的三种方式外，还有一些其他的管理方式作为补充，如学校场地设施在课间和课外分别由学校和社区进行管理。不同体育场地设施管理方式各具特色、各有所长。从群众参与率方面来看，这几种管理方式下的群众体育参与率并未出现明显的差异；从财政补贴方面来看，私人承包管理的成本和所要求的财政补贴最低，信托基金会管理次之，地方委员会自主管理的成本和所要求的财政补贴最高；从运营回报率方面来看，公共优质服务协会的基准数据显示，地方委员会自主管理的投入—产出比最低，信托基金会管理次之，私人承包管理最高。因此，地方政府越来越倾向于提高私人承包和信托基金在公共体育场地设施管理方面的占比。

3. 英国大众体育场地设施的使用与规划

英国政府不直接干预地方政府在大众体育场地设施供给、管理等方面的事务，但是会提供规划建议，也会通过目标的达成程度评估绩效，并根据绩效结果决定下一年的经费调配。例如，英国体育理事会在20世纪80年代中期制定了英国社区体育中心的基本标准，要求每25 000人的社区要建设一个社区体育中心；英格兰体育会出台文件，指导地方政府建设群众可负担起的社区游泳池、体育中心和体育馆，并就这些场馆的选址、成本、收入等方面提出建议①。英国体育理事会还经常出台一些很具体、操作性很强的手册和指南，以便供应方能够用科学、合理的方法和手段提供场地设施。

① Department for Education. PE and Sport Survey2009/10［R/OL］. London: DFE. http://dera.ioe.ac.uk/846/1/DFE-RR032.pdf［2017-09-15］.

除了在规划方面提供指导以外，英国政府部门还会关注大众场地设施的使用效率和效果，在“入口”和“出口”两方面对大众体育场地设施的质量进行把控。有数据显示，2006年英国民众的室内体育活动参与率为36%，室外体育活动参与率为15.8%，英格兰地区每年约有8 000万人次使用游泳池和体育馆，每年约有750万成年人和210万青少年在体育公园和运动场开展正式或非正式的体育活动。总的来说，公共体育场地设施使用人群以中等收入的中年人为主，青少年较少，高收入人群是低收入人群的两倍。因此，政府在制定策略的过程中，应考虑到青少年的消费能力，给予一定的优惠措施，以此来提高青少年参与公共体育活动的能力和积极性，进而增加青少年的身体活动时间。

（三）英国儿童青少年身体活动现状

1. 学校体育活动现状

体育课是英国义务教育的必修课。根据2009年英国第七次青少年活动调查数据显示，一至十三年级学生平均每周体育课时间为117分钟，79%的学生平均每周体育课时间达到120分钟。平均每所中小学开展19种体育活动项目，接近97%的学校都会开展足球运动。英国课外体育活动内容丰富，参加课外体育活动的学生人数约为40%。

2016年，英国官方对青少年儿童在学校进行体育活动进行评分，评分为B+（评分依照完成率的高低依次为A、B、C、D、F，A代表80%～100%，B代表60%～80%，C代表40%～60%，D代表20%～40%，F代表0～20%，“+”和“−”代表在这一评分内的好坏程度），并从三个评分基准来进行评分，其中包括学校体育与健康发展概况、英国儿童青少年校外体育活动现状、学校体育设施和使用概况。

（1）学校体育与健康发展概况：根据英国体育与健康调查报告中的数据显示，2014年英国学校体育被评为A−级。其中，5～7岁、7～11岁、11～14岁的学生每周能达到2小时以上体育活动的比例分别为77%、83%和86%，但是14～16岁的学生中只有58%的能够保障每周进行2小时以上的体育活动。

（2）英国儿童青少年校外体育活动现状：在英国，青少年体育俱乐部是校外体育活动的重要载体。因此，苏格兰体育理事会提出要为青少年提供体育参与交流的良好平台，英格兰体育理事会不仅为俱乐部发展提供政策咨询、场地协调、资金支持，而且还为俱乐部提供发展过程中所需的其他资助，如管理培训、市场营销以及场地设施维护等。充分发挥社会的力量，使全社会资源形成合力，共同支持青少年体育俱乐部的成长与发展。并在2004年公布“体育俱乐部标准化认证行动”（Club Mark），使青少年的技能能够得到提高，场地和服务能够满足青少年的体育需求。目前有17 000多所俱乐部获得资格认证①，这些俱乐部的发展为青少年体育活动提供场地，又使学生可以掌握一些常用的运动技能，提升了学生参与体育的乐趣，极大地促进了校外体育活动的发展。

（3）学校体育设施和使用概况：在学校体育设施的方面，体育与运动费用报告中指出，有1.5亿英镑的专项费用用于对英国的所有小学的资助。这份报告显示，46%的小学拥有户外网球场，64%～78%的小学都有游泳池和运动场，所有的小学都有操场。但根据英格兰体育局官方统计，目前仍约有3 000所小学没有充足的户外空间进行体育活动和运动。另外，英国政府对体育设施的使用状况是否良好进行判定，自从引入体育保险后，有接近一半的学校认为学校的体育设施需要改善。另外，有30%的青少年认为，如果学校能有更好的体育设施，他们将会进行更多体育活动。有些学校设施可能需要改进，但就目前资料所知，中学提供的体育设施不足的情况很少。根据以上三点参考因素的调查分析，英国学校体育的场地设施和利用、维护情况较好。

2. 儿童青少年日常身体活动现状

据调查，47%～51%的青少年儿童需要往返于学校，而这些孩子中只有2%的青少年儿童通过骑自

① 陈洪.英国社区体育俱乐部标准化认证研究［J］.体育科学，2015，35（12）：28−33.

行车的方式去学校。虽然有55%的小学都会针对骑自行车能力而进行针对性的教学，但有报告指出，经常性骑自行车去学校的儿童并没有显著增加。而在到达非学校的目的地中，经常使用自行车的情况要好一些，有28%的11岁儿童一周会骑数次自行车；另外，有47%的2～16岁的青少年儿童每周会进行3次以上的步行活动，每次步行时间在20分钟以上。在骑自行车进行活动时，男孩参加的比例显著高于女孩，但在步行活动时，男女孩的参加比例比较接近。而在儿童的课外活动时，有53%的父母会参加，但其中只有8%的父母会完全参与。有41%的青少年儿童会和家人每周至少做1到2次运动。综上所述，英国青少年儿童日常身体活动的参与人数比例较低，还有待于提升。

（1）儿童青少年久坐行为现状：久坐行为（sedentary behavior）是指坐或躺的较低能量消耗的行为组合，或者是任何非睡眠状态下，能量消耗小于等于1.5 METs（MET表示相对能量代谢水平，1 MET=每千克肌肉每分钟的耗氧量为3.5 ml）的坐或倚靠的姿势，或是低于100步/分钟的低水平身体活动行为①。根据英国青少年学校健康行为调查（Health Behavior in School Aged Children Study, HBSC）结果显示，如今青少年儿童可以接触到更多的娱乐性电子产品，如平板、手机、电脑等，且使用这些娱乐性电子产品时所产生久坐行为的持续时间一般也都较长。由于久坐行为具有较高的健康风险，长期的久坐行为会导致有氧体能水平低下②，即使其满足了日常身体活动的建议标准，也会被认为是一种有别于身体活动的慢性心血管疾病的独立风险因素。另外，每天看电视时间达到5小时的孩子，其肥胖发生率也会比看2小时的孩子高出5.3倍。因此，为了促进青少年儿童的身体健康，在日常生活中应尽量减少久坐行为的时间。

（2）英国儿童青少年身体活动总量：HBSC调查显示，在11、13、15岁的儿童中，只有22%的男孩和15%的女孩能够做到每天进行1小时的中等强度运动；而英国健康调查（The Health Survey for England, HSE）研究报告显示，在5～15岁的儿童中有21%的男孩和16%的女孩能够达到这一目标。从两个数据结果对比得出，在15岁以下的人群中只有少量青少年儿童能够做到每天运动1小时，而且可以达到这一目标的男生比例要比女生比例高。而在15岁左右的青少年人群，仅有18%的男孩和9%的女孩能够达到每天1小时中等强度运动。整体来看，英国青少年每天能够达到的身体活动总量较低，且在当年龄达到15岁左右时，能达到的人群比例骤然下降，青少年身体活动总量仍有待提高。

（四）英国儿童青少年身体活动发展经验总结

从2000年颁布的“全民体育的未来”和“世界级运动员计划”到2002年的“新的青年和社区体育5年战略”来看，英国政府对青少年身体活动投入的资金量逐年加大，将优化学校体育设施和提高体育课程质量作为主要目标，投资建设较完善的校外体育活动环境，有组织地进行全国青少年体育运动会，有助于形成良好的儿童青少年体育活动的环境。不仅能够使青少年儿童在学校中能够学习运动技能，而且还能在儿童离开学校之后，在社会环境中参加俱乐部，强化这些技能，并更加深刻的体会运动的乐趣。通过良好的比赛机制和培养机制，不仅可以激励更多的学生参加体育活动，而且还可以增进学生之间的交流，促进学生运动技能水平的不断提高。

2012年“体育的未来——活力国家的新战略”的提出进一步优化了大众参与体育的评价方式和理念，以体育为社会带来的重要效益作为体育基金资助的重要参考，可以更加集约化地利用资源，减轻了政府财政的负担。将促进经济发展也作为考量的重要内容之一，可以充分利用社会参与的积极性，而经济发展带来的财政收入可以再次投入到体育事业的发展中。

---

① 郭强，汪晓赞，蒋健保.我国儿童青少年身体活动与久坐行为模式特征的研究[J].体育科学，2017，37(07)：17-29.

② Biddle S J H, Pearson N, Rossg M, et al. Tracking of sedentary behaviours of young people: A systematic review[J]. Preventive Med, 2010, 51: 345-351.

（五）英国儿童青少年身体活动发展对我国的启示

英国在促进青少年身体活动水平的提高方面，主要是以学校体育作为实施途径。在学校体育课中进行运动技术的学习和对运动的体验，不仅可以提高青少年运动技术水平，而且通过校内校外体育活动的形式，可以让青少年更好地体验到体育的乐趣，有利于终身体育的形成。既可以带动大众体育的发展，而且随着体育参与人数的增多，又为优秀竞技体育人才的储备奠定了人数基础。同时，良好的大众体育环境和竞技体育氛围能够提高青少年参与体育的积极性。因此，我国在促进青少年进行身体活动时，既要以学校体育为主，也要通过大众体育和竞技体育的发展，为青少年进行体育活动建立良好的氛围。

此外，我们还应借鉴英国政府机构改革的经验，通过高效的执行才能发挥政策该有的作用。在英国，英格兰体育理事会是英国最大的区域体育管理组织，而且不占用政府机构编制，除主席由政府任命外，委员及其他员工面向社会招聘。而英国各单项体育管理组织的员工也是全部面向社会招聘，这样不仅可以缩减政府编制，而且可以有效地保持来自机构内部和外部的压力，提高工作效率。同时，机构可以面向社会吸收各方面的专业人才，提高运行效率。而在我国，机构改革的主要内容是精简编制，将大部分行政单位划归事业单位。虽然改革取得了很大突破，但是改革以后，政府制定和执行体育政策仍为一体的根本模式没有变。全国体育总会和单项体育协会仍然挂靠在相关政府部门，没有真正成为独立的社会机构。因此，在执行中必然会出现重视成绩、弱化社会参与和效益的现象，而群众体育工作最需要的是将政策落实到基层的学校和社区中。因此，为了提高政策执行的效率，需要合理的利用社会的力量。

二、美国儿童青少年身体活动发展动态

（一）美国儿童青少年活动相关政策

1. “总统体能奖”

“总统体能奖”（Presidential Physical Fitness Award, PPFA），是授予AAHPER青少年体能测试最高奖项[①]。此奖项于1966年设立，旨在激励青少年保持较高的体能水平，鼓励学校采用好的测试方案，改善青少年的健康和体育教育，提供额外的美国青年的身体状况的信息。这个奖项是针对10～17岁的青少年而设立的，要求学生必须在AAHPER青少年体能测试中，完成仰卧起坐、立定跳远、往返跑、50米冲刺跑、600米跑、投掷垒球和引体向上七项测试指标，并且每项指标均要达到优秀。

2. “总统的挑战”

“总统的挑战”是一项总统身体健康和运动委员会（President’s Council on Physical Fitness and Sports, PCPFS）致力于改善所有美国人的身体活动和健身的长期计划。最初是一项针对青少年的简单体能测试，在20世纪60年代发展成为一个计划项目实施，主要包括：① 体能测试，共有五项体能测试用来测量6～17岁青少年的整体体能水平；② 健康适能测试，此项测试中身体质量指数（BMI）与其他健康测试项目一起使用，评定青少年是否达到“健康水平”；③“总统积极生活奖”（Presidential Active Lifestyle Award, PALA），一项基于活动的计划，需要跟踪和记录所有参与者六周内的身体活动，该项目非常适合刚开始运动的人，旨在让人们定期参与运动，使所有年龄段的人都能得到总统的认可；④“总统冠军”，参与者可以在线注册用户，通过挣取积分获得青铜、白银、黄金等段位的奖励，这对于

① Presidential physical Fitness Award［EB/OL］.http://www.tandfonline.com/doi/abs/10.1080/00221473.1966.10618530［2017-09-15］.

获得高级健身水平的人来说也是一种奖励方式。这些独立的项目组成了“总统的挑战”，该计划有助于评估6～17岁儿童青少年的健身水平，并提供奖励以鼓励他们保持运动，学生可以积极尝试。

“总统的挑战”计划包括三个奖项：①“总统体能奖”，表彰身体素质达到优秀的参与者，要求其在五个项目的测试中总得分位于前50%，并且至少在一个项目的测试中得分位于前25%；②“国家体能奖”，针对在五个测试总分排名位于前50%，但是在一个项目或者多个项目中得分低于前85%的参与者；③“体能测试参与奖”，在参加体能测试中一项或者多项测试中分数低于50%的参与者。

此外，青少年健康健身计划也是政策中重要的一部分，该计划针对能够达到健康水平的学生，它还为学校提供了替代传统体育锻炼计划，青年可以通过符合五项活动中的资格标准获得健康健身奖。

3.《健康公民计划2020》

从1980年起，美国已经颁布4次健康公民计划，分别是1980年《健康公民计划1990》战略、1991年《健康公民计划2000》战略、2000年《健康公民计划2010》战略，该战略计划注重体育健身，把身体活动作为促进身体健康的重要方式，健康公民计划已然成为美国国家健康战略的重要内容。

《健康公民计划2020》中战略总目标主要包括四个方面内容：① 获取高质量的、更长的生命，避免遭受可预防的疾病、残疾、伤害和过早死亡；② 实现卫生公平，消除健康差距，并改善所有人的健康水平；③ 创造社会和物理环境，促进健康；④ 增加健康行为、提高生活质量，使个体在所有的生命阶段里都能健康发展。其中，在有关健康领域目标的实施方面，都要经过动员、评估、计划、实施、循环5个步骤，并且美国的每个州以及地区都要设置一名负责人来跟踪实施，以确保各地区健康战略水平的一致性。

在颁布的4次计划中，其总体目标、健康指标、健康领域、实施框架等方面具有不同特征①。从最初的15个健康领域，已经扩展到42个健康领域，并且相对于《健康公民计划2010》而言，《健康公民计划2020》在身体活动领域和参加身体活动对主体益处的表述更加具体。此外，《健康公民计划2020》对影响身体活动的因素按照不同年龄群体进行了表述②，例如，影响身体活动的积极因素分成了成年人、老年人、4～12岁儿童和13～18岁青少年组③，使得积极因素能够发挥更大作用，对不利因素进行因势利导。

4.“每个学生成功”法案

“每个学生成功”(*Every Student Succeeds Act*, ESSA)法案是2015年12月通过的一部适用于美国K-12公共教育的政策，取代了“无儿童遗产法”(*No Child Left Behind*, NCLB)，修改了但并未消除给予学生的定期标准化考试有关的规定。像NCLB一样，ESSA是对1965年“小学和中学教育法”的重新授权，其中规定了联邦政府扩大公共教育的职责④。体育教育也被提出作为国家义务教育的一部分⑤，支持体育教育在公立学校课程中的作用，并承认体育是学生全面教育的一部分⑥，同时也设立相关的配套措施，如加大联邦政府的资金支持力度，充分发挥体育教育对青少年身心健康发展的作用⑦。

（二）美国儿童青少年身体活动发展现状

美国是最早开始关注儿童青少年体质健康的国家之一。第二次世界大战后为了国家发展和提高

---

① 彭国强，舒盛芳. 美国国家健康战略的特征及其对健康中国的启示[J]. 体育科学，2016，36(9)：10-19.

② 董如豹. Healthy People 2020 身体活动内容的演变对我国全民健身规划的启示[J]. 体育科学，2014，34(5)：66-74.

③ 刘书元. 健康促进与青少年体质三层次说[J]. 体育与科学，2007，28(2)：7-8.

④ Every Student Succeeds Act[EB/OL]. https://en.wikipedia.org/wiki/Every_Student_Succeeds_Act#Overview[2017-09-15].

⑤ Understanding the Every Student Succeeds Act[EB/OL]. http://mydigimag.rrd.com/[2017-09-15].

⑥ Kane N. The Effects of Physical Education Experiences on Homeschooled Students and Families[J]. Undergraduate Review, 2016, 12(1): 66-71.

⑦ 田慧，王敏，刘佳，王静，何一蔓，尹红蕾，刁艾莉. 奥运强国青少年体育现况与我国发展对策——第31届里约奥运会金牌前6位国家比较[J]. 体育科学，2017，37(8)：3-11.

军事人才储备的需求，以及针对美国青少年体质逐年下降的情况，美国将体育作为青少年全面教育的一项重要内容，其主要任务和职责就是用体育活动来提高青少年的身体素质和健康水平。可以说，美国政府针对青少年体质和健康在各方各面颁布许多相关政策和规定，也投入了大量的资金，为青少年健康发展奠定了良好的基础。

1. 场地设施

美国政府高度重视青少年体育，并将发展青少年体育作为国家战略方针，将增强青少年体质作为国家发展大计，贯穿于政府工作的各个层面，这些都反映出政府在青少年体育发展中不可替代的重要作用。体育场地设施是指用于体育比赛、训练、教学以及群众健身活动的各种场地、场馆、建筑物及固定设施等，是评价国家公共体育服务体系的重要指标，也是开展青少年体育活动的基础条件①。

（1）美国体育场地现状：根据《健康公民计划2000》的调查数据显示，1986年美国每千人仅占有1.8英亩（相当于人均7.28平方米）的公园面积，计划到2000年，力争达到每千人占有4英亩（相当于人均16.19平方米）的面积标准。美国国家休闲服务与健身协会提出，推荐每一千人拥有6.25 ～ 10.5英亩（相当于人均25.29 ～ 42.49平方米）的公园用地标准。2016年协会官方调查数据表明：美国共有约764 923个体育场（馆），人均体育场地面积超过16平方米，每万人拥有约23.6个体育场；每2277个居民中就有一个公园场地，而每千人占有的典型公园就有9.5英亩（人均38.45平方米）的公园用地。很显然，目前美国在体育健身场地设施建设中，已经达到了国家休闲与公园协会的推荐标准，而且体育场馆种类繁多，比较齐全，游泳池、网球、篮球场地等各类体育场数目还在迅速增长中②。

（2）青少年体育场地设施现状：学校体育场地和体育设施是保障学校体育活动开展不可或缺的物质基础。国内外研究均表明，学校体育空间和设施对学生的课余体育行为有着显著影响。美国在学校体育场地和设施方面研究较早，主题挖掘也较深入，其美国儿科学会（American Academy of Pediatrics, AAP）、医学研究院等机构长期对各州学校体育场所和设施的利用情况进行调查研究，并制定详细的标准和规范，各州政府对本地区学校体育活动标准和场地设施也有相应的行政规范。美国对于青少年的校内外体育场地设施要求极高，且形式多样。针对儿童青少年的身体活动的研究发现，学校体育场地中，人均户外空间大，学生更积极活跃，并且能减少久坐时间。因此，从法规上美国较重视儿童体育活动和场地设施的政策法规研究，尤其是重视各州或各省的规定，是否与国家层面的指导意见一致。在安全性能上，Kotch等通过北卡州在体育活动中受伤儿童的数据发现，场地设施的安全规范与该州因场地安全导致儿童受伤就医的数量（每年下降22%）出现微妙的负相关，即安全规范越来越严格，儿童受伤数量逐年下降③。

美国比较喜欢用Park（公园）这个词来代表体育场地，Park往往都位于社区周边。从2016年国家休闲与公园协会报告中发现，社区中人均体育场地设施达到标准，且设备多样齐全，每片场地有树木、灌木和松软木的区域不仅可以有效促进儿童的体育活动，还能起到预防紫外线辐射的作用，这项研究成果在美国大部分学校和社区的体育场地大幅度推广④。

2. 美国青少年身体活动现状

根据WHO报告显示，2012年全球超重或肥胖儿童已超过4 400万，而美国中小学生体育活动状况

---

① Kotch J B, Hussey J M, Carter A. Evaluation of North Carolina child care safety regulations[J]. Injury Prevention, 2003, 9(3): 220-225.

② Boldemann C, Blennow M, Dal H, et al. Impact of preschool environment upon children's physical activity and sun exposure [J]. Preventive Medicine, 2006, 42(4): 301-308.

③ AFTERSCHOOL ALLIANCE. Active Hours Afterschool[EB/OL].http://afterschoolalliance.org/documents/issue_briefs/issue_obesity_24.pdf[2017-09-15].

④ Shephard R J. The Association Between School-Based Physical Activity, Including Physical Education, and Academic Performance [J]. Yearbook of Sports Medicine, 2010, 2012(1): 358-359.

也并不乐观。研究表明，美国青少年在户外活动的时间相比20年前减少近1/2，随着室内活动的增加和受到电脑、手机等电子产品的影响，美国青少年久坐行为日趋严重，参加户外活动的时间逐渐减少[①]。2003年，美国国家疾病控制中心（National Centers for Disease Control）的调查数据显示，61.5%的9～13岁儿童未参加任何有组织的校外体育活动，22.6%的9～13岁儿童在闲暇时间不进行任何类型的身体活动[②]。根据这一情况，美国在最新颁布的《健康公民计划2020》中提出，要提升符合联邦健康标准的青少年人数比例；提高参加有氧身体活动的青少年比例（目标从2009年的18.4%提升到28%左右）；提高联邦政府制定青少年参加身体健康活动与参加有氧身体活动标准的比率。

（1）学校体育活动现状：虽然美国政府推行了一系列政策和方案，鼓励青少年多参与身体锻炼，但是美国青少年的体质健康还是不容乐观。美国国家休闲与健身协会建议美国中小学，其中小学生每周体育课时间不少于150分钟，中学生不少于225分钟，要求每节体育课中等及大强度运动时间不能低于上课时间的50%。中小学生每天至少参加60分钟校内外身体活动来避免长时间久坐不动。但研究表明，美国儿童青少年的身体活动水平较低，在许多学校，青少年能够有规律地进行身体活动的机会十分有限，只有4%的小学、8%的初中和2%的高中能每天开设体育课[③]。美国疾病预防与控制中心在2011年发布的《美国国家青少年风险行为调查》中发现，许多学生并未达到《2008美国身体活动健康指南》所建议的每天至少进行60分钟身体活动的标准[④]。

一项运用加速器对美国青少年身体活动进行客观测量的研究表明，只有42%的儿童和8%的青少年能够在1周内有5天参与至少60分钟中高强度的体育活动[⑤]。可见，学校体育在美国的开展还未达到所颁布的各项指南标准。此外，美国各州所制定的学校体育政策都不同，从国家层面和战略角度建议让学校体育按照联邦政府的规定严格开展，还具有一些难度，仍需要一些时间对其推广和整改。

（2）社区身体活动现状：2016年美国国家休闲与健身协会研究表明，美国青少年参加各项身体活动的时间比20年前少了一半。美国儿童青少年每天只有30分钟不到的时间参与户外活动，每天用于电子屏幕的时间却超过了6个小时。随着室内活动和屏幕前活动的时间增加，美国的孩子们久坐的时间越来越长，与自然世界的联系和接触越来越少，缺少户外运动与日渐增加的久坐行为已经严重影响到青少年们的身心健康。因此美国政府认为，社区中的公园在青少年户外身体活动中起到了至关重要的作用。因此，我们可以看到美国社区中有各式各样的体育俱乐部，美国的社区体育活动的生命力来自各种各样自发的“群众组织”，既轰轰烈烈又长盛不衰，开展项目众多，如足球、篮球、网球、垒球、橄榄球、游泳、体操、溜冰、滑雪、高尔夫、跆拳道等。一个赛季跟着一个赛季，一年接着一年，比赛活动周而复始，从不间断。

青少年通过这些俱乐部的训练和比赛，不仅能锻炼身体，还能培养意志品质、合作意识等。以足球为例，形形色色的足球俱乐部遍布美国各地，从社区足球俱乐部作为初级足球运动的开始，到不同年龄、不同水平的选拔队，然后进入大学的足球队，再发展到全国性专业的足球俱乐部，整个体系不仅让美国的竞技体育一直处在世界前列，同时也让青少年们通过身体活动得到锻炼。而在这个过程中，社区体育在其中起到了至关重要的作用，社区俱乐部都是以儿童青少年为服务对象的，且在规章管理、教练配备、场地设施等方面提供了强有力保障，也让青少年在社区体育中放飞自我，找到运动的快乐。

---

① NATIONAL RECREATION AND PARK ASSOCIATION. 2016 National Recreation and Park Association Field Report[R]. Ashburn, VA: National Recreation and Park Association, 2016.

② Centers for Disease Control and Prevention. Youth risk behavior surveillance-United States, 2011[EB/OL].http: www.cdc.gov/mmwr/preview/mmwrhtml/ss6104a1.htm[2017-09-15].

③ Matthews C E. Physical activity in the United States measured by accelerometer: comment[J]. Med Sci Sports Exerc, 2008, 40(6): 1188; author reply 1189.

④ STATISTIC BRAIN. Youth Sports Statistics[EB/OL].http://www.statisticbrain.com/youth-sports-statistics/[2017-09-15].

⑤ Belcher B R, Berrigan D, Dodd K W, et al. Physical Activity in US Youth: Impact of Race/Ethnicity, Age, Gender, & Weight Status[J]. Medicine & Science in Sports & Exercise, 2010, 42(12): 2211.

近年来，由于美国政府和社会各方对青少年体育活动的高度重视，中小学生体育活动状况有所改观。2015年，5～18岁儿童青少年中，参加有组织的校外体育活动的人数比例为60%（其中男生66%，女生52%）①。2017年，美国身体活动委员会（Physical Activity Council）的调查数据显示，6～16岁儿童青少年中，每周至少参加1次大强度身体活动的人数比例达到48%，每周参加3次及以上大强度身体活动的人数比例为28.6%，不进行任何类型的身体活动的人数比例为17.6%②。

（三）美国儿童青少年身体活动发展经验总结

从1966年的“总统体能奖”至1988年作为“国家体能奖”的主要内容列入“总统的挑战”计划，可以看出奖励范围在不断地扩大。直到2001年，“总统的挑战”计划中已经包含了“体能测试参与奖”“健康体能奖”“积极生活方式奖”等多个奖励项目③，通过不断设立奖项来提高青少年参与体育锻炼的积极性。健康公民计划的总体目标变化趋势，从单纯的提高生活质量到建设健康环境和提倡健康行为，在以往的基础上进行改进和完善，不断扩大目标领域，而且结合当时的社会卫生状况制定，符合时代特点。此外，从干预手段来看，逐渐通过学校体育干预、社区干预、家庭干预、互联网站等多种手段来促进青少年体育锻炼，由单一的干预手段不断朝着多方面干预发展。

（四）美国儿童青少年身体活动发展对我国的启示

美国健康公民计划的制定对于我国制定相关战略计划有着一定的引导作用。从总体目标和主题来看，美国健康公民计划在目标制定时采用统筹兼顾原则，总体目标是要统筹美国的健康问题，重点解决主要矛盾，制定战略总方针。主题领域尽量做到全面覆盖。面对中国地区存在较大差异性，经济发展不均衡，人口分布以及健康问题分布差异，各地区应该根据国家提出的健康中国的战略总目标，因地制宜地制定与本地区相适应的战略计划。“新的健康公民计划”要求以循证为基础，我国可以借鉴，通过指导方针制定“动员、评估、计划、实施和追踪”五步一体的模型框架，明确干预措施的行动路径；此外，也要注重信息的交流与反馈。相比较于美国，我国在学校体育场地和设施以及体育开展实情等方面的研究还处于起步阶段。学校体育开展的研究停留在人均体育活动面积、学校体育设施配置率等方面，对学校体育空间特征与青少年体育活动水平之间的互动研究较为缺乏。学校对学生每日中高强度身体活动时间要求和针对不同年龄段的体育场地设施安全细则尚未形成，尤其对于学前管理机构的规定还不够具体，并且对于不同年龄水平儿童所使用的场地设施也要制定相关的安全细则；绿色植被可以作为学校户外活动空间的必备要素；对于活动空间狭小的城市内学校，应开展活动空间的干预性改造研究，尽量开辟适合儿童进行MVPA的专门空间。

目前我国社区青少年身体活动的场地建设还处在初始阶段，政府需和社区、各职能部门、企业、志愿协会等社会组织合作，加强社区青少年身体活动场地设备的建设和配备，专门为青少年儿童身体活动配备相应的场地设施，为青少年在休息时间进行身体活动提供条件，协同青少年选择绿色出行方式，促进学校、社区、家庭联动网络的形成。此外，可模仿美国“建设和配备”的理念设计，在公园中将体育锻炼的元素和内容相结合，从而更好地吸引更多的儿童青少年走到户外参与身体活动。

在政策推广和执行方面，《青少年身体活动提高战略》与《2008美国身体活动健康指南》虽然都是由美国健康和公共事业部颁布，但参与政策实施的主体却不仅仅是健康和公共事业部一个部门。美国青少年身体活动干预战略中涉及多个主体参与，有联邦政府、州政府层面的各相关职能部门，有公益性

① STATISTIC BRAIN.Youth Sports Statistics[EB/OL]. http://www.statisticbrain.com/youth-sports-statistics/[2017-09-15].

② PHYSICAL ACTIVITY COUNCIL. 2017 Participation Report[R]. Boston, MA et al. Intl. Health, Racquet, & Sports Club Association et al, 2017.

③ B. Don Franks, Margaret J. Safrit. The President's Challenge in the New Millennium[J]. Quest, 1999, 51(2): 184-190.

质的自愿团体和社区组织等社会组织，有公民的积极参与，还有在青少年体育干预中对资源配置发挥决定性作用的各市场主体。由于单一主体有其局限性，所以在提高青少年身体活动战略的实施过程中，只有多主体共同参与才能使战略发挥最大效用。

三、澳大利亚儿童青少年身体活动发展动态

澳大利亚一直被公认为是一个热爱体育运动的国家，澳大利亚政府也十分重视国民体育活动。国家设有国家体育运动委员会，其任务是规划、资助和发展不同水平的体育运动，州、市也有体育管理部门。澳大利亚政府出台了各种促进体育发展的政策以期增加参与体育运动人口数量、提升精英运动员成绩、增进社会包容度、改善大众心理健康、帮助老年人保持独立并提升他们的生活质量、推动社会变革。

（一）澳大利亚儿童青少年身体活动相关政策

1. “活跃澳大利亚”政策

最新数据表明，只有不到一半的澳大利亚成年人有足够的身体活动参与积极性，儿童青少年久坐的行为方式愈加明显。澳大利亚每年用于因缺乏身体活动造成的医疗保障消费大约为4亿美元，其中男性疾病占6%，女性占8%。基于此，2005年，澳大利亚卫生部颁布了“活跃澳大利亚”（*Be Active Australia: A Framework for Health Sector Action for Physical Activity 2005—2010*）[①]政策（以下简称“政策”），政策旨在使所有澳大利亚人都能从日常生活中的身体活动中受益，致力于通过增强卫生部门的能力，提高人们对身体活动促进健康的认识，从而促进社区居民生活方式的改变。政策包括营养、健康体重、酒精和烟草等卫生健康战略，重点是通过建立公共政策和创造支持性环境，增强个人和社区开展体育活动的能力，提高卫生部门应对社区需求的能力，加强慢性病预防行动平台建设，从而实现健康促进的可持续发展。

政策的制定主要有以下几项原则：① 帮助所有最需要帮助的人，减少不同地域、种族和社会经济状况人群之间的健康差距；② 加强不同层级政府的健康部门之间，健康部门和其他部门之间，以及公共、私人、非政府组织、家庭和社区之间的合作；③ 专注于问题方案的解决和战略优势；④ 认识到行为的改变是一个复杂、困难和需要时间的过程，因此注重长期和可持续性的解决方案；⑤ 认清身体活动的多重决定因素与身体活动和其他健康问题的内在联系；⑥ 以科研数据为支撑，采取有效行动；⑦ 针对重点人群采用公共健康的方法和系统的身体活动行动计划；⑧ 全面的措施，包括政策、方案和对个人和社区的服务；⑨ 专注于培养包括研究、监测、评价和领导能力的人才。

为实现长期的战略目标，政策主要通过各级体育部门的联合行动来解决身体活动的问题，主要行动有以下5点。

（1）建立体育活动公共政策：促进、发展和支持关于体育活动的公共政策，包括立法、财政、税收、规章准则、支持性战略计划、广泛倡导和资源分配。

（2）创造支持性环境：支持促进身体活动增加的社会环境的建设，包括步行和自行车网络，提高公众意识，开发积极安全且舒适的环境支持系统，为所有人提供便利服务。

（3）加强社区体育活动的能力：促进和支持个人、社区和组织对身体活动相关的社会文化环境建

---

① National Public Health Partnership, Be Active Australia: A Framework for Health Sector Action for Physical Activity, [EB/OL]. http://pandora.nla.gov.au/pan/64613/20061021-0000/www.dhs.vic.gov.au/nphp/publications/documents/nphp_baa_aug_05_no_cover.pdf [2017-09-10].

设，发展和拓宽社区体育活动项目的范围，帮助个人和社区克服身体活动参与的障碍。

（4）发展个人技能：建立全民对体育活动促进健康的正确认识，发展多种技能以满足参与多种身体活动的需求，并将其作为日常生活的一部分。

（5）提高身体活动相关行动部门的能力：通过加强技能、系统和基础设施建设，如资金、劳动力数量、领导和组织支持，来提高卫生部门持续和协调的公共卫生行动能力。

通过卫生部门制定和审查与儿童身体活动有关的健康保健干预措施，加强资源分享和路径建设（培训、资源、政策准则）；建立国家重点组织来缩小不同地域儿童青少年的差距，开发和推广身体活动项目，加快政策的制定；协调各方行动和资金建立儿童营养方案，将没有儿童保健服务的儿童考虑在内；传播和推广儿童青少年身体活动指南；与当前的倡议相结合，确保卫生部门对"活跃澳大利亚"课外活动时间的支持与保障；通过提供支持、消除障碍，为儿童青少年进行身体活动提供良好的环境。建立技能（身体、运动、生活技能、自我效能）、积极参与和实施体育活动相关的项目计划；减少久坐不动行为（看电视和玩电脑游戏）；支持学校体育活动的指导方针；创新有效的课程和资源，包括营养等；综合学校和家庭计划；学校、社区和社会体育娱乐组织联合；支持教育部门和工作人员的领导；支持发展面向学校的积极出行方式的倡议。

2.《澳大利亚身体活动与久坐行为指南》

身体活动（包括数量、频率、强度、身体活动类型）与健康风险（如肥胖和慢性病等疾病）之间的关系日益明显。澳大利亚卫生部公布了《澳大利亚身体活动与久坐行为指南》2014版（*Australia's Physical Activity and Sedentary Behaviour Guidelines—2014*）[①]（以下简称《指南》），《指南》明确了积极生活方式对健康的益处，提供了如何在日常生活中融入身体活动和尽量减少久坐行为的建议。指南对先前的版本进行了适当的修订，并以可循证的数据为基础，制定指导方针旨在鼓励所有澳大利亚人（不论年龄）参加持续的身体活动，同时减少从事久坐活动的时间。

《指南》分为特定年龄组的相关建议，其中包括身体活动和久坐行为指南和建议，细分为5个年龄段：0～5岁儿童身体活动与久坐行为指南、5～12岁儿童身体活动和久坐行为指南、13～17岁青少年身体活动和久坐行为指南、18～64岁成年人身体活动和久坐行为指南、65岁以上老年人身体活动和久坐行为指南。其中关于儿童青少年身体活动和久坐行为指南对身体活动的建议：① 为保证健康，5～17岁的儿童青少年每天至少参加60分钟的中高强度身体活动；② 儿童青少年的身体活动应该以各种有氧运动为主，同时也必须进行一些剧烈的身体活动；③ 每周至少进行3次强化肌肉和骨骼的活动；④ 为了获得更多的健康益处，儿童青少年需参加更多的活动。对久坐行为建议：为减少健康风险，5～17岁的儿童青少年，应尽量减少每天的久坐时间，电子媒体（如电视、电子游戏和电脑使用）每天使用时间不超过两小时，尽可能避免长时间久坐。

3.《活跃的澳大利亚蓝图》

自2001年以来，澳大利亚人很少或根本没有参与锻炼的人口数和人口比例不断增加，久坐不动的生活方式逐渐增多。《指南》建议，儿童青少年每天至少要积累60分钟的中高强度身体活动，且要尽可能多的从事身体活动，避免长期久坐。《活跃的澳大利亚蓝图》（*Blueprint for an Active Australia 2014—2017*）[②]（以下简称《蓝图》），是由澳大利亚国家心脏基金会于2014年颁布《活跃的澳大利亚蓝图》的第二版，在第一版的基础上扩展和更新了数据和干预措施。《蓝图》是由澳大利亚心脏基金会牵头研发颁布的政府和社区战略行动计划，监督诸如教育、工作场所和老年护理服务等场所的久坐行为。

---

① Australian Government Department of Health, Australia's Physical Activity and Sedentary Behaviour Guidelines [EB/OL].http://www.health.gov.au/internet/main/publishing.nsf/content/health-pubhlth-strateg-phys-act-guidelines [2017-09-11].

② National Heart Foundation of Australia, Blueprint for an Active Australia, [EB/OL].https://www.heartfoundation.org.au/images/uploads/publications/Blueprint-for-an-active-Australia-second-edition.pdf [2017-09-12].

相较于第一版，《蓝图》具有新的行动领域，每一个有特色的行动领域都是由专业领域的研究人员通过最新数据和专业理论制定，具有更多的循证基础和促进国民健康战略具体的行动战略。

《蓝图》主要包括了国民健康战略措施的13个领域：规划生活环境，改善交通状况，促进身体活动；减少工作场所久坐行为，增加身体活动；开发健康医疗系统促进身体活动参与；鼓励步行、骑行等公共交通工具的使用；拓宽减少久坐行为的渠道和方法；增加运动参与和体育休闲活动；重视特殊人群的运动参与，提高运动参与的公平性；通过身体活动实现儿童青少年的健康促进；促进老年人健康和身体活动参与；提供财政支持，降低参与身体活动的成本；促进媒体对于身体活动参与的推广，通过多种大众媒体，对不同年龄、不同种族、不同生活习惯的居民进行身体活动健康促进宣传；通过研究监控、评价实施效果。

儿童青少年身体活动领域的相关政策，主要通过增加身体活动实现儿童青少年健康促进。① 落实相关政策来促进青少年的身体活动。开发和建立身体活动认证系统，规定高质量的健康和体育课程（每周至少三节体育课，每周120 ～ 180分钟），重点是终身参加体育活动和体育运动，掌握基本动作技能和一定的运动技能；确保达到每周/每天最低的身体活动量；政府提供资金保障儿童身体活动基础设施的建设（如游乐场、攀岩设备等）；为健康出行制定政策和环境的支持，包括改善步行和骑行的环境；实施多部门合作推动休闲运动项目的发展。② 提供学前和保育中心儿童体育活动的机会，为幼儿教育工作者提供培训和认证，为儿童提供规律的、非结构化的身体活动。③ 促进中小学体育活动，鼓励儿童青少年在学校中进行多种形式的身体活动，确保体育课质量和中小学体育教师的资格认证，在课程设置中为其提供更多选择；通过学校体育课提高儿童青少年身体活动，教师在班级组织、管理、最大化提高学生主动参与身体活动的时间，发展儿童青少年的基本运动能力，培养自信心。④ 促进课外体育活动和社区体育活动的发展。确保儿童青少年在放学后能够通过学校内的设施积极参与身体活动、掌握基本运动技能；在社区内加大公共空间的开发，提供更多的设施；与社区体育组织合作，开放学校体育场所，积极提供课后社区体育计划；将社区与学校联系起来，使儿童青少年从学校体育环境向社会环境过渡中，养成终身体育锻炼的习惯。⑤ 促进家庭体育活动的发展，为家长提供关于身体活动建议的相关培训和辅导，包括减少儿童青少年“屏幕时间”，提高身体活动水平；降低家庭形式的体育活动消费成本，为家庭体育活动发展提供经济支持；优化家庭、社会和身体活动环境，最大限度地为儿童青少年提供身体活动参与的机会。

4. “动起来—少坐”

“动起来—少坐”（Make Your Move-Sit less, Be Active for Life）[①] 根据澳大利亚的身体活动与久坐行为的指导意见，为5 ～ 17岁儿童青少年提供了关于如何提高身体活动的相关建议。针对5 ～ 12岁儿童身体活动的相关建议：① 运动与乐趣，鼓励儿童参与多种游戏活动，如障碍赛、标记、跳跃、投掷球、飞盘游戏等；带领儿童去游乐场、公园、自然保护区海滩等场所；让儿童参与不同的体育活动。② 健康出行，短途出行以安全步行或骑行方式为主；远距离出行停车时将车停在远处，让儿童步行走到目的地。③ 家庭健康计划，限制看电视和使用电子产品的时间；将电子产品放置在自己的视线之外；和同地区的儿童一起散步；儿童在家可以进行园艺工作，如挖掘、清扫或耕耙。④ 科学运动，运动开始阶段，避免负荷过大，循序渐进的提高身体活动的量和强度；保护自己不受阳光长时间照射——涂抹防晒霜或穿着防晒衣；在水中活动时，家长要对孩子进行适当的监督；如果孩子有健康问题，与医生或其他健康专业人士寻求建议，选择适合自己的运动。针对13 ～ 17岁青少年身体活动的相关建议：① 运动与乐趣，青少年可以通过以下方式取代看电视和使用其他的电子产品：尝试与家人或朋友进行户外活动，如

① Australian Government Department of Health, Make Your Move-Sit less, Be Active for Life [EB/OL].http://www.health.gov.au/internet/main/publishing.nsf/Content/health-pubhlth-strateg-phys-act-guidelines/$File/Brochures_PAG_5-12yrs.pdf [2017-09-14].

踢球或飞盘等游戏活动；与朋友边走边聊天，而不是坐下来聊天；用社会活动取代社交媒体。② 健康出行，短途外出以步行、骑行或者滑板等方式取代乘车；使用公共交通、步行、骑行；乘坐公共汽车提前一站下车，剩余的路步行；在外出购物时走楼梯取代乘电梯。③ 家庭健康计划，计划并限制看电视、使用电子产品的时间；睡前避免使用电子产品，使用DVD进行舞蹈学习等。④ 科学运动，在运动开始阶段避免高强度运动，在运动过程中逐渐提高身体活动的量和强度；保护自己不受阳光晒伤——涂抹防晒霜或穿着防晒衣；如果医疗条件许可，与医生或其他健康专业人士沟通，选择适合自己的运动。

（二）澳大利亚青少年身体活动水平现状

澳大利亚人民具有较强的体育和健康意识，这与国家体育文化和学校体育教育模式是密不可分。但近年来久坐的成年人和儿童数量大幅增加，肥胖和其他与不运动相关的健康问题日益增多。澳大利亚统计局2014年的数据（Australian Bureau of Statistics，2014）表明，参加体育运动和休闲体育娱乐活动人数有所减少，会员制体育和休闲俱乐部的会员数量也有所下降。鉴于此，2015年澳大利亚在体育馆、健身房、休闲中心的体育和休闲活动花费超过107亿美元①。

加拿大活力健康儿童慈善机构的儿童青少年身体活动评价指标体系是以社会生态系统理论为依据，将影响儿童青少年身体活动的诸因素进行综合后构建完成的，评价全面易于操作且具有较好的普适性。评价内容包括12个项目：总体身体活动水平（overall physical activity levels）、组织化的运动和身体活动的参与（organized sport and physical activity participation）、在校期间的身体活动（physical activity in schools）、自主性身体活动（active play）、上下学交通方式（active transport）、久坐行为（sedentary behaviors）、父母和同伴的支持（family and peers，包括所处环境、父母和同伴的支持、父母和同伴的行为）、学校（school，包括基础设施、政策和规划）、社区建成环境（community and the built environment，包括基础设施、政策、项目、安全）、政府支持（government，包括对策、政策和投资）、体适能（physical fitness）、运动技能（movement skills）。这些指标被分成四类：第一类是所有的身体活动水平，第二类是环境影响因素，第三类是政策和投资，第四类是运动特征。指标结果表示达到该指标要求的儿童青少年的比例：INC（Incomplete）表明数据缺失；F：0 ～ 20%；D：21% ～ 40%；C：41% ～ 60%；B：61% ～ 80%；A：81% ～ 100%；“+” 表示在该等级中趋于比例范围的上限，“–” 趋于下限。

1. 身体活动水平

与2014年相同，2016年澳大利亚青少年总体身体活动水平等级为D–。国家身体活动的指导方针建议，2 ～ 4岁的幼儿每天至少要积累180分钟的身体活动（在任何强度下），而5 ～ 17岁的儿童每天至少要积累60分钟的剧烈强度身体活动。仅有不到20%的5 ～ 17岁的青少年每天积累达到60分钟的剧烈强度身体活动。随着儿童年龄的增长，能完成身体活动推荐量指南的比例有所下降，15 ～ 18%的12 ～ 17岁的学生能满足推荐量，仅有6%的15 ～ 17岁学生能满足推荐量②。

2. 组织化的运动和身体活动的参与

在2016年，组织化的运动和身体活动的参与等级为B，与2014年相比有所提高。目前的数据表明，66%的5 ～ 14岁儿童，85 ～ 89%的12 ～ 17岁青少年，在12个月内至少参加过一次组织化的体育运动或身体活动；在一周内，有64%的5 ～ 17岁的儿童参加了组织化的体育运动或身体活动；在12个月内，有81%的10 ～ 11岁的青少年和14 ～ 15岁的青少年，以及71%的5 ～ 14岁的青少年定期参加体育运动或身体活动。

---

① 陈林会.欧美国家休闲体育发展现状及其对中国的启示[J].成都体育学院报，2017，43（4）：8–22.

② Natasha K. Schranz, Timothy Olds, Roslyn Boyd, et al. Results from Australia’s 2016 report card on physical activity for children and youth[J]. Journal of Physical Activity and Health, 2016, 13(2): 87–94.

3. 在校期间的身体活动

澳大利亚AHKC工作小组认为没有官方的数据能真正反映这一指标。目前，唯一可用的官方数据是学校学生每周花在体育课时间的调查报告。但是体育课时间表并不能反映出学生在校期间的身体活动时间，在校期间的身体活动这一评价指标需要如体育课的时间及包括午餐时间，课间休息，其他有身体活动参与的课程在内的其他在学校的身体活动时间来反映。因此，这一评价指标所需的数据仍有待丰富和具体化。

4. 自主性的身体活动

澳大利亚AHKC工作小组考虑到自主性身体活动的定义的尚未定性，并且没有一个明确的标准来描述非组织化活动的达标情况，因此这项指标的评分需要进一步的研究和讨论。

5. 上下学交通方式

与2014年相比，2016年这一指标有所下降，等级为C−。这一指标被用于评定“每周至少乘坐一次公交车往返学校的学生比例”。2016年，研究工作小组决定将指标改为“不同上下学的方式百分比”(即达到一半或一半以上的时间所使用的交通方式)，大约有41% ～ 43%的中学生和23% ～ 38%的小学生使用主动方式(步行或骑行)作为常规交通方式。

6. 久坐行为

与2014年相同，2016年的静态生活方式等级为D−。这一等级反映了澳大利亚儿童青少年遵守《指南》的比例，《指南》建议儿童青少年每天使用娱乐用电子媒体的时间不应超过2小时。最新的官方数据与2014年的数据相一致，有30%的5 ～ 17岁的儿童和14%的12 ～ 17岁的儿童青少年遵守《指南》的建议。

7. 父母和同伴的支持

2016年的报告中，家庭和同伴的支持这一指标等级为C+，比2014年有所提升。有36% ～ 78%的学龄儿童，69% ～ 85%的中学生的卧室里至少有一种可以使用的屏幕设备。82% ～ 97%的小学生和75%的中学生愿意接受父母的鼓励，去进行身体活动。有76%的小学生和54%的中学生愿意接受同伴的鼓励。79%的8 ～ 9岁儿童的父母和60%的12岁儿童的父母，会与他们的孩子进行周至少一次的户外活动。

8. 学校

与2014年相同，学校这项指标在2016年的等级为B−。这项指标综合反映了当前学校环境中的基础设施、政策和项目，对身体活动的支持和促进。小学和中学的官方数据指出，75%小学生和98%的中学生都可以接受专业体育教师的指导，每所学校平均配有6名中学全职体育教师。33%小学生和8%的中学生每周至少进行150分钟的体育课，82%的中学每天至少有60分钟的课间和午餐活动时间。

9. 社区建成环境

与2014年相同，2016年社区和环境的建设等级为A−。该指标主要反应社区的基础设施、政策、项目和安全系数对儿童参与身体活动的影响。在2010年、2012年和2014年收集的纵向数据显示，74% ～ 79%的父母认为交通拥挤不是社区问题。社区内的安全问题上，96%的父母和71% ～ 76%的12 ～ 17岁的儿童认为他们的社区是安全的。大多数父母认为他们的孩子可以和邻居一起去公园、运动场(85%)、环境良好的街道(75%)，同时愿意与邻居共同乘坐公共交通(76%)。同样，在12 ～ 17岁的孩子中，有76%的人表示，他们可以和邻居一起去公园或运动场。

10. 政府支持

2016年政府支持这一指标获得了D等级，比2014年的C+有所下降。尽管许多非政府组织都在建议政府资助一项全国性的体育活动计划(例如：澳大利亚的“动起来—少坐”)，全球约有37个国家建立了国家体育活动计划，但澳大利亚政府却没有采取任何行动。没有全面的国家计划或战略，很难改善澳大利亚的儿童青少年当前的身体活动等级，儿童青少年也不可能充分活跃起来。

11. 体适能

2016年体适能的等级为C−，这是这个指标第一次获得等级评分。除了参考2014年官方数据外，2016年还加入了新的官方数据。这些数据代表了来自多个州和领地的5800多名9～16岁的儿童，工作小组相信这些数据足以充分地说明一个级别的水平。相对于国际标准而言，澳大利亚儿童和青少年的平均有氧能力低于平均水平。

12. 运动技能

运动技能等级为D，这是这个指标第一次获得等级评分。平均而言，23%的男孩和29%的女孩（六年级）能够熟练掌握运动技能（短跑、垂直跳跃、侧身跑和跳跃），43%的男孩和17%的女孩（六年级）熟练掌握物体控制技能（踢、抛投和捕捉）。

2016年AHKC研究报告表明，澳大利亚青少年的所有身体活动等级偏低，同时他们倾向于久坐或是长时间从事电脑之类的屏幕活动。与2014年相同，2016年的研究报告显示，支持性因素和整体身体活动水平之间仍然存在差距，对于澳大利亚儿童青少年而言，当前各方面的支持还不足以满足整体身体活动等级的需求。

（三）澳大利亚儿童青少年身体活动发展经验总结

澳大利亚的身体活动健康政策颁布之前，有大量的科研数据支撑，政策有证可循，确保了政策的科学性。政策惠及面广，包括经济困难和偏远地区居民，同时也重视特殊人群的身体活动，充分体现了体育公共服务的公平性。重视基础设施建设、交通规划、社区街道规划以及重视媒体的宣传，全方位推进国民身体活动的参与。澳大利亚重视政府和非政府组织在身体活动促进全民健康中的作用，培训各级运动项目的教练，指导居民的运动参与，鼓励儿童青少年从小开始参与体育锻炼，并能长时间的保持。政策颁布后，重视地方政府的投入，且要求投入持续保持、提高和扩大。同时要求政府部门、社会机构合作密切，多方位配合实现儿童青少年的运动健康促进。

（四）澳大利亚儿童青少年身体活动发展对我国的启示

1. 对我国在身体活动相关政策的制定和实施过程中的启示

（1）建立全方位的监测和评估体系，为政策的进一步改进和完善积累科学证据，以循证科学为手段，在了解我国现状的基础上，针对性地制定出具体量化指标，提高政策的科学性及有效性。

（2）政府体育公共服务要根据公众的需求设定，提高其实用性价值；政策制定时需考虑地区差异和社会经济条件差异，同时注重特殊人群身体活动评估和干预系统的建立，尽可能做到立体式全覆盖，充分保证服务的公平性。进一步完善青少年身体活动的相关政策，加强对儿童青少年健康教育，提高在校期间体育课和课外体育活动有效运动负荷和科学指导，限制屏幕时间和被动交通等静坐行为，鼓励儿童青少年积极参加校外有组织的体育活动或体育兴趣俱乐部。硬件上增设适合儿童青少年身心特点的体育锻炼器械和场所，提高场地器械利用率，加强自身对身体活动和体育锻炼的重视度及家长和教师层面监督力度。

（3）政府制定相关政策后，要联合多种机构部门共同开发相应的项目，在制定相应的政策时，应该给出政策具体实施的相应策略。同时，单靠政府来推进政策的实施是远远不够的，应发动更多社会力量来共同推进健康政策的实施。

（4）完善身体活动评估与监测机制，为进一步完善政策提供科学的依据，鼓励与全球范围内合作和国家间相互交流、积极应对现存挑战，加强我国儿童青少年身体活动指南和静坐行为指南建议及相关政策制定和实施。

2. 对我国在促进儿童青少年身体活动发展方面的启示

（1）父母是孩子的第一任老师，父母应该建立自己热爱运动的良好生活习惯，从而为孩子营造健康的家庭环境。尤其对于低年龄段儿童，家长应该花更多时间陪伴孩子一起运动，鼓励和支持其参与各项活动，提供从事身体活动行为的交通、资金方面的支持，引导和带动孩子主动、积极地参与户外活动，提高身体活动水平和强健身体。注重8～12岁低年龄段儿童的健康体能水平的培养，加强高年龄段儿童青少年运动益处认知的指导和教导，家长给孩子提供更多的鼓励和支持，营造积极的活动氛围。

（2）社会媒体需要加强对素质教育的宣传，努力营造重视青少年体育的舆论环境。大力宣传和普及科学的教育观、人才观、健康观，形成鼓励青少年积极参加身体活动的社会氛围。依靠社会宣传的力量，引导学校领导、教师、学生及家长思维模式的改变，淡化升学率和分数，使学校体育教学最终走出应试的阴影，回归常态教学。同时，加强舆论导向，使全社会认识到学生缺乏身体运动的严重性，创建全社会关心学生体质与健康、促进学生积极参加体育锻炼的良好环境。

四、加拿大儿童青少年身体活动发展动态

（一）加拿大儿童青少年身体活动相关政策

1. "高质量的日常体育活动"计划

早在20世纪60年代，加拿大政府就注意到，由于国民缺乏运动的生活方式而使各年龄段的人群的体质变得越来越差，医疗保健费用日益增多，加重了政府的财政负担。1961年，加拿大政府通过了健康和业余体育法，并在健康部设立了加拿大健身处，对民众的体育健身进行指导；1974年，由加拿大健康与社会福利部发出的政府文件"加拿大人健康的新前景"，对健康发展战略的营养、动机、健康教育、精神健康诸方面提出了23条建议，其中对"积极生活（Active Living）"全新的健身理念和健身方法的理解，并使其成为一生的日常生活和娱乐中所追求的一个内在组成部分；1980年成立了加拿大健身和生活方式研究所，该所是针对健康活跃的生活方式的重要性方面提供建议、教育和信息的国家研究机构；1988年，加拿大健康、体育、娱乐和舞蹈联盟联合启动了"高质量的日常体育活动"（*Quality Daily Physical Education*, QDPE）① 计划（以下简称"计划"），计划的目的是提升民众健康水平，增强体适能，减少对压力的敏感性，提高独立性，提高学业成绩，改善自尊，增加了民众对健康生活方式的认识和理解，增加社交能力，以及培养对体育活动、学校和自身积极的健身态度②。

计划确保所有参与项目的儿童有机会发展知识、技能、习惯；注重儿童青少年丰富身体活动的生活，更重要的是关注学生的未来。计划确保参与项目的学校重视孩子完整学习体育教育的重要性，并将体育教育和体育活动纳入学校办学基础和校园文化环境建设之中。计划的成功实施依赖于学校现成的物质资源、支持系统、传输媒介和专门机构③。它是有组织的、有计划的、有专业指导教师教授的体育课程，项目目标在于：① 为幼儿园到十二年级（K-12）的青少年儿童提供每天至少30分钟的体育课；② 提供有计划的、多样性的活动课程；③ 每个班级学生都有很高的参与率；④ 针对学生的年龄和阶段进行适当的活动；⑤ 开展的活动应该能增强心血管系统、肌肉力量、耐力和柔韧性等体适能；⑥ 强调活动过程中的乐趣、享受、成功、公平竞争、自我实现和个人健康；⑦ 安全地、创造性地使用设

① PHE Canada, program & Resource: why do you need QDPE［EB/OL］.http://www.phecanada.ca/programs/quality-daily-physical-education/why-do-our-children-need-qdpe［2017-09-14］.

② Marshall J D, Bouffard M. The effects of quality daily physical education on movement competency in obese versus nonobese children［J］. Adapted Physical Activity Quarterly, 1997, 14(3): 222-237.

③ 俞爱玲.加拿大学校"高质量的日常体育活动计划"的启示［J］.体育学刊，2006，13（2）：104-107.

施和设备。

2. “身体活动和竞技运动”法案

加拿大政府认识到体育活动和体育竞赛是加拿大文化和社会的组成部分，会对健康、社会凝聚力、经济活动、文化多样性和生活质量等方面产生效益。因此，加拿大政府希望提高民众对身体活动和体育竞赛益处的显著认识；希望鼓励和帮助民众提高体育活动水平和参与体育活动次数，致力于促进身体活动和体育运动，并遵守官方语言法中规定的原则；也希望鼓励政府、体育运动团体和私营部门的合作。因此，2003年，在大国会和下议院的建议实行“身体活动和竞技运动”法案（*Physical Activity and Sport Act*）（以下简称“法案”），法案的目的是鼓励、促进和发展加拿大的身体活动和体育竞赛。总理可以采取认为适当的措施来进一步推进以下目标，例如，鼓励从事身体活动和竞技运动的研究；通过授予或者颁发证书、引用或者奖励，为体育活动和运动的成就提供认可；及时准备和发布有关身体活动和体育运动的信息；配合并争取任何对该法案的目标感兴趣的团体的协助；从事或者支持与身体活动有关的项目；提供奖学金，帮助个人追求卓越的体育事业；鼓励在加拿大推广身体活动，将其作为个人和社会发展的工具，并与国外的其他国家合作；鼓励私营部门为体育事业的发展提供资金等。

3. “青少年、儿童健身税费减免”政策

2007年颁布的“青少年、儿童健身税费减免”（*Children's Fitness Tax Credit*, CFTC）①政策主要目的是解决儿童的肥胖问题。要解决肥胖问题，生活方式的改变是关键，肥胖发生率高的一个重要原因是身体活动水平不足。CFTC并未能解决这个问题，而是提出解决问题的一个因素。专家小组认识到，政府在改变社会行为方面有重要的作用，而这个信用政策在保障儿童的健康和幸福起着关键作用。CFTC是2007年制定的税收政策，是为16岁以下健全青少年儿童和18岁以下的残障青少年儿童父母提供的信用政策。信用证是不可退还、不可转让的，可以由父母双方使用，每个孩子最多可收取500美元的费用。2013年规定，在申请了最低税率后，该抵免政策最高可减免75美元的税收。残疾青少年儿童如果满足了至少100美元用于符合条件的健身费用，将获得额外的500美元的奖励。即青少年儿童的一旦达到100美元的标准，残疾儿童的父母将会得到额外的75美元的减税福利。CFTC其他许多信贷的要求更具体，为了符合信用条件，费用支出必须用于规定的体育活动项目。首先，需要满足“身体活动”的定义，目的是用于增强肌肉力量、肌肉耐力、灵活性和平衡中的一个或多个身体素质，因此乘坐机动车辆这种消极出行方式不能称为身体活动。残障儿童的“身体活动”被定义为“在休闲的环境中，进行可观察到的能量消耗的运动”。因此，必须满足的身体活动的定义还是相当高的。

CFTC对项目的规定是很具体的，要求项目是有规律的，且体育活动的数量以及持续的时间要符合规定。除了满足身体活动的定义外，费用还必须用于“体育活动的规定项目”。这就要求项目每周至少连续5天且持续8周，要成为会员至少连续运动8周，并且这些活动不能是学校课程的一部分。在这些项目中，还需要满足身体活动定义的活动量。对于一周的活动，大量活动中必须包括体育活动。对于一天的活动，如一个夏令营日，50%的日常活动是做身体活动；对于一个组织的会员来说，为儿童提供的活动中有50%的活动必须是体育活动。活动内容必须有50%以是为儿童设计的，50%以上的活动为大强度体育活动。在一些情况下，开展较好的活动项目可以按照比例获得一定的项目费用。除了这些规定之外，信贷发放的成本不包括“住宿、旅行、食品或饮料的成本”。因此，如果为一个夏令营提供贷款，那么住宿和食物的费用不能成为信贷的一部分。

4. 加拿大运动生理学协会《加拿大身体活动指南》

2011年，在加拿大公共卫生局的支持下，运动生理学协会在参考之前发布《加拿大身体活动指南》的基础上，依据最新科学研究成果，参考1 000多位加拿大和国际专家的意见发布了《加拿大身体活动

① auder J A. Canada's Experiment with Children's Fitness and Activity Tax Credits［D］. Active Families Benefit, 2014.

指南》(*Physical Activity Guidelines*)①(以下简称《指南》)。

《指南》在年龄段划分、详细程度、建议锻炼时间等问题上都与之前版本有较大不同。按照年龄划分为四个年龄阶段：5～11岁儿童、12～17岁青少年、18～64岁成年人、65岁以上老年人。针对5～11岁儿童锻炼指南：① 要求每周至少3次高强度运动，每周至少3次肌肉骨骼锻炼，每天锻炼越多，对健康的益处越大。中等强度的体育锻炼能使儿童轻微地出汗和呼吸加速，如骑自行车、操场活动；高等强度的体育锻炼能使儿童出汗、呼吸急促，如跑步、游泳。② 改善健康水平，提高学习成绩，强健体魄，享受与玩伴在一起的乐趣，感觉更幸福，保持健康体重，提升自信，学习新技能。③ 建议在家长或监护人看护下玩“冰冻游戏”，课间休息时玩游戏，放学后去操场活动，周末去公园滑雪橇，步行、骑车、滑轮滑或滑板去学校，下雨天做“水坑跳跃”游戏，鼓励他们随着最喜欢的音乐跳舞。针对12～17岁青少年锻炼指南：① 要求每周至少3次高强度运动，每周至少3次肌肉骨骼锻炼，每天锻炼越多，对健康的益处越大。中等强度的体育锻炼能使青少年轻微地出汗和呼吸加速，如滑冰、骑自行车；高等强度的体育锻炼能使青少年出汗、呼吸急促，如跑步、溜旱冰。② 改善健康水平，提高学习成绩，强健体魄，享受与朋友一起锻炼的乐趣，感觉更幸福，保持健康体重，提升自信，学习新技能。③ 建议家长或监护人可以帮助青少年规划每天的体育锻炼，步行、骑车、滑轮滑或滑板去学校，晚饭后叫上邻居一起打篮球或曲棍球，周末去健身房，放学后参加健身课程，和朋友、家人一起制定身体活动目标，减少屏幕时间，学习一项体育运动，如篮球、曲棍球、足球、武术、游泳、网球、滑雪等。

（二）加拿大青少年身体活动水平发展

加拿大过去10年的监测数据显示，仅有少数青少年儿童满足每天不少于60分钟中高强度身体活动的推荐量。青少年时期身体活动不足造成的健康问题会影响成年后的健康状况，增加经济负担。“青少年儿童体育活动的参与者报告卡”(ParticipACTION Report Card on Physical Activity for Children and Youth)是对加拿大青少年儿童身体活动的综合评估，每年更新数据。2016年的青少年儿童体育活动的参与者报告中与身体活动相关的指标具体报告如下②。

1. 总体身体活动水平

基于加拿大最新调查数据显示，仅有9%的5～17岁的青少年能达到每天不少于60分钟中高强度身体活动水平的推荐量，但相比于2014年仅有7%的青少年能满足每天不少于12 000步(相当于60分钟中高强度身体活动水平)的推荐量来看，还是有了一定程度的进步。大多数5～17岁的人群累计活动量达不到推荐量的水平。

2. 组织化的运动和身体活动参与

来自学龄儿童的健康行为(Health Behavior in School-Aged Children, HBSC)最新数据显示，11～15岁的孩子组织化活动参与的比例较高，占76%③。来自2014年加拿大青年身体活动水平(Canada's Physical Activity Levels Among Youth, CANPLAY)调查的数据显示，77%的5～19岁的青少年参加有组织的运

① Government of Canada, Public Health Agency of Canada, Health Promotion, Healthy Living: Physical Activity [EB/OL].https://www.canada.ca/en/public-health/services/health-promotion/healthy-living/physical-activity.html [2017-09-14].

② Freeman J G, King M, Pickett W. Health Behaviour in School-Aged Children (HBSC) in Canada: Focus on Relationships. Ottawa, ON: Public Health Agency of Canada [R]. 2016. healthycanadians.gc.ca/publications/science-research-sciences-recherches/health-behaviour-children-canada-2015-comportements-sante-jeunes/alt/health-behaviour-children-canada-2015-comportements-sant%C3%A9-jeunes-eng.pdf [2017-09-14].

③ Freeman J G, King M, Pickett W. Health Behaviour in School-Aged Children (HBSC) in Canada: Focus on Relationships. Ottawa, ON: Public Health Agency of Canada [R]. 2016. healthycanadians.gc.ca/publications/science-research-sciences-recherches/health-behaviour-children-canada-2015-comportements-sante-jeunes/alt/health-behaviour-children-canada-2015-comportements-sant%C3%A9-jeunes-eng.pdf [2017-09-14].

动①。虽然这个比例在过去8年中较为稳定，但2016年比2005年的数据高出几个百分点。因此，5～17岁青少年参与组织活动化身体活动的人数所占比例也有一定程度的提高。

3. 自主性身体活动

自主性身体活动指每天参加无组织的身体活动和每天在户外玩耍的时间。2016年数据显示11～15岁的加拿大青年在学校以外，每天在户外运动时间超过2小时，这是自2012年以来，从事自主性身体活动的青少年人数第一次超过40%。

4. 积极地交通方式

根据两个最新的国家调查，大约四分之一的青少年使用积极的交通方式往返学校。父母报告结果显示，25%的5～17岁的青少年儿童使用积极的交通方式往返于学校，而11～15岁的青少年数据显示26%的学生选择使用积极的交通方式去学校。近4年内，这个数据没有显著变化。

5. 久坐行为

最新综合调查数据显示，很少有加拿大青少年的屏幕时间达到推荐量的水平。10%的11～15岁的青少年达到平均每天屏幕时间不多于2小时的推荐量，而9～12岁的学生仅有3%达到推荐量的水平，平均每天基于屏幕的久坐行为时间达到8.2小时②。与2015年相比，满足推荐量的青少年的人数比例有所下降。

6. 父母和同伴的支持

父母和同伴的支持是2016年最新加入的青少年身体活动综合评定指标。2016年数据显示超过80%的父母支持他们的孩子参加身体活动（82%的父母同意孩子参加运动、俱乐部或社区项目，86%的父母鼓励孩子用走路或骑自行车的形式去比较近的目的地，94%的父母带孩子去可以参加身体活动的场所③。

7. 学校

加拿大学校的室内和室外的体育基础设施基本可以由本校或附近学校提供，包括：体育馆（94%）、运动场（88%）、其他绿地或游戏场所（88%）和娱乐场地设施（71%）④。大多数学校能部分或全部执行与学生身体活动相关的学校政策，73%的学校为学生提供各种身体活动，69%的学校要求学生每天上体育课，62%的学校雇用有大学资历的老师教体育课或身体活动课程⑤。2016年与2014年和2015年相比，学校支持这个指标有所提高，主要表现在学校可提供了更多的本校基础设施，可以安排更多的体育课。

8. 社区建成环境

加拿大社区管理人员报告，75%以上社区有对不同群体的针对性身体活动规划和安排，4%和53%的市政部门和非市政部门有分别针对儿童和家庭的体育活动计划和安排⑥。大部分市镇都与学校（设施

---

① Canadian Fitness and Lifestyle Research Institute. Bulletin 2: Participation in organized physical activity and sport. Ottawa, ON: Canadian Fitness and Lifestyle Research Institute [R] 2016. www.cflri.ca/document/bulletin-2-participation-organized-physical-activity-and-sport-0.

② Leatherdale S T, Harvey A. Examining communication-and media-based recreational sedentary behaviors among Canadian youth: Results from the COMPASS study [J]. Preventive Medicine, 2015, 74: 74-80.

③ Ontario Agency for Health Protection and Promotion (Public Health Ontario). Pyper E, Harrington D W, Manson H M. Physical activity: parental support for child health. Toronto, ON: QueenPrinterforOntario [R]. 2015. www.publichealthontario.ca/en/eRepository/Parental_Support_Physical_Activity_2015.pdf.

④ Canadian Fitness and Lifestyle Research Institute. Bulletin 2: On-site school facilities supporting physical activity and sport. Ottawa, ON: Canadian Fitness and Lifestyle Research Institute [R]. 2016. www.cflri.ca/document/bulletin-2-site-school-facilities-supporting-physical-activity-and-sport.

⑤ Canadian Fitness and Lifestyle Research Institute. Bulletin 1: School policies supporting physical activity and sport. Ottawa, ON: Canadian Fitness and Lifestyle Research Institute [R]. 2016. www.cflri.ca/document/.

⑥ Canadian Fitness and Lifestyle Research Institute. Bulletin 2: Delivery of physical activity programming and scheduling. Ottawa, ON: Canadian Fitness and Lifestyle Research Institute [R]. 2016. www.cflri.ca/document/bulletin-2-delivery-physical-activity-programming-and-scheduling.

和资源/方案编制方面分别为81%和52%)和体育组织/体育活动俱乐部(设施和资源/方案编制方面分别为88%和64%)有共享体育基础设施和身体活动方案的协议。与2014年和2015年相比,加拿大的社区政策和计划有所改进,犯罪率降低,安全措施进一步改善。

9. 政府支持

随着加拿大自由党在2015年10月的选举中获胜,在加拿大成立了一个新的联邦政府,总理贾斯汀·特鲁授权书对身体活动、体育和娱乐部门有特定的要求设立体育与残疾人部长,基础设施和社区部长,环境与气候变化主任。几个联邦机构和分支机构在身体活动和体育活动上已经投入了数百万美元,包括加拿大公共卫生(自2013年以来为3 400万美元)和加拿大体育(2015年16美元)。加拿大的省级和地区政府也在2016年积极参与体育活动的推广工作(例如:制定行动计划,投资体育锻炼活动,向体育和娱乐机构提供财政援助,举办会议)。

(三)加拿大儿童青少年身体活动发展动态对我国的启示

加拿大政策都是基于大量的研究数据,由相关部门协同制定的,每个政策都有若干研究去验证,并对政府、社会组织、家庭以及青少年自身做出相应要求。政策的实施是由政府牵头,社会组织以政府购买的形式制定相应项目以保证政策的执行。政策既有宏观的身体活动理念,又有具体的实施要求,具有较强的操作性。每年或不定时的对政策进行修改或给出更加明确的实施要求,并公布相应的数据报告分析,是评估政策完善与否的保障。而与青少年身体活动相关的政策的制定和实施除了上述特点外,以激励机制促进社会、家庭引导青少年参与身体活动,青少年生活的社会生态环境都被纳入激励范围,为青少年养成积极参与身体活动习惯提供了良好的氛围。

我国政策的制定缺乏相应的研究数据支撑,内容以宏观理念为主,配套项目与政策的对接还有间隙。我国当前青少年的身体活动政策的目标是以健康促进为主,以体质为主要评价指标,但是体质对于健康促进的作用体现、作用率有多少没有相关数据支撑。虽然我国也在推动政府购买服务来促进社会组织来加快政策的实施,但是由于缺乏具体的实施要求及反馈报告,使政策的实施步履艰辛。除此之外,我国青少年身体活动政策的制定多是有体育局和教育局联合制定,两部门共同主导、监管的政策,在一定程度上加重了政策实施困难性。因此我国应借鉴加拿大以政府为主导,以数据为支撑,社会组织为保障,学校、家庭为基础,联合促进青少年身体活动政策制定和实施的方式,使青少年的身体活动水平的提高落到实处。

五、芬兰儿童青少年身体活动发展动态

芬兰作为发达国家,其健康发展方面有着鲜明的特色。通过多种战略部署和政策制定来提高国民健康水平,促进社会的和谐和包容,促进青少年身体活动提高,增进身体健康,一直是芬兰体育健康发展过程中的主题①。青少年的身体活动水平一直是芬兰发展的重点。通过出台一系列行之有效的政策及战略,为提高青少年身体活动水平,促进青少年身心健康全面发展的提供了有力保障。

政策的发展为青少年身体活动的发展提供了方向,自20世纪至今的体育公共政策变迁和发展,芬兰实现了由关注竞技体育到关注大众体育的转变,也是今天的青少年身体活动发展政策和战略制定的基础②。

① 欧秀伶,于宝明.芬兰体育公共政策及启示[J].山东体育学院学报,2012,28(3):10-13.

② 曹振波,陈佩杰,庄洁.发达国家体育健康政策发展及对健康中国的启示[J].体育科学,2017,37(5):11-23.

（一）芬兰儿童青少年身体活动相关政策

芬兰政府重视国民健康和幸福，坚持走大众体育路线，这一体育中心政策于20世纪60年代后期开始。80年代后期，虽然新自由主义主导公共政策发展，但是其政治体育还是从社会民主传统出发。政府机构的变革影响着体育机构的发展。1993年，教育和文化部的成立是芬兰大众体育发展变革的关键时期，促进了体育主管部门的协调。2001年，拉赫蒂北欧世界滑雪锦标赛上，六位芬兰运动员服用兴奋剂，这一丑闻对芬兰的影响巨大，使政府看到了竞技体育存在的负面影响，从而进一步促使芬兰发展大众体育的公共政策。

2012年，芬兰社会事务和卫生部门提出了《对社会福利和卫生健康的国家发展计划2012～2015》[①]（以下简称《计划》）。《计划》由市级联合委员会协同地方当局共同完成，其目的在于减少芬兰国民在福利和健康状况上的失衡现象，对芬兰人民提供有组织的社会福利和医疗服务。《计划》旨在将人们的健康和幸福从原来的医疗方面转移到通过体育活动促进身心健康方面，其中身体活动的发展占到了很大比重。此外，计划的实施过程和最终目标的达成都需要有定期的监测，对计划的进展情况和结果进行量化，同时通过不同领域的相关专家学者、决策者和市民的反馈来不断促进健康计划有效地施行。同年，芬兰政府又提出了《身体活动促进健康和幸福的国家战略2020》，该行动的主要实施范围是芬兰的各个学校，面向芬兰综合学校中的学龄儿童，其目的就是通过计划的实施对学生的行为提出要求，增加上课时的身体活动时间并减少久坐时间，使学生们认识到身体活动是学习的重要媒介，并且能够约束自身，增加身体活动，促进身体健康[②]。

2013年，《在行动——对身体活动促进健康和幸福2020》（*On the Move — National for Physical Activity Promoting Health and Wellbeing 2020*）的国家战略出台[③]。该战略是由芬兰社会事务和卫生部提出的，旨在呼吁通过身体活动的方式来增加社会的包容性，增强人民的身体健康，提高人们的生活水平增强幸福感。该战略主要围绕四个指导方针展开：① 在生活中减少久坐行为的时间；② 身体活动应该得到人们的重视和政府的支持，人们应该做更多的室内和室外的身体活动，并且应该采取如骑车、步行等更为环保且健康的出行方式，同时要进一步加强文化组织机构对于身体活动的支持，为人们参与身体活动创造更好的环境；③ 将身体活动作为促进健康和幸福、预防和治疗普通疾病的核心部分，并将其作为生活方式指南的一部分，把身体活动指导作为社会和医疗服务链以及护理过程的一部分；④ 强调身体活动对社会健康发展和不断进步的作用，将运动健康和发展紧密联系起来，并且使其深入人心。对于国家来讲，促进身体活动发展是国家建设的重要部分。

2016年，芬兰教育和文化部提出了《对芬兰教育的关键计划改革》。此次改革通过实施6个关键计划，提升芬兰的能力等级、专门知识和教育水平，力求通过提高这些方面的能力等级来支持社会的发展，使芬兰人民能够得到平等的机会，不断学习新的知识。在为综合中学提供新的学习环境和数字化资料计划中，强调要加强儿童的身体活动，让综合中学的学生每天锻炼至少一小时。这个计划的目标是通过保持学生的活跃状态来促进学生的学习。

国家层面的政策和战略制定，为细化的方针提供了良好的大环境，可以得出，从最初的关注大众体育到发展社会福利和卫生健康，再到身体活动促进健康幸福，以及教育改革，关注的重点越来越明确，范

---

① SOSIAALI-JA TERVEYDENHUOLLON. Det nationalle utveckling sprogrammet för social-och hälsovården KASTE 2012-2015［EB/OL］.http://julkaisut.valtioneuvosto.fi/handle/10024/72118［2017-09-20］.

② LIKKUVA KOULU. Increasing physical activity and decreasing sedentary time among school-aged children［EB/OL］.https://liikkuvakoulu.fi/english［2017-09-20］.

③ MINISTRY OF SOCIAL AFFAIRS AND HEALTH. On the move-National Strategy for Physical Activity Promoting Health and Wellbeing 2020［EB/OL］.http//www.sportscience. fi/featured-articles/articles/move-national-strategy-physical-activity-promoting-health-and-wellbeing-2［2017-09-20］.

围越来越小。依托这些具有针对性的国家战略，芬兰也逐步地制定了一系列针对发展青少年身体活动的政策，促进青少年身体活动水平的提高，从而逐步提升青少年身体健康水平①。

2008年芬兰政府提出了《国家学龄儿童身体活动建议》(*National PA Recommendations for School-aged Children*)，其聚焦青少年身体活动水平低，久坐和面对电子屏幕的时间相对较长的具体问题，提出所有7～18岁的青少年每天至少进行一到两小时的身体活动，同时应该避免每次超过两小时的久坐和面对电子屏幕的时间。其内容有着明确的具体要求，对于它的推广和实施都非常有利。2010年芬兰的社会事务部门和卫生部门颁布了《芬兰身体活动推广建议》(*Recommendations for the Promotion of Physical Activity in Finland*)②，它提出身体活动可以促进健康和幸福，对社会经济发展，居民健康有着极大的益处，呼吁人们重视身体活动，并且将身体活动日常化，从而达到增进国民身体健康的目的。同时还强调推广身体活动是一项基本的市政服务，公共部门有义务对市民进行身体活动提供必要服务。此外此项建议中还对当局和市政部门如何促进身体活动发展提出了明确要求。其中对于青少年身体活动的发展的重要性也给予了充分肯定。

《芬兰学校运动计划》(*The National Finnish Schools on the Move,* FSM)于2010年启动，FSM旨在在所有综合性学校中实施国家身体活动建议并且使学生在学校的生活更加活跃和愉快。FSM计划是政府计划的一部分，是发展基础教育学习环境的重要项目。并且强调“学校运动”项目会在全国范围内展开，以保障每天一小时的身体活动，并且倡导学校、家长、朋友、体育俱乐部等鼓励儿童青少年，并为其提供参与机会，以保证每天一小时身体活动时间③。

芬兰教育和文化部于2015年制定了《新体育法案》(*Act on the Promotion of Sports and Physical Activity*)，旨在政府层面上调控身体活动发展，支持儿童青少年的成长与发展是其重要目标之一④。该项法案对国家、地方政府、国家体育委员会和区域体育委员会在提升身体活动发展水平，促进国民健康和幸福这一目标中的职责做了明确的划分，并且从国家层面对与健康促进相关的活动给予全面的资助，如资助地方政府组织的体育活动的开展及体育活动设施的建设，向鼓励体育活动的组织提供国家援助等。

从芬兰身体活动相关的政策发展来看，促进青少年身体活动水平相关的政策发展是以国家坚持走大众体育路线这一体育中心政策为基础的，从国家到地方、从号召到规定，从全面覆盖到具体细化的政策法规及战略制定与实施是芬兰青少年身体活动健康发展的重要前提和根本保障。

1.《在行动——对身体活动促进健康和幸福2020》⑤

（1）提出背景：缺乏身体活动对于芬兰社会造成了日益增多的挑战，久坐不动的生活方式是许多常见疾病的诱导因素，这种不良生活方式造成的社会问题给社会带来繁重的经济负担，从而降低了劳动生产率和社会竞争力，不利于人民的健康和幸福。众多研究表明身体活动对于肥胖、2型糖尿病、肌肉骨骼系统以及心血管系统有着积极影响。虽然人们在闲暇时间会参加身体锻炼，但是其余时间多是在学校、工作岗位等长时间久坐。学生在接受教育的过程中接近60%的时间处于久坐行为，而成年人一天中久坐时间甚至能够达到80%。所以增加身体活动减少久坐行为在芬兰社会是非常有益且必要的事情。

---

① Liukkonen J, Jaakkola T, Kokko S, et al. Results from Finland’s 2014 Report Card on Physical Activity forChildren and Youth [J]. JPhys Act Health, 2014, 11(4): 45-50.

② MINISTRY OF SOCIAL AFFAIRS AND HEALTH. recommendations for the promotion of physical activity in finland[EB/OL]. [2017-9-20]. https://julkaisut.valtioneuvosto.fi/bitstream/handle/10024/72792/URN%3ANBN%3Afi-fe201504222996.pdf?sequence=1.

③ Tammelin T H, Aira A, Hakamäki M, et al. Results From Finland’s 2016 Report Card on Physical Activity for Children and Youth [J]. Journal of Physical Activity & Health, 2017, 13(11): 157-164.

④ 宋玉梅，田慧，王敏.芬兰青少年体育政策及其项目研究[C].全国体育信息科技学术大会.2016.

⑤ MINISTRY OF SOCIAL AFFAIRS AND HEALTH. On the move-National Strategy for Physical Activity Promoting Health and Wellbeing 2020[EB/OL]. [2017-9-20]http://www.julkari.fi/bitstream/handle/10024/110661/978-952-00-3417-7_korj.pdf.

（2）计划愿景：希望通过计划的颁布和实施，使人们了解运动和身体活动是人和社会健康发展和保持竞争力的重要条件，政府相关部门应明确自身职责，为人们营造健康有活力的生活环境，明确提升身体活动水平对经济、政治、文化的发展意义，同时促进身体活动的发展是基于利益相关者的相互合作，更依赖于有效的结构和良好的领导。通过告诉人们如何在不同的生活阶段进行正确的身体活动，带领人们向更加有活力的生活迈进。

（3）主要内容：① 将身体活动作为日常生活的一部分，减少久坐行为。中央和地方相结合，通过突出对青少年的健康教育，减少成人工作过程中的久坐行为，减少会议等方法促进不同年龄段的人形成健康的生活习惯。② 增加日常身体活动水平，鼓励不同年龄段的人选择积极的生活方式，通过进一步强化有组织的活动，提高身体活动水平。倡导走路和骑自行车为主要出行方式。通过加强城市建设和科技投入，结合社会体育组织和其他国家和地区的协助，营造良好的社会环境，提升人们身体活动参与水平。③ 将身体活动作为促进健康和幸福，预防治疗疾病和康复的中心部分。通过专业人员培训，以及对社会人员普及，促进身体活动指导的专业化及对于身体活动缺乏危害的认识。并且通过规定医疗机构为家庭提供身体活动的积极支持和指导等具体措施来使身体活动作为社会医疗服务链的一部分。另外，将身体活动数据纳入到社会保健数据库，向大众提供关于增强身体活动促进健康的广泛信息等特色措施来使身体活动促进健康的意识大众化。④ 加强体育活动在芬兰社会中的作用，将身体活动作为城市和地区的战略选择，通过调节税收，将身体活动推广到健康科学的战略计划中，传播有关促进健康和幸福的身体活动的信息并提供更有效的参与活动的机会，以高质量的领导促进体育活动的工作。

2.《芬兰学校运动计划》[①]

（1）提出背景：芬兰国家对于公民健康和幸福尤为注重，并且通过如《关于促进体育和身体活动的决议》等政策来促进国民身体活动水平的提高。青少年作为国家的希望其身体健康水平受到关注，但是就目前的水平来看，虽然人们都了解身体活动对于身体健康的重要性，但是身体活动水平低，久坐行为和电子屏幕依赖等问题依然突出。为了综合并便于实施国家相关政策和战略计划，真正提升青少年身体活动水平，促进青少年身体健康发展，芬兰于2010年开展了《芬兰学校运动计划》。

（2）主要目标：《芬兰学校运动计划》是由芬兰教育文化部门、社会事务和卫生部及国防部合作由国家财政支持的全国性质的运动。它提出将不同的身体活动纳入不同的学科，在芬兰的各个学校启动两年的试点项目，主要目的是通过新的运作模式让学校生活更加活跃，确保每天至少一小时的身体活动，减少久坐及电子屏幕时间。利用上学途中、休息时间等以不同形式参与到体育运动中来，从而增加更多的身体活动。

（3）主要内容：① 对芬兰各个地区及义务教育学校的青少年进行在校和非在校期间的身体活动情况及体质测试。测试项目由20米折返跑（耐力、运动技能）、立定五连跳（下肢力量、速度、动态平衡能力、运动技能）、仰卧起坐（躯干力量）、男生俯卧撑、女生屈膝支撑（上肢力量）、投掷接球（处理能力、认知技能、上肢力量）和身体关节运动能力：伸臂蹲起（盆腔及下肢运动）、直坐屈腰（下背部和髋关节活动范围）、肩后拉手测试上肢运动和肩关节活动范围组成[②]，其目的在于使孩子们体验更加活跃的生活方式，收集关于儿童身体活动和身体能力的基本信息。② 该项目的研究及后续评估由LIKES研究中心负责。LIKES研究中心成立于1970年，全称为LIKES身体活动和健康研究中心，位于芬兰中南部小城市于韦斯屈莱。研究院主要致力于促进身体活动和公共健康的研究，在国内外推广其研究成果。

---

① MINISTRY OF CULTURE AND EDUCATION. finnish schools on the move[EB/OL].http://www.edu.fi/download/137200_Finnish_Schools_on_th_Move.pdf[2017-09-20].

② 陈静，刘阳，陈曦.芬兰学校运动计划的发展分析及对我国的启示[C].2015全国体育科学大会.2015.

LIKES共约50人，其中30人从事科研工作为促进身体活动提供科研信息。目前，研究院的工作主要集中在：确定身体活动和静态行为的决定因素，提供增加身体活动水平、减少静态行为的解决方法；评价不同人群的身体活动干预效果，尤其是身体活动不足的儿童和成年人；探究身体活动和静态行为对人的健康和幸福的效果这四个方面①。目的在于增进青少年儿童对于身体活动知识的了解，记录试点项目过程，了解芬兰青少年儿童的身体活动水平现状，通过对结果的评估和结果的跟进，为儿童青少年身体活动发展提供建议。③ 该计划的出发点无疑是积极的，有利于儿童青少年健康成长，但是在实施过程中应该考虑到几个问题，即这些建议是否符合学生的特点和需要；这些试点项目是否对儿童青少年身体活动水平和文化发展有积极影响；这些项目是否切实有利于学生在学校的福祉。④ 该项计划的实施，使芬兰的学校“动”了起来，鼓励儿童青少年每天进行一小时的身体活动，使他们的生活更加活跃，体会体育和身体活动的乐趣，形成健康的生活方式。同时收集了学生身体活动的新数据，取得了良好的效果，为芬兰儿童青少年身体活动水平的提高，以及健康和幸福提供了有力的支持！

3.《新体育法案》②

（1）提出背景:《新体育法案》于2015年5月1日生效，其颁布旨在从国家的角度，政府的层面上管理公共关系，通过颁布明确而有效的国家政策，加强对大众，特别是儿童青少年体育和身体活动的资助，促进国民健康和幸福。2015年国家教育和文化部交付的增加的体育运动的预算为148万欧元（每个居民28欧元）。《新体育法》的颁布对于政府对体育活动的调控着见成效。

（2）核心内容：① 此法规对于人们日常身体活动及高水平运动进行了规范，明确了中央和地方政府的责任与合作以及政府机关和国家在运动和身体活动领域提供资金支持。此法规与芬兰的其他法规共同作用，促进体育和身体活动的发展。② 为各类人群参与身体活动提供机会，维持和提高身体活动能力，促进人民的健康和幸福，促进儿童青少年的健康成长和全面发展，政府用实际行动来支持人民日常身体活动和高水平运动，坚持诚信和道德原则，追求更大的平等。③ 该部分对于该法案中提到的名词进行了界定，以便人们能够更加明确法案所指范围及自身努力的方向。身体活动是指排除竞技体育的自发的结构化的体育锻炼；顶级体育是指大规模的，以目标为导向的针对国际成就的体育活动；促进健康和福祉的身体活动是指人类生活过程中以维护和改善人们健康状况为目的活动。④ 法案明确了国家各部门在促进青少年儿童身体活动水平方面的责任所在，指出教育文化部门应全面管理、协调和发展国家体育政策，为身体活动发展创造良好条件；地方行政机关由国家行政机关负责，更为细化的规定则由政府颁布；在履行本法规的过程中，国家应酌情考虑与城市非政府组织和其他体育活动组织进行合作。⑤ 地方政府应当从不同群体出发，提供适当的体育锻炼服务，组织健康的体育活动。支持包括俱乐部在内的社会活动，建设和维护身体活动设施，大力发展城市和区域间的合作，并且在必要时根据当地情况和需要提供其他形式的帮助，在就体育与身体活动相关的问题做出重大决定时，地方当局要广泛征求居民的意见，在开展活动时除具有商业性质，否则不允许参与市场竞争。⑥ 国家体育委员会是文化和教育部的专家小组，处理与运动和身体活动相关的重大问题，特别是评估政府在体育活动领域行动的影响，对发展体育活动提出建议，并且倡议大众积极参与体育活动，同时对职权范围内的国家拨款及分配问题发表意见。国家体育总局受政府领导，其职责的划分、组成等由政府直接管理。⑦ 区域体育委员会由区域市政局任命，作为服务于区域国家行政机构的专家小组。其职责划分、组成等由政府管理。⑧ 中央政府支援市政体育活动，资助支持地方行政部门组织的体育活动。向促进体育运动和身体活动的组织提供国家援助；国家援助体育和体育活动设施建设以及其他形式的促进体育和身体活动发

① LIKES研究中心.LIKES研究中心简介［EB/OL］.http://www.likes.fi/en［2017-09-20］.

② MINISTRY OF EDUCATION AND CULTURE. act on the promotion of sports and physical activity［EB/OL］.http://www.finlex.fi/fi/laki/kaannokset/2015/en20150390.pdf［2017-09-20］.

展的活动。⑨ 对于生效于旧体育法的已经获得国家资助的并且现在没有重新提交申请的机构，教育文化部门应对其资格进行审查。当本法生效时国家体育委员会办公室任期届满。本法案生效后区域体育委员会任期将于2015年底届满，如果原届满时间在此之前则延长至2015年底。

（二）芬兰儿童青少年身体活动水平现状

芬兰人口稀少，人口数量550万，土地面积338 424平方公里。芬兰居民习惯于接近自然，对自然有着充足的安全感。芬兰是一个四季分明的国家，全年温差大，最冷的时候气温为−30℃左右，最温暖的时候气温可高达35℃。季节的变化影响着儿童身体活动的水平和类型（如儿童秋冬天的活跃度要弱于春夏天的活跃度）。在芬兰，每周儿童需要去学校5天，学龄儿童在教学日期间更为积极地进行身体活动。芬兰在2008年时建立了针对学龄儿童的国家身体活动建议，建议里指出所有7～18岁的孩子每天至少应进行1到2个小时的身体活动，尽量避免持续坐的时间多于2小时，同时每天与娱乐媒体接触的时间应限制在2小时以内。

FSM计划启动，其目的在于完成国家身体活动建议的目标，使教学日变得更为活泼愉快。目前，该项目是政府计划的一部分，是与发展基础教育学习环境相关的一个关键项目。所有学校工作人员、家长、朋友、体育俱乐部等都应鼓励儿童参与身体活动，并且为其提供机会实现每天一小时的身体活动目标。芬兰LIKES身体活动和健康研究中心连同其他4个研究机构采用了9个身体活动指标来评估儿童和青少年的身体活动状况，分别为总体身体活动水平、有组织的运动参与、自主性身体活动、上下学交通方式、久坐行为、父母和同伴支持、学校、社区建成环境、政府支持等，根据下列评分方案来分配字母等级，A：81%～100%；B：61%～80%；C：41%～60%；D：21%～40%；F：0～20%。

1. 总体身体活动水平

芬兰总体青少年活动水平为D，即有21%～40%的青少年满足国家身体活动的指导建议，每天进行至少60分钟中等到剧烈的身体活动。2010年到2015年间，29%的3岁儿童，49%的小学学生和18%的初中生符合国家推荐的身体活动建议。学龄儿童中，每天能够进行中等到剧烈身体活动的女生比例为23%，男生比例为33%，由此可见，男生相对女生更多地符合推荐标准。然而，青少年整体活动的客观水平和趋势的全国数据不够充分。芬兰社会需要更多个人、社会和环境方面的解决方法来支持年轻人实现更为积极的生活方式。

2. 有组织的运动参与

芬兰青少年组织化的运动参与等级为C，即有40%～60%的7～18岁青少年每周至少参与一次学校俱乐部的活动。在芬兰，学校俱乐部活动在年轻人休闲活动中发挥着主导作用。有46%的7～19岁儿童和青少年每周至少参与一次学校俱乐部活动。随着年龄的增加，参与有组织运动的人口比例下降。根据学龄前儿童父母的报告结果可知，57%的3～6岁的学龄前儿童参与一些有组织的体育活动。参与体育俱乐部活动的儿童比例随着年龄的增长而下降，5年级、7年级和9年级的参与比例分别为58%、44%和35%[①]。7～14岁的儿童每周至少一次参与学校俱乐部的女孩占比49%，男孩占比61%，而当其到15～19岁时，男女生的比例都降低至32%。尽管很多芬兰的儿童和青少年表示愿意参加俱乐部活动，但仍然有几乎一半的儿童和青少年不参加活动。

3. 自主性身体活动

自主性身体活动指的是青少年进行户外玩耍，独自或和朋友一起参与无组织的身体活动。芬兰青

---

① Blomqvist M, Mononen K, Konttinen K, Koski P, Kokko S. The Physical Activity Behaviours of Children and Adolescents in Finland. Results of the LIITU study [J] Finnish report, abstract in English. Publications of the National Sports Council, 2015, 2: 74-82.

少年自主性身体活动等级为C。63%的3～6岁儿童的父母报告其子女每天至少有30分钟在户外运动；其中，30%的儿童每天户外运动超过2个小时。年龄7～9岁、10～14岁及15～19岁儿童参与非组织身体活动的比例分别为36%、49%和33%。综合学校中非组织的身体活动是比较常见的，41%高中生和35%的中职生几乎每天进行非结构化的身体活动。参与自主性身体活动促进了儿童和青少年整体身体活动水平的提高。

4. 上下学交通方式

芬兰青少年在该指标上的等级为B，年龄在7～18岁之间的127 881名学生中，70%的小学生采用主动方式往返学校。通勤距离影响着学生采用公交车等主动方式作为交通方式。70%通勤距离少于3千米的中小学学生中，进行主动方式交通的盛行率接近85%。寒冷多雪的冬天对于学生选择主动方式是一种挑战，越来越多的学生选择驾车去学校。因此，冬季通过主动交通来增加身体活动，相比春季和秋季会存在更多潜力。

5. 久坐行为

芬兰青少年静态生活方式等级为D，这一等级反映了芬兰儿童和青少年遵守国家屏幕指南的比例。久坐行为一般通过加速度计和久坐行为筛查来测量。25%的儿童每天花费少于2个小时的时间坐在电视和电脑屏幕前①。基于屏幕的久坐行为只占儿童和青少年久坐行为中的一小部分。一项2016年的父母报告指出，97% 3～6岁的儿童工作日使用娱乐媒体的时间为2小时或少于2小时，83%儿童周末使用时间少于等于2小时。而在2016年的一项有关学龄儿童的调查发现，仅有4%的儿童符合国家推荐的屏幕时间，25%的9～15岁的儿童符合每周至少5天屏幕时间的推荐标准。周末屏幕时间要高于工作日的屏幕时间，并且与女孩相比，男孩花费更多的时间坐于屏幕前。

6. 父母和同伴的支持

芬兰青少年中身体活动获得父母和同伴支持的等级为C，79%的父母鼓励孩子积极运动，62%的父母带着孩子去参与身体活动，37%的父母与其孩子一同积极运动，77%的父母为其孩子参与身体活动提供资金支持。很多年轻人认为花时间和朋友在一起是他们进行身体活动的一个重要动机②。在一项2016年的调查中，44%的儿童报告他们与朋友一起参与运动，33%儿童报告朋友鼓励他们积极参与运动。当问及阻碍儿童参与身体活动的因素时，26%的人表示是因为他们的朋友都不参加身体活动，还有30%的人表示原因是他们的朋友不欣赏运动和身体活动。研究者们需要就如何使用同伴支持来促进儿童和青少年的身体活动进行更多的研究。

7. 学校

芬兰青少年在校期间身体活动参与等级为B，62%的芬兰综合学校致力于在学生在校期间加强其身体活动，并注册成为FSM计划的一员。FSM计划的内容是到2018年之前，在所有综合学校中建立起一种积极的身体活动文化。参与该计划的学校和市政府在学生在校期间实施个性化的方案来增强其身体活动。学校没有在学生的课表上增加体育课作为必修课程，而是选择在课间休息、放学前后来增加其身体活动。一般来说，芬兰的学校基础教育包括45分钟课堂教学和15分钟课间休息。几乎所有小学学生和43%的初中学生在户外进行活动。小学生在课间进行低强度的身体活动是很常见的，但这一比例在初中大幅下降③。2015年一项关于学校校长的调查报告发现，55%的学校在教学日期间组织了更长的休息时间来进行身体活动，并且76%的校长报告他们的校园适合于进行身体活动。

---

① Tremblay M S, Leblanc A G, Janssen I, et al. Canadian sedentary behavior guidelines for children and youth[J]. Applied physiology, nutrition, and metabolism=Physiologie appliquée, nutrition et métabolisme, 2011, 36(1): 65-71.

② Palomäki S, Huotari P, Kokko S. The Physical Activity Behaviours of Children and Adolescents in Finland. Results of the LIITU study[J]. Finnish report, abstract in English. Publications of the National Sports Council, 2015, 2: 66-71.

③ Turpeinen S, Kallio J, Haapala H, Rajala K, Lehtomäki M, Tammelin T. The Physical Activity Behaviours of Children and Adolescents in Finland. Results of the LIITU study[J]. Finnish report, abstract in English, 2015, 2: 57-64.

在芬兰基础教育周期间，每个学生每周平均有100分钟的必修体育课，这意味着每周需要进行两到三次45分钟的身体活动课程。此外，低年级和高年级学生能够每周进行2到6次的选修体育课程。芬兰的学校中合格教师的比例很高。80%初中、高中以及职业学校的体育老师能够保质保量地完成他们的任务。学校为积极的身体活动提供了重要的平台，在这种环境下，所有的年龄群体都可以达到身体活动的基本标准。高质量的身体活动和其他教学日课间休息期间的身体活动有助于芬兰实现儿童和青少年每天60分钟身体活动的目标。

8. 社区建成环境

芬兰社区建成环境等级评分为B，2014年，63%的城市在其战略文件中加入了身体活动促进目标。65%的直辖市中体育俱乐部可以免费使用学校体育馆，从而促进青少年身体活动。芬兰的城市中体育设施的平均数量相对较高，市政当局注意维护行人和自行车道，为通勤者提供便利的交通。

9. 政府支持

政府战略、政策和投资指标等级为B，芬兰在针对青少年身体活动方面提出了明确有效的政策文件和战略。2015年，芬兰颁布了新的体育法，目的在于规范政府层面的目标。通过教育和文化部的支持来促进儿童的成长和发展，2015年教育和文化部加强身体活动的预算为每名居民148欧元，针对儿童和青少年的补贴从2012年的5.4欧元上升到2014年的9欧元。其他各部委在促进青少年身体活动方面也具有重要推动作用，比如社会事务部和卫生部发起了“在行动”的国家战略来实现2020年前国民健康和幸福生活的目标。

（三）芬兰儿童青少年身体活动发展经验总结

芬兰在促进青少年身体活动发展方面的政策制定有着鲜明的特点，它是在着重发展大众体育，关心国民身体健康和生活幸福的理念背景下发展起来的。从这个理念出发制定出一系列实用的针对性强的政策和战略计划来推动青少年身体活动发展。总体来看，芬兰促进青少年身体活动发展的政策有以下几个方面的特点。

1. 各部门职能明确，对于不同部门的责任有着详细的划分

政策的制定由文化、教育、社会事务、环境、健康部门共同完成，在不同的政策方针中，不同的部门从各自的切入点完成自己的任务，发挥本部门的作用。并且对于中央政府、地方政府、体育委员会等都有着明确的职责要求。各部门通过实际行动来弘扬运动对健康的意义。

2. 政策鼓励不同机构的合作并且肯定和鼓励社会力量参与，共同促进青少年身体活动发展

芬兰相关政策的制定往往与不同的科研机构进行合作，如负责人群的身体活动、静态行为和健康体适能的监测。减少人群的静坐时间，提高身体活动的安全性和促进健康身体活动的UKK研究院；为体育运动与健康服务的芬兰运动科学学会；为促进身体活动提供科研信息的LIKES研究中心等。同时政府鼓励社会组织参与进来，向青少年提供鼓励和帮助，为他们营造良好的环境，来促进青少年的身体活动发展。

3. 政策的制定结合社会现象

经济的发展和社会的进步推动着人类的不断前进，随之人们在工作、学习和生活方面都发生了翻天覆地的变化，经济的发展让人们的生活更加多姿多彩，科技的进步给人们带来了无限的乐趣和便利，但是随之而来的健康问题也越来越严重。青少年肥胖、久坐行为普遍、身体活动不足、面对电子屏幕的时间过长等，严重影响着青少年的身体健康。芬兰政府根据出现的社会现象对症下药制定相应政策，通过政策的干预来调节青少年的生活方式，改变其生活状态，取得了不错的成果。此外芬兰发布的指导方针都从数据出发，使政策的制定更加科学，效果更加显著。

（四）芬兰儿童青少年身体活动发展对我国的启示

芬兰注重促进青少年身体活动发展，政策的制定和实施都取得了较好的效果，对于我国的相关政策发展具有一定的借鉴意义。政策的制定需要中央到地方各级政府共同完成，并且明确不同层级、不同部门的具体职责，实施过程中才能逐级进行，有条不紊。在政策实施过程中应注重和社会力量相结合，增强社会对于身体活动的重视程度，构建有利于促进青少年身体活动的环境，政策的制定应与青少年身体活动水平的现状紧密结合，对症下药，才能药到病除。另外，任何的政策方针和战略计划的制定和实施都应建立在科学可靠的数据之上，有科学的依据才能真正了解现状，从而促进政策的科学性。最后，政策制定和实施后的后续工作要及时跟进，这样才能使科学有效的政策给青少年身体健康带来的促进作用持续化、最大化。

对比芬兰儿童青少年身体活动发展现状，我国还需要借鉴其先进的经验做出改进，需要设立相应的法律条例来保证已经颁布的促进身体活动的政策措施按计划进行。要保证学生在教学日期间得到应有的体育锻炼时间，使其能够养成正确的身体活动习惯。提高体育课的成绩在升学考试中的地位，提高国民对体育课的重视，提高在通勤距离期间进行身体活动的机会。通过教育部门和交通部门的合作，保证学生上下学期间的人身安全，推荐其使用步行或骑车等运动的方式上学放学，让儿童或青少年的上下学期间真正地动起来。每个学校的体育教师对于提高儿童和青少年身体活动起着重要作用。我国的学校体育需要高水平的教授者，因此需要对体育教师进行再教育工作，使其成为一专多能的高素质老师。充分发挥社会媒体的作用，通过媒体进行宣传，给学生灌输身体活动的观念，讲述其带来的好处，促进体育健身的开展。学校、社区和家长进行通力合作，使学校老师、社区健康指导员和学生家长懂得如何帮助儿童和青少年课后进行身体活动，利用身边一切资源，保障儿童和青少年顺利进行各种身体活动。

目前，我国部分地区体育设施资源匮乏，需要学校及教育部门进行拨款等资金支持，而不是一味将资金用于教学楼和其他一些教学设施的置备上，要丰富各种体育场馆和体育设施的资源，重视体育课程的硬件支持。根据儿童青少年的不同年龄阶段，安排其进行不同强度不同种类的体育锻炼，一般安排其进行游戏类的中等强度有氧活动，如跳绳、跑步、足球、篮球等有氧活动，或者力量练习、单足跳等肌力强化的运动。提高对各种健身场所和器械的利用率，儿童和青少年放学后可以在健身场地内安全地进行各种有氧活动。除此之外，可以根据天气和季节的因素进行一些特殊的身体活动，如夏季可以进行游泳运动、冬季可以进行滑雪运动等。

六、中国儿童青少年体育健身发展动态

（一）中国儿童青少年体育健身相关政策发展

儿童青少年体质健康问题一直以来受到我国政府和社会的高度关注，但是我国儿童青少年的体质健康和身体活动水平持续下降，儿童青少年对于运动的益处认识普遍偏低等现象一直存在①，我国对于儿童青少年体质健康问题的关注从未减弱。通过出台相关的政策和法规来对青少年体质健康和身体活动水平进行宏观层面的调控，是我国政府长期以来关注儿童青少年健康发展的重要方面。我国儿童青少年身体健康政策发展经历了不同的历史阶段，每个阶段都有其鲜明特点，并且都是发展过程中的不可或缺的环节，为如今儿童青少年身体健康和提高儿童青少年身体活动水平奠定了坚实的基础。

① 郭强.中国儿童青少年身体活动水平及其影响因素的研究[D].华东师范大学，2016.

1. 探索阶段

20世纪50年代，我国政府对于青少年体育工作给予了高度的重视，多次给出重要指示，为我国儿童青少年体育与健康发展指明了方向。1950年，毛泽东同志就指出“健康第一、学习第二”的指导思想；1959年，周恩来同志在《政府工作报告中》就对于明确了新中国体育发展要以“发展体育运动，增强人民体质”为基本任务[①]。通过实践探索，将宏观、抽象的讲话和指示变成了具体的方针政策。基于相关指示和政策，各个部门又相继制定了不同层面、不同领域的政策法规，对儿童青少年体育健康政策进行集体化、全面化、均衡化的探索。

2. 过渡发展阶段

20世纪80年代，我国儿童青少年体育健康政策发展进入了过渡时期，该时期借助体育热潮的推动，儿童青少年体育健康相关政策出现了新的气象。发展的重点集中在学校体育、体质健康、竞技体育、社会体育等方面。但是，由于该时期体育发展思想不断变化，儿童青少年体育与健康的发展重心不断调整，使其发展受到一定影响。由于该阶段的体育发展重点从“优先发展竞技体育”到“奥运战略”再到“全面协调发展”，从政策方面偏向于竞技体育[②]，1979年国家体委发布的《全国学生体育运动竞赛制度》[③]、共青团中央、教育部、国家体委发布的《关于举办1980年全国市、县小学基层代表队足球比赛的联合通知》[④]、1983年国家体委发布《关于进一步发展业余训练的意见》及1986年国家体委下发的《关于加速培养高水平后备人才的指示》等政策都体现出了该时期儿童青少年体育的发展由学校体育向竞技体育方向的转变，同时学校体育的发展也表现出了竞技体育的趋向。

3. 制度化阶段

1990年发布的《学校体育工作条例》和《学校卫生工作条例》[⑤]明确地将提升学生的身体健康水平、促进学生身心健康成长为目标[⑥]，1995年颁布实施的《中华人民共和国体育法》规定了国家对青年、少年、儿童的体育活动给予特别保障，以促进儿童青少年的身心健康发展[⑦]，同年发布的《全民健身计划纲要》也明确指出应该以全国人民为对象，以儿童青少年为重点，直到1999年发布了《中共中央国务院关于深化教育改革，全面推进素质教育的决定》，其中明确提出“学校教育要树立健康第一的指导思想”[⑧]。这是我国从政策方面将青少年体育的发展从侧重竞技体育回归到体育促进健康本源的标志性政策。也是接下来我国青少年体育健康政策发展制度化的重要基石。此后我国连续出台了一系列的关于增强儿童青少年体育发展和体质健康的政策法规，2002年颁布了《学生体质健康标准（试行方案）》及《〈学生体质健康标准（试行方案）〉实施办法》以促进学生体质健康发展，激励学生积极进行体育锻炼，成为评价学生体质健康的标准，并作为学生毕业的标准之一[⑨]。1995年，作为《体育法》的配套政策，体现出我国在提升儿童青少年体育和身体健康方面所作出的努力。

2006年，由教育部颁布的《教育部 国家体育总局 共青团中央关于开展全国亿万学生阳光体育运动的通知》做出了以“健康第一”为指导思想，以切实促进学生体质健康水平为目标，开展“阳光体育”

① 新华社.1959年周总理《政府工作报告》[EB/OL].http://news.qq.com/a/20090305/002013_2.htm[2017-09-22].

② 郭立涛，贾文彤.我国青少年体育发展政策研究[J].成都体育学院学报，2013，39(9)：14-18.

③ 中国体育委员会.全国学生体育运动竞赛制度（1979）[EB/OL].http://www.qtedu.net/jygl/zcfg/200506/15972.html[2017-09-22].

④ 中国共青团.共青团中央教育部国家体委关于举办一九八零年全国市县小学基层代表队足球比赛的联合通知[EB/OL].http://www.ccyl.org.cn/documents/after80/200704/t20070428_24556.htm[2017-09-22].

⑤ 国家教育委员会.学校卫生工作条例[EB/OL].http://www.gov.cn/fwxx/content_2267011.htm[2017-09-22].

⑥ 国家教育委员会.学校体育工作条例[EB/OL].http://www.gov.cn/fwxx/content_2267007.htm[2017-09-22].

⑦ 人大公报.中华人民共和国体育法[EB/OL].http://www.npc.gov.cn/wxzl/gongbao/2000-12/05/content_5004646.htm[2017-09-22].

⑧ 中共中央国务院.关于深化教育改革，全面推进素质教育的决定[EB/OL].http://old.moe.gov.cn/publicfiles/business/htmlfiles/moe/moe_177/200407/2478.html[2017-09-22].

⑨ 教育部.国家体质健康标准教育部、国家体育总局关于印发《学生体质健康标准（试行方案）》及《〈学生体质健康标准（试行方案）〉实施办法》的通知[EB/OL].http://old.moe.gov.cn//publicfiles/business/htmlfiles/moe/s3273/201001/80825.html[2017-09-22].

运动的决定[①]。2007年发布了《中共中央国务院关于加强青少年体育增强青少年体质的意见》(以下简称《意见》)则对于“阳光体育运动”的实施做出了进一步的指示,《意见》指出要广泛开展“全国亿万学生阳光体育运动”。鼓励学生走向操场、走进大自然、走到阳光下,形成青少年体育锻炼的热潮,确保学生每天锻炼1小时。举办多层次多形式的学生体育运动会,加强对学生卫生、保健、营养等方面的指导和保障[②]。在此基础上,2009年10月1日施行的《全民健身条例》对于增强学生体育和身体健康发展做出了更为明确的指示,规定学生应当保证学生在校期间每天参加1小时的体育活动,学校每年至少举办一次全校性的运动会,有条件的还可以有计划地组织学生参加远足、野营、体育夏(冬)令营等活动,该政策由国务院颁布并由国家强制执行。

4. 全面发展阶段

2011年,《青少年体育“十二五”计划》通过广泛的调研和多方参与,对“十一五”期间青少年体育工作的经验与不足进行总结,在此基础之上对下一阶段的青少年体育工作作出重要指示[③]。自此人们对于青少年的发展不仅仅是从政策上的服从,还切实地参与进来。2010年2月和2011年3月颁布了《全民健身计划纲要》第二期工程(2001—2010年)规划与《全民健身计划(2011—2015年)》两个连续性的文件,都强调了坚持“健康第一”的指导思想,将切实加强青少年体育将学生的体质健康作为根本出发点[④]。2014年,教育部印发《国家学生体质健康标准(2014修订)》,在坚持“健康第一”指导思想前提下,落实《国家中长期教育改革和发展规划纲要(2010—2020年)》《国务院办公厅转发教育部等部门关于进一步加强学校体育工作若干意见的通知》(国办发〔2012〕53号)和《教育部关于印发〈学生体质健康监测评价办法〉等三个文件的通知》(教体艺〔2014〕3号)相关要求,着重提高《国家学生体质健康标准(2014修订)》实施的信度、效度和区分度,强化其教育激励、反馈调整和引导锻炼的功能,着重提高其教育监测和绩效评价的支撑能力;目的是建立健全国家学生体质健康监测评价机制,激励学生积极参加身体锻炼,促进青少年身心健康、体魄强健以及全面发展[⑤]。直到2016年《国家学生体质健康标准》的颁布,全国学生体质测试上报工作已成为常态化,并依据《国家学生体质健康标准(2014修订)》的指标进行,这也标志着我国学生体质健康调查工作向常态化方向发展[⑥]。

2016年6月,国务院印发《全民健身计划2016—2020》,将青少年作为实施全民健身计划的重点人群,大力普及青少年体育活动,提高青少年身体素质。加强学校体育教育,将提高青少年的体育素养和养成健康行为方式作为学校教育的重要内容,保证学生在校的体育场地和锻炼时间,把学生体质健康水平纳入工作考核体系,加强学校体育工作绩效评估和行政问责[⑦]。同年9月,国家体育总局印发了《青少年体育“十三五”规划》,以增强青少年体质为根本目标,着重提升学生体育素养、增强学生体育活动参与意识、广泛开展青少年体育活动、完善青少年体育组织网络、积极改善青少年体育场地设施条件、努力提升青少年体育公共服务水平健全青少年体育政策体系等。

在诸多体育健康政策出台实施并产生良好社会影响的基础上,2016年10月中共中央、国务院印发了《“健康中国2030”规划纲要》将健康纳入国民教育体系,把健康教育作为所有教育阶段素质教育的

---

① 教育部,国家体育总局,共青团中央.关于开展全国亿万学生阳光体育运动的通知[EB/OL].http://old.moe.gov.cn//publicfiles/business/htmlfiles/moe/s3276/201001/80877.html[2017-09-22].

② 中共中央国务院.关于加强青少年体育增强青少年体质的意见[EB/OL].http://old.moe.gov.cn//publicfiles/business/htmlfiles/moe/moe_1778/200710/27692.html[2017-09-22].

③ 国家体育总局.青少年体育十二五规划[EB/OL].http://www.hljtyj.gov.cn/system/201105/2474.html[2017-09-22].

④ 国务院.关于印发全民健身计划(2011—2015)的通知[EB/OL].http://www.gov.cn/zwgk/2011-02/24/content_1809557.htm[2017-09-22].

⑤ 教育部.关于印发《国家学生体质健康标准(2014修订版)》的通知[EB/OL].http://old.moe.gov.cn//publicfiles/business/htmlfiles/moe/s3273/201407/171692.html[2017-09-22].

⑥ 陈燕.2016年《国家学生体质健康标准》[EB/OL].https://wenku.baidu.com/view/78ce71d5e2bd960591c6771f.html[2017-09-22].

⑦ 国务院.全民健身计划2016-2020[EB/OL].http://www.gov.cn/zhengce/content/2016-06/23/content_5084564.htm[2017-09-22].

重要内容。实施青少年体育活动计划，培养青少年体育爱好，基本实现青少年熟练掌握1项以上体育运动技能，确保学生每天校内体育活动时间不少于1小时[①]。这也是我国出台的影响着未来十五年中国健康事业发展的行动纲领，随着后续实施细则的出台，必将对包括儿童青少年在内的广大中国国民造成深远的影响。相信在此基础上，我国儿童青少年体育与健康政策将会有进一步的发展。

（二）青少年身体活动发展现状

2016年，中共中央、国务院相继发布了《全民健身计划（2016—2020）》和《“健康中国2030”规划纲要》，强调健康是促进人全面发展的必然要求，“健康中国”成为治国理念的重要组成部分。而近年来，我国儿童青少年体质健康状况不容乐观，根据国家体育总局发布的《2014年全民健身活动状况调查公报》所提出的“青少年课外锻炼缺乏指导”和“缺少适合青少年需求的健身场所和设施”等现实问题[②]，儿童青少年体质持续下降已成事实。体育活动减少、久坐时间增加，是导致儿童和青少年肥胖的主要原因，而且随着年龄的增长和时间的推移越发严重。身体形态发育指标，如BMI等持续上升，身体机能素质指标如速度、耐力等持续下降，且学生近视、肥胖等其他各种疾病的发病率呈逐年大幅增长[③④]，成为当前阻碍我国学生体质健康发展的显著问题。

1. 场地设施

（1）我国体育场地设施现状：体育场地设施是保障体育活动开展不可或缺的物质基础，2014年1月，我国全面启动了第6次全国体育场地普查工作，为了更好地掌握体育场地发展变化情况及更科学地配置体育场地设施资源，此次普查是我国体育场地历经10年快速发展之后的一次“地毯式”调查，具有极其重要的现实意义。调查发现，我国体育场馆的数量和质量都有了显著性提高。1974年我国第1次体育场地普查的类型只有6种，而到了2014年我国第6次体育场地普查的类型达到了84种，增长了130%；随着一系列国际影响力的大体育赛事的举办，更是大大提高了体育场馆的质量和数量；体育场地投入资金逐年增多，人均体育场地面积、每万人拥有场地数量等都在逐渐增加，分别达到1.46平方米和12.45个；且有关体育场地的政策法规也在逐渐完善中[⑤]。

然而我国体育场地的数量和质量，特别在人均场地面积等方面还存在较大差距。在美国、日本、德国、芬兰等发达国家，平均每万人拥有体育场地200多个[⑥]。美国的人均体育场地面积是16平方米，日本人均体育场地面积更是高达19平方米。与这些发达国家相比，我们在群众体育方面仍然有着巨大的差距，体育场地数量不足依然是影响我国体育发展的关键问题[⑦]。

（2）儿童青少年体育活动场地现状：我国儿童青少年每日中高强度体力活动时间远低于体力活动推荐量，这和活动的建成环境因素有很大关系。儿童青少年体育活动主要场所以及设备均在学校，其主要通过体育课，课间活动等形式展开。国内外研究均表明，学校体育空间和设施的特征显著影响着学生的课余体育行为，且我国《全民健身计划》的推广与落实也鼓励学校体育场地设施在课余和节假日向公众有条件开放。而国家体育总局局长刘鹏在2011年讲话中提到，全国66%的体育场地是在学校，但是学校体育场地的开放率不足1/3。近几年，随着体育场地的政策法规逐渐完善，学校体育场地开放率有所提高，但是因为学校等相关制度限制与社会因素制约，还并未达到较全面地开放。从上述数据中也不

---

① 中共中央国务院.《“健康中国2030”规划纲要》[EB/OL].http://www.nhfpc.gov.cn/xcs/wzbd/201610/21d120c917284007ad9c7aa8e9634bb4.shtml[2017-09-22].

② 2014年全民健身活动状况调查公报（下）[N]. 中国体育报，2015-11-18（004）.

③ 李海燕. 上海市青少年日常体力活动测量方法的研究与应用[D]. 上海体育学院，2010：3.

④ 张子龙，马军，付连国. 中国2010年中小学生体质健康现状分析[J]. 中国学校卫生，2013，（02）：142-146.

⑤ 尚力沛，程传银. 我国第6次体育场地普查指标体系变化情况分析[J]. 首都体育学院学报，2016，28（2）：10-113.

⑥ 伍谋. 从第六次全国体育场地普查数据洞悉我国体育场馆发展对策[J]. 魅力中国，2016（6）：220-221.

⑦ 尚力沛，程传银，张宏霞. 我国第6次与第5次体育场地普查指标体系及普查信息的对比研究[C].2015全国体育科学大会，2015.

难发现，儿童青少年未能有效利用学校体育场地资源，且除了体育课等形式外，很少在学校的体育场地中参与体育活动。科学合理的学校体育设施，可以提高社区儿童青少年的体育活动水平，而在《2014年全民健身活动状况调查公报》所提出的“缺少适合青少年需求的健身场所和设施”、2015年上海学生体质健康研究中心发布了“上海市儿童青少年体育健身指数”中指出在儿童青少年的健身环境中上海儿童青少年社区建设评分得分仅为34.6分。从以上报告数据不难发现，虽然目前我国体育场馆的数量、质量、人均使用面积、每万人拥有场地数量均在增加，而在社会上适合儿童青少年的健身场所和设施仍非常稀缺。

社区是城市青少年“两点一线”生活式样的重要场所，在促进青少年身心健康、体魄强健和承担青少年社会教育等方面起着不可忽视的重要作用。然而，从我国社区体育发展现状来看，大多数青少年未形成在社区中参与体育锻炼的意识，且无论是社区体育文化建设还是社区体育资源配置，更多指向中老年群体，而对青少年群体少有关注。青少年场地设施资源少，适应青少年的科学、全面、自动化、多功能的一体化体育场地在我国更是寥寥无几。因此，加强社区青少年体育社会组织建设，让社区青少年体育能为青少年体育撑起除学校体育之外的另一片天①。

2. 儿童青少年体育健身活动现状

（1）校内外参与体育锻炼现状：作为青少年体育发展主阵地的学校，居于开展青少年体育的主要地位，成为承担开展青少年体育活动的重要载体。目前，我国学校体育锻炼既有小学每周4节体育课、中学每周3节体育课作保障，又有以青少年阳光体育大会为龙头的“阳光体育”系列活动，以体育夏令营、冬令营、大课间、阳光长跑、校园体育文化节等特色活动作支撑，以中小学落实“每天锻炼1小时”的指示为精神支持，至少1小时的体育锻炼是指学校没有体育课的当天，学校必须在课后组织学生进行1小时集体体育锻炼，并将其列入教学计划严格执行②。在校内期间，青少年都能参与到体育各式各样的体育锻炼，且锻炼时间有保障。

虽然我国青少年在校参与体育锻炼时间达标，而青少年参与校外体育锻炼却差强人意。根据调查发现，青少年放学后回家要做的第一件事，超过70%的学生会第一时间选择先写作业，而仅有10%不到的学生会选择参加体育锻炼。根据青少年周末及节假日时间分配统计，很多学生在周末及节假日并未得到充分的休息与放松，学习时间“≥4小时”者比例达24.9%，且随着年龄的增长，学习时间就越长。青少年周末及节假日体育锻炼时间分配与学习时间分配存在差异明显，个别城市青少年“从不锻炼”的人数百分比高达18.9%，而“30分钟以内”“0.5～1小时”“1～1.5小时”“1.5～2小时”以及“2小时以上”等项比例依次为13.2%、34.0%、18.2%、14.6%、6.8%、13.1%，且周末及节假日参与锻炼时间，小学生相比初中生和高中生做得最好③。澳大利亚《国家体力活动指南》指出，青少年人群应该每天至少参加60分钟（可以达到几个小时）的MVPA，很明显我国青少年极少部分能达到其标准。

（2）儿童青少年锻炼参与现状：近年来，我国青少年参与体育锻炼的时间与参与人数逐年增加，且各地学校也在加强体育锻炼的建设和规范，但由国家体育总局2014年采集国民体质监测中心采集的儿童青少年人群体育健身活动现状数据可得，儿童青少年身体活动、体育健身活动情况还不容乐观。调查发现，每周参加校内外体育健身活动的人数百分比高达99.8%，符合“经常参加体育锻炼”标准的儿童青少年为81.7%，而“每天1小时校园体育活动”总达标率为77.4%。考虑有效运动负荷入内时，仅14.4%的儿童青少年可达到每天60分钟中等及以上强度身体活动水平，且随年龄增长呈下降趋势④。我国儿童青少年满足国际身体活动指南推荐量总达标率仅为8.9%，低于国际上多数国家儿童青少年身体

① 舒宗礼．全民健身国家战略背景下社区青少年体育社会组织的培育与发展［J］．体育科学，2016，36（06）：3-10.
② 教育部：贯彻中央7号文件中小学落实日锻炼1 h［EB/OL］.http://www.gov.cn/gzdt/2007-06/07/content_640343.Htm［2017-09-19］.
③ 章建成，张绍礼，罗炯，等．中国青少年课外体育锻炼现状及影响因素研究报告［J］．体育科学，2012，32（11）：3-18.
④ 李培红，王梅．中国儿童青少年身体活动现状及相关影响因素［J］．中国学校卫生，2016，37（06）：805-809.

活动平均水平（平均达标率约为20%）。从各项数据百分比可得，目前我国青少年人人都能参与健身活动，但是参与有效运动负荷的青少年太少，且随着年岁的增长，参与时间就越少。

尽管我国儿童青少年日常体育锻炼的参与度高，但有效运动负荷较低。从身体活动的健康效益出发，WHO建议儿童青少年不分性别、人种、民族或收入水平，积极参加体育锻炼、户外活动、学校体育课、积极交通往来及家庭或社会团体运动，以达到身体活动推荐量[①]。美国运动医学学会（American College of Sports Medicine, ACSM）和美国国家运动和体育教育协会（National Association for Sports and Physical Education, NASPE）出台有关儿童青少年身体活动的指南建议：5 ～ 17岁儿童青少年应每天累计至少60分钟中等及以上强度的身体活动，且每周至少3次高强度身体活动，包括强壮肌肉和骨骼的活动等[②]。所以，目前我们所强调的体育锻炼不仅仅只是锻炼，而是有效负荷锻炼。从2014年调查我国青少年总体身体活动水平来看，我国儿童青少年每天60分钟中等及以上强度的身体活动水平总达标率仅为14.4%，相比2008年，低于儿童青少年健康行为调查结果（19.1%）[③]。

（三）国际儿童青少年身体活动发展对我国的启示

英国、美国、加拿大、澳大利亚、芬兰等代表性国家儿童青少年身体活动发展的成功经验，对于我国儿童青少年体育健身的发展具有指导性意义。分析各国在儿童青少年身体活动发展过程中的特点，取其之长，补己之短，是我们持续关注国际儿童青少年身体活动发展动态的重要目标，对于增强我国儿童青少年身体健康水平，促进儿童青少年身心健康全面发展，更好地建设健康中国具有重要的战略意义。

1. 国际儿童青少年身体活动发展特点

纵观各国的儿童青少年身体活动发展过程，可以发现每个国家在政策制定和实施过程中呈现出不同的特点，这也致使最终形成的儿童青少年身体活动发展格局也各具国家特色。

英国将学校体育作为重要的实施途径，同时将儿童青少年的身体活动作为竞技体育后备基础。通过大众体育和竞技体育和学校体育的相互影响来构建良好的体育环境。另一方面，政府部门积极地做出改革，将政策的制定和执行严格划分，希望可以广泛吸收社会力量，来最大限度地提升政策的执行效率。

美国制定政策以大量的调查和分析为前提，制定的战略和标准都建立在数据的基础上，这样在其制定之初就最大限度地确保了政策的科学性，并且由于依据的存在，切实提升了政策的操作性。在政策之后通过调查和分析来收集政策实施之后的反馈，对于其效果进行评估，总结其优点和不足。在切实掌握儿童青少年身体活动发展现状的基础上，进行科学调整，实现良性循环。另外，覆盖全面是其重要的特点之一，不管是政策的制定，还是实施过程以及反馈的范围都力求全面覆盖，争取惠及最多的人，得到最完整的信息。在实施过程中，社会力量的支持，社区的建设都是其发展过程中尤为重视的一环，表现出美国将身体活动常态化，生活化的态度。

澳大利亚的相关政策制定方面和美国有相似之处。在政策制定前要进行大量的数据工作，以确保政策的科学性。同时实施过程政府部门和社会组织合作完成。澳大利亚在儿童青少年身体活动发展过程中重视基础设施的建设。交通规划、社区街道规划、媒体宣传都被视为身体活动发展过程中的重要环节。并且政府鼓励社会和家庭支持儿童青少年参与身体活动，力图建立体育生活化的观念。

加拿大在儿童青少年身体活动政策制定方面基于数据研究，对政策中的项目进行大量研究认证，

---

① Mendes R, Sousa N, Barata J L. Physical activity and public health: recommendations for exercise prescription［J］. Acta Med Port, 2011, 24(6): 1025-1030.

② Debastiani S D, Carroll D D, Cunningham M, et al. Awareness and knowledge of the youth 2008 physical activity guidelines for Americans［J］. J Phys Act Health, 2014, 11(3): 495-501.

③ 王梅，吕燕，王欢，等. 儿童青少年健康行为调查研究［C］. 国家体育总局，中国体育科学学会. 第三届全民健身科学大会论文集. 2014：12.

并对政府、社会组织、家庭以及青少年做出相应的要求，既有理念提出，又有具体的实施要求，有较强的操作性。同时加拿大政府同社会力量通力合作，以激励机制促进社会、家庭等儿童青少年生活的社会生态环境要素发挥最大作用，为儿童青少年创造良好的氛围。

芬兰的儿童青少年身体活动政策从社会现象出发，明确各部门的职能，对于不同部门的职责有着详细划分。并且各个部门相互协作完成。同样的，社会力量是其过程中的重要一环。

尽管各个国家的发展策略、发展过程都有着不同的特点，但是总的看来有以下几点共性：① 政策制定基于数据支持，提升政策的可操作性；② 身体活动生活化；③ 注重政府和社会力量的合作；④ 注重构建良好的身体活动发展环境。

2. 对我国的启示

（1）政策发展基于数据，从社会现象出发，强调可操作性。政策的发展应当从社会现象出发，真正了解现状，顺应社会需求，有针对性地做出决策。同时应当从大数据角度来进行基础信息的搜集和分析，从源头上做起，促使政策制定更加科学。在政策的细则制定过程中，应当根据数据的收集和分析情况，给出相应的规定，使其可操作性增强，便于实施。

（2）实施过程注重社会力量的吸纳，通过学校、社区、家庭全面参与为青少年体育健身发展创造良好环境。社会力量支持一直以来是各国的重点，我国在儿童青少年体育健身发展过程中应当着重吸纳社会力量参与进来，协同政府部门，共同完成各项政策和法规的实施。从而最大限度地调动整个社会生态系统中的中观环境，使社会、家庭、学校共同努力，构建最有利于儿童青少年体育健身发展的环境。

（3）注重对儿童青少年体育健身理念的灌输，促使体育健身活动生活化、常态化。儿童青少年的体育健身发展不能局限于肢体参与过程，应当从意识层面出发。向儿童青少年灌输体育与健身理念，使其在思想层面接纳体育健身活动，将体育与健身融入一个社会公民生活的一部分而不仅仅是作为学生而完成的任务，使体育健身活动生活化、常态化。

儿童青少年参与体育健身活动社会生态环境的健康有序，是其长效发展的重要前提。我国显然已经意识到了这一点。通过各项政策法规的出台和实施，宏观层面上的调控已经初见成效，《“健康中国”2030规划》已经将健康上升到国家战略高度。而人们对于儿童青少年体育健身发展的关注度也越来越高，越来越多的人参与到其中，为该项事业做出贡献。2014年起，上海体育学院承担了首次中国（上海）身体活动报告卡的问卷设计、调研、数据整理及研究报告的撰写与发布，并且承担了全国学生体质健康监测复核问卷调研工作。这些都彰显了在“健康中国”的国家战略下，我国对儿童青少年体育健身事业发展的积极态度及与国际接轨的决心。

吴雪萍、章凌凌、王丹丹、、孟杰

第七章
儿童青少年身体活动发展水平的国际比较

一、背 景 介 绍

（一）组织体系

加拿大活力健康儿童（Active Health Kids Canada, AHKC）慈善机构是在加拿大儿童青少年身体活动不足、肥胖率逐年增高、体质健康水平持续下降、健康潜在隐患突出的历史背景下，以“活力国家、健康儿童”为愿景，以“强力推广运动，让更多的孩子动起来”为目标，最终使命是让所有的加拿大儿童青少年定期定量地参加身体活动。AHKC慈善机构将依据科学和尊重事实作为研究的出发点，期望通过提供专业化的调查数据与建议性的指导政策，最大化地促进政府和社会来关注儿童青少年的身体活动现状，从而实现改善儿童青少年体质的目的。在该问题的研究中，全面权衡、综合考虑既是出发点也是落脚点。综观国际社会对此问题已展开的实践研究和相应的研究成果，活力健康儿童全球联盟（Active Health Kids Global Alliance, AHKGA）在该方面的研究拥有较为丰富的实践经验和较高的参考价值，其中较为完善的“儿童青少年身体活动评价指标体系”是AHKGA成立、各成员国定期发布各自国家和地区儿童青少年身体活动研究报告的关键所在[①]。AHKC慈善组织从1994年初步成立到发布2014版《加拿大儿童青少年身体活动报告》，已有20年的发展历史，随着调查研究的逐步深入与报告的定期发布，不仅让更多的加拿大人意识到了儿童青少年参加身体活动的重要性，同时也让其他国家参与到儿童青少年身体活动状况的调查评价中。2014年，AHKC慈善机构在加拿大多伦多召开了“首届儿童青少年身体活动全球峰会”，会议以“强力推广运动，让更多的孩子动起来（The Power Move to Kids）”为主题，共同探讨如何应对儿童青少年因身体活动不足导致的肥胖率逐年增高、体质持续下降、健康潜在隐患突出等问题。会议期间，为了形成监测儿童青少年身体活动的长效机制，构建有力推动全球儿童青少年身体活动发展的共同体，AHKC慈善机构倡议以全球峰会为契机，成立AHKGA，成立初期共有来自5个洲的32个国家和地区（含中国台湾）加入[②]。鉴于AHKGA是在AHKC慈善机构积极倡导下成立的，同时考虑到AHKC慈善机构具有较为成熟的理论体系和规范的实践操作，因此AHKGA的运营模式、目标使命以

---

① 活力健康儿童全球联盟．儿童青少年身体活动评价体系指标含义及评价方法［EB/OL］．http://www.activehealthykids.org/core-indicators-and-benchmarks/［2017-09-14］．

② Active Health Kids Canada. 2013/2014 Annual Report of AHKC［EB/OL］．http://dvqdas9jty7g6.cloudfront.net/AHKC-AR-2014-FULLC-singles.pdf［2017-09-14］．

及评价儿童青少年身体活动的指标体系基本上由AHKC慈善机构进行建构①。此外，为了促进AHKGA长远发展，AHKGA各成员国还自行在各自国家和地区成立类似的组织机构。AHKGA希望各成员国采用“儿童青少年身体活动评价指标体系”每年对各自国家和地区的儿童青少年身体活动进行评价，并定期发布研究报告，目的是希望通过逐步改善儿童青少年参与身体活动的行为习惯和生活环境，完成其促进和帮助更多的儿童青少年定期定量参加身体活动的使命。此外，AHKGA还建议每两年召开一次全球峰会（2016年在泰国曼谷举行了第二届峰会）。会上除了统一发布当年各成员国和地区的儿童青少年身体活动报告，总结过去两年在监测儿童青少年身体活动方面的经验之外，还将共同探讨如何应对儿童青少年身体活动的新挑战，进而为全球儿童青少年身心健康的发展提供指导建议②。

针对儿童青少年的身体活动报告卡的开发和发布，并且已被许多国家运用的情况，以此影响社会观念、政府政策和优先权等来增加年轻人的身体活动。2014年，15个国家在经过协调合作之后制作和发布了“报告卡（Report Card）”，形成了“Global Matrix（全球矩阵）1.0”，在此成功基础上，每个国家的首席调查员致力于回顾和进一步发展“Global Matrix”计划。因此，“Global Matrix 2.0”项目启动。该项目整合各个参与国家的调查结果，分析全球变化，讨论国家领先和落后的原因，并从项目中吸取教训，以改善所有国家的情况。目前，已有来自6个洲的38个国家参与到“Global Matrix 2.0”计划中。新加入的国家得到了参与过“Global Matrix 1.0”计划的国家的指导和帮助，以确保研究的一致性。“Global Matrix 2.0”报告与“Global Matrix 1.0”类似，包含9个指标：身体活动水平、组织化体育参与、自主性身体活动、上下学交通方式、静态行为、家庭和同伴的支持、学校综合环境、社区及建成环境、政府政策。报告撰写团队本着严格而透明的原则，对信息获取和调查结果达成共识，并遵循统一的报告卡开发过程，其研究结果和各个国家的报告卡于2016年11月在泰国曼谷国际体育活动和公共卫生大会上提交。

由此可见，无论是AHKC慈善机构还是“Global Matrix计划”，它们的目标一致，形式与过程类似，甚至调研的内容都有相通之处。本研究在充分了解两者优势的基础之上结合我国国情和实际条件，经国内外多位专家共同制定了适合我国儿童青少年的身体活动调查方式，以期达到改善儿童青少年身体活动的目标。

（二）评价体系

构建科学合理的评价指标体系是报告发布的前提。加拿大在2014年之前发布的9份儿童青少年身体活动报告中，其评价指标具有选择范围广泛、评价内容详细等特点，基本实现了对儿童青少年身体活动水平的综合评价。在2014年的全球峰会上，为了全面了解参会国家儿童青少年的身体活动情况，以及将不同国家的儿童青少年身体活动现状进行比较，作为会议发起国与承办国的加拿大，基于社会生态学理论和日常影响儿童青少年身体活动的因素，在原有评价指标体系的基础上构建了新版儿童青少年身体活动评价指标体系（图7-1、表7-1）。该评价体系在国际上得到了较为全面的认可。本研究的评价内容和体系基本与该体系一致，有利于国家间的比较。该评价指标体系由微观、中观和宏观三个层次构成，微观层次调查儿童青少年个体日常参加身体活动的基本情况，包括“身体活动水平（overall physical activity, OPA）”“组织化体育参与（organized sport participation, OSP）”“自主性身体活动（active play, AP）”“上下学交通方式（active transportation, AT）”“静态行为（sedentary behavior, SB）”5个二级指标；中观层次分析儿童、青少年日常所处环境对其身体活动行为的影响，包括“家庭和同伴的支持（family and peers, F&P）”“学校综合环境（school, SCH）”“社区及建成环境（community & the built environment, C&BE）”3个二级指标；宏观层次了解政府和非政府组织对儿童青少年参加身体活动的

① Mark S Tremblay. 2014 global summit on the physical activity of children［J］. Journal of Physical Activity and Health, 2014, 11(Suppl 1): 1-2.

② Mark S Tremblay, Casey E Gray, Kingsley Akinroye, et al. Physical activity of children: A global matrix of grades comparing 15 countries［J］. Journal of Physical Activity and Health, 2014, 11(Suppl 1): 113-125.

影响及促进作用，包括“政府政策（government, GOV）”“非政府政策（non-government, NGO，未被用于国家间的比较）”2个二级指标。在此评价指标体系中，构成主体的3个层次既不是单纯的各自独立，也非简单并列，而是两两之间交织关联并相互影响，且具有鲜明的层次性。例如，宏观政策环境是中观行为环境的有力保障，而中观行为环境又决定了能否促进微观良好身体活动行为的培养。反之，微观身体活动行为现状好坏不仅决定了宏观政策的出台，同时也反映了中观行为环境是否完善。三者彼此关联、相互影响、共同促进，是儿童青少年“身体活动意义”得以实现的保障。

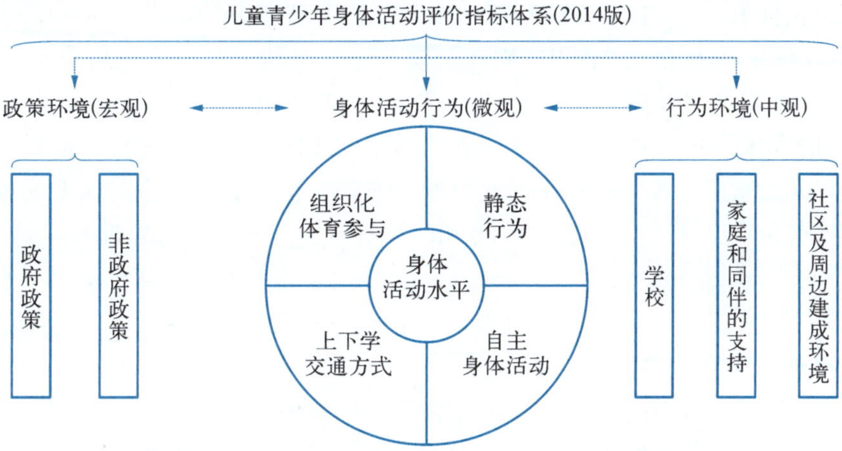

图7–1　儿童青少年身体活动评价指标体系（2014版）

表7–1　AHKGA儿童青少年身体活动评价指标体系①

行为					环境			政策
身体活动水平	组织化体育参与	自主性身体活动	上下学交通方式	静态行为	家庭和同伴的支持	学校综合环境	社区及建成环境	政府政策
OPA**	OSP	AP	AT	SB	F&P	SCH	C&BE	GOV

注： **为核心指标，是反映儿童青少年身体活动的直接参照。各指标结果先以百分数进行统计，然后依百分数所属范围评定最终等级。各等级范围，F：0～20%，D–：21%～25%，D：26%～35%，D+：36%～40%，C–：41%～45%，C：46%～55%，C+：56%～60%，B–：61%～65%，B：66%～75%，B+：76%～80%，A–：81%～85%，A：86%～95%，A+96%～100%，小数点后采用四舍五入。数据缺失，计为INC（Incomplete）。

（三）数据解读

本研究采用“达标率”或“合格率”的形式来进行评价，达标或合格的比例所对应的级别即为最终评价等级。例如，身体活动水平的达标人数占到总研究人数的80%，那么该指标的达标率则为80%，相应的评定等级为B+（表7–2）。

表7–2　等级评价说明

“达标”或“合格”所占比例及其对应等级							
A+	96%～100%	B+	76%～80%	C+	56%～60%	D+	36%～40%
A	86%～95%	B	66%～75%	C	46%～55%	D	26%～35%
A–	81%～85%	B–	61%～65%	C–	41%～45%	D–	21%～25%

注： 0～20%为F

① 张加林，唐炎，胡月英.加拿大儿童、青少年身体活动评价的经验与启示[J].体育科学，2015，35(9)：90–96.

1. 行为层次

（1）身体活动水平（overall physical activity, OPA）：指按照国际通用的身体活动推荐量，儿童青少年在过去一周平均每天至少参加60分钟中高强度身体活动（moderate to vigorous-intensity physical activity, MVPA）的情况[①~③]。研究证实，MVPA利于个体的健康促进，而中等以下强度的身体活动对人体健康促进作用收效甚微[④]。本研究中，将MVPA定义为各种能使儿童青少年心跳加速并在一段时间里呼吸急促的运动，包括在体育课、体育锻炼、体育训练以及日常生活中（如爬山、郊游、快走）进行的各种身体活动[⑤]。具体测量指标为：① 过去一周中，周一至周五你参加60分钟以上中高强度身体活动的天数是多少（选项范围为0～5）；② 过去一周中，周六至周日你参加60分钟以上中高强度身体活动的天数是多少（选项范围为0～2）。两者相加结果为7的人数比例对应评价体系得出等级，若结果为7的人数比例为80%，所对应的等级为B+。身体活动水平作为AHKGA评价体系中的核心指标，是其他指标结果的综合反映。提高儿童青少年身体活动水平是有效改善学生体质健康水平的重要途径之一。因此，未来必须从影响儿童青少年身体活动的行为、环境和政策等方面作进一步的探析。

（2）组织化体育参与（organized sport participation, OSP）：指儿童青少年参加社会性体育组织（如社区体育俱乐部、体育训练营等）的情况。该指标调查的内容反映出两个特征：① 儿童青少年自身以及家长支持其参加校外体育组织的意识；② 儿童青少年在校外参加体育组织方面所投入的时间。具体测量指标为：① 除了体育课以外，你平常参加体育锻炼的其他方式还有哪些？学校运动代表队（每周参加的次数）；② 除了体育课以外，你平常参加体育锻炼的其他方式还有哪些？学校体育俱乐部（每周参加的次数）；③ 除了体育课以外，你平常参加体育锻炼的其他方式还有哪些？课余体育竞赛（每周参加的次数）；④ 除了体育课以外，你平常参加体育锻炼的其他方式还有哪些？校外体育培训班（每周参加的次数）。每项活动都参加的视为合格，参与全部4项活动的人数所占的比例与相对应的评价等级即为组织化体育参与的评价结果。

（3）自主性身体活动（active play, AP）：指儿童青少年每周在校外自行参加身体活动的时间和频次情况[⑥]，其特征是：① 参与主体的自发性和活动形式的非组织性；② 参加身体活动的环境为“脱离学校，基于家庭，立足社区”。具体测量指标为：除了体育课以外，你平常参加体育锻炼的其他方式还有哪些？自己锻炼（每周参加的次数）。次数大于等于4的人数所占的比例所对应的等级即为最终评价。

（4）上下学交通方式（active transportation, AT）：指儿童青少年日常出行（上下学，往返于公园、超市或朋友家）采用积极出行方式的情况，其中积极的出行方式主要包括步行和骑自行车两种。对于处于学生阶段的儿童青少年而言，往返于学校与家庭是其最主要的出行路线。因此，多数联盟成员国将儿童青少年上下学所采用的交通方式作为主要评价内容，同时部分国家也会将家与学校之间的距离作为评价参考。例如，在美国，家至学校距离在3千米以内，只有15%的儿童青少年以步行或骑自行车方式上

---

① 活力健康儿童全球联盟.儿童青少年身体活动评价体系指标含义及评价方法[EB/OL]. http://www.activehealtykids.org/core-indicators-and-benchmarks/[2017-09-14].

② Canadian Society for Exercise Physiology. Canadian Physical Activity and Canadian Sedentary Behaviors Guidelines[R]. Ottawa: Canadian Society for Exercise Physiology, 2013.

③ World Health Organization. Physical activity[EB/OL]. http://www.who.int/topics/physical_activity/en, 2015[2017-09-14].

④ United States Department of Health and Human Services. 2008 Physical Activity Guidelines for American[EB/OL]. http://www.health.gov/paguidelines/pdf/paguide.pdf[2017-09-14].

⑤ Carl J. Caspersen, Kenneth E. Powell, Gregory M. Christenson. Physical activity, exercise, and physical fitness: definitions and distinctions for health-related research[J]. Public Health Reports, 1985, 100(2): 126–130.

⑥ 活力健康儿童全球联盟.儿童青少年身体活动评价体系指标含义及评价方法[EB/OL]. http://www.activehealthykids.org/core-indicators-and-benchmarks/[2017-09-14].

下学[①]。相同条件下，芬兰的比例却高达75%[②]。在本研究中，将儿童青少年上下学所使用的交通方式作为主要统计内容。不可否认家用汽车的普及和城市公交系统的完善，为日常出行带来了极大的便利，但也在无形中减少了儿童青少年参加身体活动的机会。如果家到学校之间距离适可（以3千米为参照），建议家长多鼓励孩子选择积极的出行方式，从"健康身体、绿色环境"的角度而言，既实现了"体育"的价值也体现了"教育"的意义。儿童青少年上下学主要采用步行或者骑自行车方式的人数所占的比例，其对应的等级即为最终评价。

（5）静态行为（sedentary behavior, SB）：指儿童青少年每天在使用电子屏幕和其他久坐行为上花费的时间情况[③]，联盟建议儿童青少年每天静态生活时间不超过2小时。但是生产力的发展在推动社会进步的同时也改变了人们的生活方式，日常静态生活时间增多就是典型特征之一。研究证实，静态生活时间增多是导致当前肥胖和慢性心血管疾病流行的一种高危因素[④]，而且该种行为极易在儿童青少年时期形成并持续到成人阶段，直接影响他们现在的体质和将来的健康[⑤]。研究中，通过屏幕时间和作业时间两个指标，了解每天静态行为时间小于2小时的儿童青少年比例，具体指标如表7-3所示。过去一周中每天低于2小时的静态儿童青少年所占的比例，其对应的等级为最终评价。

表7-3 静态行为评价内容

对 象	内 容	数值说明
儿童青少年	在最近1周中（周一至周五），在闲暇时间里你每天看多长时间电视？	1 没有
	在最近1周中（周一至周五），在闲暇时间里每天使用多长时间手机、平板等电子移动智能终端产品？	2 0.5 h
		3 1 h
	在最近1周中（周一至周五），每天使用多长时间笔记本或台式电脑进行网络聊天、浏览网页、收发邮件、做作业等？	4 2 h
		5 ≥3 h
	在最近1周中（周一至周五），每天放学后要做几个小时的作业？	
	在最近1周中（周末），你在闲暇时间里每天看多长时间电视？	
	在最近1周中（周末），在闲暇时间里你每天使用多长时间手机、平板等电子移动智能终端产品？	
	在最近1周中（周末），在闲暇时间里每天使用多长时间笔记本或台式电脑进行网络聊天、浏览网页、收发邮件、做作业等？	
	在最近1周中（周末），每天放学后要做几个小时的作业？	

注： 总时间合计不超过2小时视为合格或者达标。

2. 环境层次

（1）家庭和同伴的支持（family and peers, F&P）：包含两个方面，一方面是家长的支持，另一方面是青少年群体之间的支持。具体是指家长为孩子创造参加身体活动的机会、家长日常身体活动水平、家长同孩子一起参加身体活动以及儿童青少年群体之间相互鼓励、互相支持参加身体活动等综合情

① Kara N. Dentro, Kim Beals, Scott E. Crouter, et al. Results from the United States' 2014 report card on physical activity for children and youth[J]. Journal of Physical Activity and Health, 2014, 11(Suppl 1): S105–S112.

② Turpeinen S, et al. On the way to school: School commutes and the promotion of active commuting amongst school-aged children [R]. Research reports on sport and health 271. Jyvaskyla: likes-foundation for sport and health sciences. Finnish report, abstract in English; 2013.

③ 活力健康儿童全球联盟.儿童青少年身体活动评价体系指标含义及评价方法[EB/OL]. http://www.activehealthykids.org/core-indicators-and-benchmarks/[2017-09-14].

④ World Health Organization. Physical activity[EB/OL]. http://www.who.int/topics/physical_activity/en, 2015[2017-09-14].

⑤ Morrow J, Jackson A, Gregory P V. Physical activity promotion and school physical education's[M]. Washington, DC: President's council on physical fitness and sports research digest, 1999.

况①。家庭作为实施教育、开展体育的最主要的环境之一，家庭体育对儿童青少年健身锻炼意识和运动习惯的培养具有重要意义，家长在家庭体育环境中扮演着儿童青少年参加体育锻炼的支持者和引导者的双重角色。因此，本研究着重从家长对儿童青少年参加体育锻炼的支持和表率两个方面进行综合评价。支持方面包括家长鼓励孩子参加体育锻炼、关心体育学习、创造体育锻炼条件等，表率方面体现在家长身体力行引导孩子参加体育锻炼、经常同孩子一起参加体育锻炼、并对孩子运动习惯的养成产生积极影响等。具体测量指标如表7-4所示。当父母和朋友同时满足各自行为中两项及两项以上的条件时则视为合格，合格的人数比例相对应的层次即为最终评价结果。

表7-4　家长与朋友的支持评价内容

对　象	内　　容	数　值
家　长	您会鼓励自己的孩子参与体育活动吗？ 您会去观看自己的孩子参与体育活动吗？ 您会告诉自己的孩子参与体育活动对他/她健康的好处吗？ 您会跟自己的孩子一起参加体育活动吗？ 您会陪伴孩子去参加他们的体育比赛或表演吗？ 您的家庭成员会一起参加体育活动，并将其作为家庭休闲娱乐活动 吗？（例如一起骑行、爬山等） 您的孩子参与体育活动需要经费时（例如参加收费的体育培训、购 买体育器材等），您会提供支持吗？ 您会主动关心孩子在学校的体育学习情况吗？ 您会身体力行，以自己的行为来鼓励孩子积极参加体育活动吗？	1经常会 2有时会 3不确定 4不太会 5从不会
儿童 青少年	朋友经常鼓励我参加体育锻炼 朋友经常和我一起参加体育锻炼 我的运动技能提高很大程度上得益于朋友 有朋友参与，我更愿意参加体育锻炼	1非常符合　2比较符合 3不能确定　4不太符合 5很不符合

注：各项需满足全部选择2或者1视为及格或达标。

（2）学校综合环境（school, SCH）：指与学校体育相关的政策法规执行、体育师资配备、体育课开展、课外体育活动开展、场地器材配备等情况②。在我国，学校体育承担着增强学生体质、传承体育文化、培养和输送体育后备人才等基本任务。基本任务决定了学校体育在促进儿童青少年健康成长的过程中具有举足轻重的地位③。本研究以学校体育的基本任务作为出发点，分别从领导的重视程度、体育课开展情况、大课间活动开展情况、每天锻炼一小时执行情况、场地器材的配备、学生总体满意度6个方面进行调查④～⑥。具体测量指标如表7-5所示。满足上述条件的人数或单位数在总人数中的比例相对应的级别即为最终评价。

---

① 活力健康儿童全球联盟.儿童青少年身体活动评价体系指标含义及评价方法[EB/OL]. http://www.activehealthykids.org/core-indicators-and-benchmarks/[2017-09-14].

② 活力健康儿童全球联盟.儿童青少年身体活动评价体系指标含义及评价方法[EB/OL]. http://www.activehealthykids.org/core-indicators-and-benchmarks/[2017-09-14].

③ 教育部.学校体育工作条例[EB/OL]. http://www.moe.edu.cn/publicfiles/business/htmlfiles/moe/moe_620/200409/1436.html [2017-09-14].

④ 教育部，国家体育总局，共青团中央.关于开展全国亿万学生阳光体育运动的决定[EB/OL]. http://www.moe.edu.cn/publicfiles/business/htmlfiles/moe/s3276/201001/80877.html[2017-09-14].

⑤ 教育部.学校体育工作条例[EB/OL]. http://www.moe.edu.cn/publicfiles/business/htmlfiles/moe/moe_620/200409/1436.html [2017-09-14].

⑥ 中共中央，国务院.关于加强青少年体育增强青少年体质的意见[EB/OL]. http://www.gov.cn/jrzg/2007-05/24/content_625090.html[2017-09-14].

表7-5 学校综合环境调查表

对象	内容	数值说明
学生	学校体育场地器材能够满足我的体育锻炼需求 体育课对我参加体育锻炼起到了重要的作用 我对体育教师的教学感到满意 其他教师(如班主任)积极支持我参加体育锻炼 学校课外体育锻炼的时间安排充足 学校里体育锻炼氛围浓厚	1非常符合 2比较符合 3不能确定 4不太符合 5很不符合
学校	按要求配齐体育教师 学校体育场地满足学校日常体育工作(体育课、课外体育锻炼)的情况 学校体育器材满足学校日常体育工作(体育课、课外体育锻炼)的情况 学校每周开设体育课的节数有:30～45分钟为一节的体育课 学校每周开设体育课的节数有:60～90分钟为一节的体育课	总时长≥135分钟

注:学生和学校需全部选择1或2,并且满足总时长≥135分钟为达标或合格。

(3) 社区及建成环境(community & the built environment, C&BE):指社区中的健身场所、公共绿地以及社区周边的城市公园、广场等活动场所,该指标通过调查社区的基础设施(infrastructure)、相关政策文件(policies)、体育组织(programs)、安全系数(safety)和儿童青少年每天在社区中参加5个方面身体活动的时间,了解社区对儿童青少年身体活动的促进情况①。随着社会的进步和居住环境的改善,社区综合环境将成为我国儿童青少年参与身体活动的主要场所。在本研究中,结合我国的社区特征,从社区的体育设施、体育活动和体育组织3个方面对社区综合环境进行调查。家庭作为儿童青少年"生于斯、长于斯"的重要环境,在家庭环境中,家长最大的心愿就是让孩子健康快乐地成长。学校作为我国开展儿童青少年体育、传承体育文化的重要社会事业单位,肩负着积极开展儿童青少年体育、提升儿童青少年体质健康水平的责任和义务,我国学校也在积极提高儿童青少年身体活动水平方面做了大量的工作。随着我国城市化进程的推进,社区正逐步成为儿童青少年身体活动参与的又一重要环境,但城市的快速发展难免会导致社区人文环境滞后于建成环境的建设。通过对不同环境的特征进行分析后,还需厘清环境与儿童青少年身体活动行为之间的关系。从本研究所采用的评价体系可以看出,儿童青少年身体活动行为是环境作用于个体后表现出的结果。因此,环境层次中的指标可以与行为层次的指标建立对应关系。家庭作为影响儿童青少年身体活动行为的首要环境,对行为层次的各个指标都会产生影响;学校是家庭以外,儿童青少年运动技能学习、身体活动参与的重要场所,与学校环境能够建立密切对应关系的指标有"静态行为""组织化体育参与"和"自主性身体活动";社区环境作为家庭环境和学校环境的重要补充,其对儿童青少年身体活动参与的影响主要体现在"组织化体育参与"和"自主性身体活动"两个指标上。作为家庭和学校补充的社区综合环境,必须把组织建立和活动举办的"短板"补齐,才能更好地保障家庭和学校体育作用的有效发挥。此外,在完善各个环境不足之处时,还要考虑环境之间的均衡发展并产生协力,因为在环境协力的驱动下,才能更好地促进儿童青少年身体活动参与行为的养成和体质健康水平的提升②。表7-6为社区及建成环境评价表。

① 活力健康儿童全球联盟.儿童青少年身体活动评价体系指标含义及评价方法[EB/OL]. http://www.activehealthykids.org/core-indicators-and-benchmarks/[2017-09-14].

② 张加林,唐炎,陈佩杰等.全球视域下我国城市儿童青少年身体活动研究——以上海市为例[J].体育科学,2017,37(1):14-27.

表7-6　社区及建成环境评价表

对　象	内　　　容	数值说明
社区及建成环境	你所在社区(或街道/村镇)是否能够很方便找到适合青少年进行体育锻炼的设施 你所在社区(或街道/村镇)是否成立了青少年体育组织(如青少年体育兴趣小组、青少年体育俱乐部等)	1是 2否 3不清楚
	你所在社区(或街道/村镇)举办青少年体育活动(比赛、游戏等)的情况是	1很多　2较多 3一般　4较少 5没有　6不清楚

注：前两项选择"是"并且同时第三项选择"很多""较多""一般"即为达标或及格。

(4) 政府政策(government, GOV)：指政府为提高儿童青少年身体活动水平制定的政策法规，以及政策法规在执行过程中为儿童青少年身体活动的参与提供的人力、物力和资金等情况①。我国政府部门一直以来高度关心和重视儿童青少年的体质健康状况，为促进儿童青少年的体质健康出台了一系列的政策，因此儿童青少年体质健康领域可谓是"政策高度密集区"②。基于我国在儿童青少年体质健康方面政策的数量和类型较多的实际情况。在本研究中，将儿童青少年的家长对《国家学生体质健康标准》(以下简称《标准》)了解情况作为该指标的评价内容。选择《标准》有以下3点依据：①《标准》在政策法规中具有目标导向作用，即《标准》是检验其他政策执行情况的标尺；②《标准》在政策文件中具有代表性，因其在诸多政策中是少有的被要求全面实施且历年执行的文件；③《标准》是社会了解儿童青少年体质健康工作状况的重要窗口。选择儿童青少年的父母及其监护人作为调查对象的依据是，家长不仅影响着儿童青少年的身体活动水平，同时他们也是最为关心和重视儿童青少年体质健康状况的主要社会群体。通过家长对《标准》的知晓度，一方面反映家长对有关孩子体质健康信息关注的全面性，另一方面反映《标准》在社会中的实际普及与影响力。此方面主要根据家长对青少年身体活动方面政策的了解状况进行评价。具体测量指标为：您对《学校体育运动风险防控暂行办法》的了解情况是：① 非常了解；② 比较了解；③ 一般；④ 不太了解；⑤ 很不了解。选择1或2的即视为合格或达标。合格或达标的单位数在总数中的比例对应的级别即为最终评价。

(四) 国际拓展

AHKC慈善机构从1994年初步成立到发布2014版《加拿大儿童青少年身体活动报告》，已有20年的发展历史，按发展历程可将其过去的20年划分成三个阶段。

(1) 第一阶段(1994～2004年)：成立初始，为了建立客观合理的加拿大儿童青少年身体活动评价体系，改变以往应用定性评价为主的操作方法，进而依靠科学方法和可靠数据对儿童青少年身体活动状况进行标准量化并真实呈现。观测指标的选择与评价体系的构建，成为之后调查报告发布的首要步骤。因此，第一阶段主要是组织初期的创建与发展和儿童青少年身体活动评价指标体系的设计与构建过程。

(2) 第二阶段(2005～2014年)：AHKC慈善机构在第一阶段构建的评价指标体系基础上，对儿童青少年身体活动状况的调查数据进行汇总、统计与分析，于2005年发布了首份《加拿大儿童青少年身体活动报告》，为了能够定期了解儿童青少年身体活动现状并唤起更多人关注以及参与到儿童青少年身体活动评价中，之后AHKC慈善机构每年定期发布调查报告。

---

① 活力健康儿童全球联盟.儿童青少年身体活动评价体系指标含义及评价方法[EB/OL]. http://www.activehealthykids.org/core-indicators-and-benchmarks/[2017-09-14].

② 杨成伟，唐炎，张赫等.青少年体质健康政策的有效执行路径研究——基于米特-霍恩政策执行系统模型的视角[J].体育科学，2014,34(8): 56-63.

（3）第三阶段（2014年至今）：随着调查研究的逐步深入与报告的定期发布，不仅让更多的加拿大人意识到了儿童青少年参加身体活动的重要性，同时也让其他国家参与到各自国家以及国家与国家之间的儿童青少年身体活动状况调查评价中。AHKC慈善机构于2014年5月在加拿大多伦多召开了“首届2014儿童青少年身体活动全球峰会”，因此2014年成为AHKC慈善机构新的开端。从AHKC慈善机构的建立到评价指标体系的构建、从评价指标体系的构建到首份报告的发布、再从首份报告的发布到首届峰会的召开，AHKC慈善机构经历了加拿大儿童青少年身体活动状况从经验描述到量化评价的过程，而接下来则是将儿童青少年身体活动的评价指标体系与报告定期发布进行系统化与全球化。

2014年，15个国家在经过协调合作之后制作和发布了“报告卡”，形成了“Global Matrix 1.0”。在2014年“Global Matrix 1.0”的成功基础上，每个国家的首席调查员致力于监测和进一步发展“Global Matrix”计划。因此，“Global Matrix 2.0”项目启动。目前已有来自6个大陆的38个国家参与到“Global Matrix 2.0”计划中。

在这样的大背景下，全球范围的儿童青少年身体活动促进工作的统一就显得尤为重要。我国儿童青少年身体活动促进工作也应尽快与国际接轨，推动我国这一工作迈向新台阶。

（五）项目意义

儿童青少年群体不仅是国家富有朝气、充满活力的象征，更是整个人类社会可持续发展的根本保证。对于处在生长发育关键时期的儿童青少年而言，每天参加足够量的身体活动是促进其身心健康发展的基本保障。因此，对儿童青少年身体活动进行研究，不仅可为儿童青少年的健康成长提供指导，对于国家乃至整个人类未来的发展也具有深远意义。然而，在世界经济、科技快速发展的背景下，对于儿童青少年，无论是个体行为习惯，还是日常生活环境以及与其相关的政策法规，都会对其身体活动水平产生不同程度的影响，因此国家间儿童青少年的身体活动水平差异较大。所以，如何对儿童青少年身体活动进行国际水平的比较研究，是一个必须综合考虑的问题。否则，对儿童青少年的健康成长状况就难以实现全面的促进，对于国家及整个人类社会的发展也就难以发挥应有的助力。本研究采用AHKGA的评价指标体系，对我国儿童青少年身体活动进行了多维评价。此外还将评价结果与联盟国家的平均水平进行比较分析。通过评价与分析，不仅对我国乃至全球儿童青少年身体活动现状有了初步的了解和认识，同时对我国儿童青少年身体活动未来的研究也具有重要的启示意义[①]。AHKGA对儿童青少年身体活动评价倾向的是过程性评价，即强调原因分析；而我国《标准》的特征是结果性评价，即注重结果呈现。鉴于AHKGA构建评价体系已在多个国家得到较好的实践应用，并且其应用成果对儿童青少年身体活动起到了积极的促进作用。基于此，我国在构建时可以考虑将AHKGA的评价体系与《标准》进行整合，构建包含“环境、行为、效果、政策”4个层次，既能呈现结果又可反映原因的儿童青少年身体活动评价指标体系。因此，在当前全球化程度逐步加深、我国儿童青少年体质健康水平持续下滑的背景下，采用AHKGA构建的评价指标体系，对我国儿童青少年身体活动进行研究，进而诊断影响儿童青少年身体活动不足而导致体质下降的因素，并提出改进建议[②③④⑤]。同时，希望相应的研究结果可为进一步研究我国儿童青少年身体活动和改善其体质健康水平提供一些有益的参考和帮助[⑥]。

---

① 张加林，唐炎，陈佩杰等．全球视域下我国城市儿童青少年身体活动研究——以上海市为例［J］．体育科学，2017，37（1）：14-27.
② 国家体育总局．2014年国民体质监测公报[EB/OL]. http://www.sport.gov.cn/n16/n1077/ n1422/7331093.shtml［2017-09-14］.
③ 韩慧，郑家鲲．西方国家青少年身体活动相关研究述评——基于社会生态学视角的分析［J］．体育科学，2016，36（5）：62-70.
④ 李小伟，柯进．学生身体素质“向上”了吗？［N］．中国教育报，2015-11-26（4）.
⑤ 梅建．青少年儿童1985-2005年体质健康发展状况和对策研究［J］．中国青年研究，2007，（11）：22-28.
⑥ 张加林，唐炎，陈佩杰等．全球视域下我国城市儿童青少年身体活动研究——以上海市为例［J］．体育科学，2017，37（1）：14-27.

二、研究对象与方法

（一）研究对象

通过查阅AHKGA联盟成员国发布的研究报告可知，其研究对象主要为各自国家范围内的5～17岁儿童青少年，而与各评价指标相关的数据主要来自各成员国的学校、医院以及科研院所等社会事业组织机构①②。将AHKGA构建的评价指标体系在我国进行实践应用，并以中国儿童青少年作为研究对象。全国各省、自治区、直辖市各抽8个调研地区的一至十二年级中小学生与学生家长以及学生所在学校的部分体育教师作为调查对象，从环境、行为和效果3个维度对学生体育健身行为进行调查。

（二）研究方法

研究主要采用文献资料法、问卷调查法、指标评价法和数理统计法。首先，通过梳理国内外相关文献，了解国际社会对儿童青少年身体活动研究的现状与趋势，在理论和实践方面提供依据。其次，鉴于研究对象的数据取自上海市儿童青少年体育健身数据库，故在此介绍问卷调查法的实际应用过程。所采用的问卷由国内外多位专家共同编制，该问卷共包含环境、行为和效果3个维度，26个条目，43个观测点（本研究涉及其中的3个维度，18个条目，32个观测点）。编制后的问卷终稿经50位儿童青少年身体活动和学校体育方面的专家，以及中小学体育教师对效度进行评分。为获得问卷信度，在正式调查前选取较有代表性的学生及其家长各270名进行重复调查，试填后使用组内相关系数（ICC）方法进行计算，学生可靠性系数为0.47，家长可靠性系数为0.49，表明问卷的信度处于中等水平，符合社会学的调查要求。在问卷的发放和回收上，派专人到现场进行发放和回收，学生和教师问卷采用现场填写，完成后即刻回收的方式进行；家长问卷由学生带回家让家长填写完成后次日带回，调研人员再进行回收。在使用AHKGA的评价指标体系进行评价时，为保证评价内容和评定结果既符合国际社会的基本操作要求，也符合我国儿童青少年身体活动的实际特征，在具体的实践操作过程中，将在原有指标含义和调查内容的基础上，根据我国儿童青少年身体活动特征与我国出台的相关法规文件，对相应的指标内容进行酌情调整。最后，各指标评价内容的结果主要采用计算有效百分比的方式进行统计，然后根据评价结果对应的比例区间确定各指标最终的评定等级。

三、我国儿童青少年各项指标评定结果与比较分析

（一）整体情况

表7-7是我国儿童青少年身体活动状况等级汇总。整体而言，9项指标分布在C+和F之间，其中“上下学交通方式”评定等级最优，为C+。“身体活动水平”“静态行为”“社区及建成环境”和“政府政策”4个指标评定等级最差为F。可以看出，多数指标结果处在较差等级。

① 张加林，唐炎，胡月英.加拿大儿童、青少年身体活动评价的经验与启示［J］.体育科学，2015，35（9）：90-96.
② 张加林，唐炎，胡月英等.基于人类发展指数的儿童青少年身体活动国际比较［J］.体育科学，2016，36（1）：3-11.

表 7-7 我国儿童青少年身体活动状况汇总表

评价指标	行为层次					环境层次			
	身体活动水平	组织化体育参与	自主性身体活动	上下学交通方式	静态行为	家庭和同伴的支持	学校综合环境	社区及建成环境	政府政策
评定等级	F	D−	D+	C+	F	D+	D+	F	F

注：其中"+"表示趋于该等级的上限；"−"趋于下限。下表同。

在各项指标评定等级普遍不高的情况下，行为层次的情况也不理想。其中"身体活动水平"的评定等级是行为层次结果的集中反映，处于最低的水平，为F。在AHKGA构建的评价体系中，身体活动水平指标不仅是整个评价体系的核心指标，也是行为层次指标的综合体现①。在层次关系中，身体活动水平是静态行为、组织化体育参与、自主性身体活动和上下学交通方式4个指标综合作用的结果，因此该指标是对身体健康促进程度的重要参照之一。从以"健康第一"为指导思想的《体育与健康课程》(以下简称《课程》)对儿童青少年行为层次的结果进行分析，其中"身体活动水平""组织化体育参与""自主性身体活动"分别可与《课程》目标中的"身体健康""运动参与""运动技能"进行对应。但从上述相应指标的评价结果来看，《课程》对儿童青少年在积极参与身体活动方面并没有产生较好的效果②。然而，从行为层次的指标构成以及评价结果来看，并不能完全否定《课程》本身所具有的功能，因为静态行为指标在行为层面指标中所起到的负面作用不容忽视。因此，通过着力完善《课程》体系以及给儿童青少年预留更多的自由支配时间，以身体活动水平为核心指标的行为层次指标群的评定等级可以获得进一步提升。

环境层次指标的评定等级较低，4项指标中有2项指标评定等级为F。通过对家庭和同伴的支持的评价结果可知，家庭作为儿童青少年成长的重要场所，在儿童青少年参加身体活动方面并没有提供较好的支持。学校肩负着提升儿童青少年体质健康水平的责任和义务，从对责任承担和义务履行的评价结果来看，我国学校在积极提高儿童青少年身体活动水平方面的工作成效一般。随着我国城市化进程的推进，社区环境正逐步成为儿童青少年身体活动参与的又一重要环境，但城市快速地发展难免会导致社区人文环境滞后于建成环境的建设，社区综合环境较低的评定等级正是对当前存在问题的有力说明。政府政策指标可以从宏观层面了解政府和非政府组织对儿童青少年参加身体活动的影响及促进作用，但政府政策的评定等级为F，表明在政策的制定、执行和评估等方面存在问题。

环境层次中的指标可以与行为层次的指标建立对应关系。其中，家庭作为影响儿童青少年身体活动行为的重要环境，对行为层次的各个指标都会产生影响；学校是家庭以外，儿童青少年运动技能学习、身体活动参与的重要场所，所以与学校环境能够建立密切对应关系的指标有"静态行为""组织化体育参与"和"自主性身体活动"。社区环境作为家庭环境和学校环境的重要补充，其对儿童青少年身体活动参与的影响主要体现在组织化体育参与和自主性身体活动两个指标上③。透过这层对应关系可以看到，在我国城市儿童青少年身体活动的环境层次指标评定等级较低的情况下，行为层次的各指标同样普遍较低，较差的身体活动环境无法促进有效儿童青少年的身体活动。

（二）社会人口学分类分析

表7-8是我国儿童青少年身体活动状况社会人口学分类汇总表。从性别比较来看，男、女生在一些指标上的评定等级相同，其中在身体活动水平、静态行为、社区及建成环境以及政府政策指标中的评定

① 张加林，唐炎，胡月英等．基于人类发展指数的儿童青少年身体活动国际比较[J]．体育科学，2016，36(1)：3-11.
② 张加林，唐炎，陈佩杰等．全球视域下我国城市儿童青少年身体活动研究——以上海市为例[J]．体育科学，2017，37(1)：14-27.
③ 张加林，唐炎，陈佩杰等．全球视域下我国城市儿童青少年身体活动研究——以上海市为例[J]．体育科学，2017，37(1)：14-27.

等级均为F，在家庭和同伴的支持指标上均被评定为D+。在组织化体育参与、学校综合环境这两个指标上，女生优于男生；而在自主性身体活动与上下学交通方式指标上，男生优于女生，这种差异的原因可能是在儿童青少年儿童成长发育中的性格形成有关，也与中国传统教育中要求男孩“好动”“自立”，女孩“文静”“舒雅”的传统教育观念不谋而合。总体而言，在性别比较中，男孩和女孩的身体活动差异不大。

表7-8 我国儿童青少年身体活动状况社会人口学分类汇总表

评价指标		行为层次					环境层次			
		身体活动水平	组织化体育参与	自主性身体活动	上下学交通方式	静态行为	家庭和同伴的支持	学校综合环境	社区及建成环境	政府政策
性别										
	男	F	F	C−	C+	F	D+	D+	F	F
	女	F	D−	D	C	F	D+	C−	F	F
学段										
	小学	F	D−	C	C+	F	C	C−	F	D−
	初中	F	D−	D+	C+	F	D+	D+	F	F
	高中	F	F	D	C	F	D	D	F	F
城乡										
	城市	F	F	D+	C+	F	C−	C−	F	F
	乡村	F	D−	D+	C+	F	D	D+	F	F
民族										
	汉族	F	D−	D+	C+	F	D+	C−	F	F
	其他	F	F	D+	C+	F	D	D	F	F
地区										
	东部	F	F	D+	C	F	D+	C	F	F
	中部	F	D−	D+	C+	F	D	D	F	F
	西部	F	F	D+	B−	F	D+	D	F	F
	东北	F	D	C−	C	F	C−	C−	F	D−

在学段比较中，不同学段儿童青少年在身体活动水平、静态行为、社区及建成环境3个指标中评定等级相同，均为最低等级F。可以看出在整个基础教育阶段，以上3个指标的等级均为最低，这也与当前学生课业压力繁重的现象相吻合。小升初、初升高以及高考使得各学段的学生均承受着较大的升学压力。组织化体育参与指标在小学和初中的评定等级相同，且优于高中，说明小学和初中阶段的组织化体育活动水平要优于高中阶段。自主性身体活动指标随着学段的提升呈现阶段下降的现象，说明随着年龄的增加儿童青少年的自主性身体活动水平不断下降，这也与他们的课业压力增加有关。小学和初中的上下学交通方式指标评定等级相同，且优于高中。家庭和同伴的支持和学校综合环境指标等级随着学段的提升呈现下降的现象，这与课业压力不断增加，迫使学校、家庭以及学生个人将精力更多地花费在课业上有关。

随着我国经济水平的不断提高，国民的物质水平的提高，城乡居民生活质量差距缩小，导致了我国城市儿童青少年的身体活动与农村儿童青少年的情况差异不大。城市儿童青少年在家庭和同伴支持和学校综合环境指标方面的评定等级略优于乡村。分析认为城市的经济条件好于农村，导致了城市儿童青少年分别在这两方面的评定好于农村儿童青少年。

与城乡比较相似，我国儿童青少年身体活动的民族间差异不大。不同民族儿童青少年在身体活动水平、自主性身体活动、上下学交通方式、静态行为、社区及建成环境和政府政策等指标的评定等级相同。我国民族众多,随着现代化以及城市化进程的发展,作为中华民族主体的汉族对周边民族的同化与融合的进程不断加速,民族间的差异不断变小。汉族儿童青少年在组织化体育参与、家庭和同伴支持和学校综合环境指标的评定等级略优于其他民族,这可能与不同民族的民族风格存在联系。我国西藏、新疆地区由于地理条件的限制,当地的经济条件水平低于沿海和内地的水平,这种差异随着国家对西藏、新疆等地区的援建力度的增大在不断缩小。

在地区比较中,不同地区儿童青少年在身体活动水平、静态行为、社区及建成环境3个指标上的评定等级相同。值得注意的是东北地区与其他地区存在较大差异,具体表现为组织化体育参与、自主性身体活动、家庭和同伴的支持和政府政策4个指标。可以看出,这4个指标的评定等级结果,东北地区均优于其他地区,尤其是在自主性身体活动和政府政策方面。东北地区多数城市是我国早期的大型工业城市,且该地区地理位置造就了冰雪运动的独特优势。东北地区天气寒冷,体育运动的参与可以增加血液循环以保持体温,这一系列因素是造成东北地区的儿童青少年身体活动状况优于其他地区的潜在原因。

为科学反映我国不同区域的社会经济发展状况,我国将经济区域划分为东部、中部、西部和东北4个区域。其中东部包括:北京、天津、河北、上海、江苏、浙江、福建、山东、广东和海南;中部包括:山西、安徽、江西、河南、湖北和湖南;西部包括:内蒙古、广西、重庆、四川、贵州、云南、西藏、陕西、甘肃、青海、宁夏和新疆;东北包括:辽宁、吉林和黑龙江。本报告按照这4个区域进行分组分析,以说明4个区域内儿童青少年身体活动状况,并将4个区域内的儿童按照性别、学段、城乡进行比较(表7–9)。

东部地区是我国经济实力最为雄厚的地区,但该地区儿童青少年身体活动与其经济发展状况并不匹配,9项指标有6项的评定等级为F,分别是身体活动水平、组织化体育参与、静态行为、社区及政策环境以及政府政策等指标。在性别比较中和其他地区相同,男女生在身体活动水平、静态行为、社区及建成环境以及政府政策等指标评定等级较差均为F,上下学交通方式指标评定结果相同均为C;男生的自主性身体活动与家庭和同伴支持指标优于女生;女生的组织化体育参与指标优于男生。在学段比较中,静态行为、社区及建成环境以及政府政策的评定等级各学段均为F;不同学段上下学交通方式的评定等级相同为C;小学阶段的身体活动水平和组织化体育参与指标略优于初中和高中,初中和高中在这2个指标上的评定等级均为最差等级F;自主性身体活动的评定等级随着学段的提升呈现下降的趋势,这说明随着儿童青少年年龄的增长,其自主性身体活动的水平逐渐下降;家庭和同伴的支持也出现随着学段提升而逐级下降的现象,这可能是由于随着学段的提升,儿童青少年的课业压力和来自家庭和同伴所给予的压力均不断提升有关。在城乡比较中,城乡差异不大,身体活动水平、自主性身体活动等6个指标的评定等级均相同;乡村的组织化体育参与优于城市;城市的家庭和同伴支持及学校指标略优于农村。总体而言,东部地区除学校指标优于其他地区之外,其他指标的评定等级与其他地区持平或更低。

中部地区是我国人口集中的聚集地区,庞大的人口基数使得该地区的儿童青少年身体活动状况影响着我国儿童青少年的整体身体活动情况。数据表明,中部地区的9项指标中并无较好之处,身体活动水平、静态行为、社区及建成环境,以及政府政策4项指标均为最差等级F。在性别分组中,和东部地区相似,男、女生在身体活动水平、静态行为、社区及建成环境以及政府政策上评定等级最差均为F,家庭和同伴支持指标评定结果相同均为D;男生的自主性身体活动和上下学交通方式指标优于女生;女生的组织化体育参与指标优于男生。在学段比较中,各个学段的身体活动水平、静态行为、社区及建成环境以及政府政策这4项指标均为F,其余5项指标在小学阶段的评定等级均略高于初高中,这说明中部地区的小学阶段儿童的身体活动状况相对优于其他学段。在城乡比较中,中部地区的几个省属于传统的农业大省,乡村人口的比例较大,从数据看出城乡儿童身体活动状况差异并不大,身体活动水平、自主性身体活动等5个指标的评定等级均相同;乡村的组织化体育参与和上下学交通方式优于城市;城市的家庭和同伴支持及学校指标略优于农村。总体而言，中部地区的各项指标的评价居于中等水平，小学阶段儿童的身体活动状况优于初、高中学段的人群。

西部地区疆域辽阔，但大部分地区是我国经济欠发达、需要加强开发的地区。近年来，我国政府实施了一系列政策来扶持西部地区经济的发展，如“西部大开发”政策。同时西部地区民族众多（44个少数民族），是中国少数民族分布最集中的地区。该地区的儿童青少年的身体活动水平、组织化体育参与等五项指标的评定等级为F。但值得注意的是，上下学交通方式是四大地区中等级最高的B−，分析认为这与西部地区地广人稀的地理环境有关。西部地区幅员辽阔且经济欠发达，有些地区仍以马匹作为交通工具，这种相对落后的交通方式也增加了儿童青少年的身体活动量。在性别比较中，男女差异不大，有6项指标的评定等级是相同的。男生的自主性身体活动及家庭和同伴支持评定等级优于女生；女生的组织化体育参与等级评定优于男生。在学段比较中，身体活动水平、静态行为、社区及建成环境3项指标的评定等级相同，均为F；自主性身体活动、上下学交通方式、家庭和同伴的支持三项指标随着学段的提升呈现下降，组织化体育参与、学校以及政府政策也同样是低年级段优于高年级段。在城乡比较上，除家庭和同伴支持这项指标城市优于乡村外，其他指标均相同。

东北地区坐拥中国最大的平原，教育资源丰富、工业实力雄厚、以汉族为主多民族文化深度融合，在全国占有重要地位。东北地区的儿童青少年身体活动状况与其他地区存在较大差异，具体表现在组织化体育参与、自主性身体活动、政府政策以及家庭和同伴的支持4个指标上，可以看出在这4个指标尤其是在自主性身体活动和政府政策指标的评定等级上，东北地区优于其他地区。在性别比较中，男女生的指标评定等级并无太大差异，有6项指标的评定等级相同；男生的自主性身体活动及家庭和同伴支持优于女生；女生的学校综合环境指标评价略微优于男生。值得注意的是，男、女生在政府政策指标上的评定等级均优于其他，这还需要后续研究分析其深层原因。在学段比较中，除了静态行为评定等级为F外，不同学段的身体活动状况存在较大差异，但可以看出总的趋势是随着学段的提升，评定等级呈现下降。特别是学校层面，小学阶段是C+，高中阶段则下降为F，这种现象在中部和西部地区也同样存在。在城乡比较中，与其他地区相比同样存在较大差异。数据显示，身体活动水平、静态行为和社区及建成环境评定等级相同，均为F外，其余指标均存在差异。男生的自主性身体活动、家庭和同伴支持及政府政策3项指标优于女生；女生的组织化体育参与、上下学交通方式及学校等3项指标优于男生。总体而言，东北地区的儿童青少年身体活动状况整体略优于其他地区。

表7-9　不同地区儿童青少年身体活动状况社会人口学分类汇总表

评价指标	行为层次					环境层次			
	身体活动水平	组织化体育参与	自主性身体活动	上下学交通方式	静态行为	家庭和同伴的支持	学校综合环境	社区及建成环境	政府政策
东部									
性别									
男	F	F	C−	C	F	C−	C−	F	F
女	F	D−	D	C	F	D+	C	F	F
学段									
小学	D−	D−	C	C	F	C	C−	F	F
初中	F	F	D+	C	F	D+	C	F	F
高中	F	F	D	C−	F	D	C	F	F
城乡									
城市	F	F	D+	C	F	C−	C+	F	F
乡村	F	D−	D+	C	F	D	C−	F	F

续 表

评价指标	行为层次					环境层次			
	身体活动水平	组织化体育参与	自主性身体活动	上下学交通方式	静态行为	家庭和同伴的支持	学校综合环境	社区及建成环境	政府政策
中部									
性别									
男	F	F	C−	C+	F	D	D	F	F
女	F	D−	D	C	F	D	D+	F	F
学段									
小学	F	D−	C	B−	F	C	D+	F	F
初中	F	D−	D	C	F	D	D	F	F
高中	F	F	D	C	F	D−	D	F	F
城乡									
城市	F	F	D+	C+	F	D+	D+	F	F
乡村	F	D−	D+	C	F	D	D	F	F
西部									
性别									
男	F	F	C−	B−	F	D+	D	F	F
女	F	D−	D	B−	F	D	D	F	F
学段									
小学	F	D−	C	B	F	C	D+	F	D−
初中	F	D−	D+	B−	F	D+	D	F	F
高中	F	F	D	C+	F	D−	D	F	F
城乡									
城市	F	F	D+	B−	F	C−	D	F	F
乡村	F	F	D+	B−	F	D	D	F	F
东北									
性别									
男	F	D	C−	C	F	C−	D+	F	D−
女	F	D	D+	C	F	D+	C−	F	D−
学段									
小学	D−	D	C	C	F	C	C+	D−	D−
初中	D−	D	D+	C	F	D+	D+	F	D
高中	F	F	D	C+	F	D	F	F	F
城乡									
城市	F	D−	C−	C	F	C−	D	F	D−
乡村	F	D	D+	C+	F	D+	C	F	F

四、国际儿童青少年结果与比较分析

（一）整体情况

全球37个国家及地区的儿童青少年身体活动的9个监测指标结果如表7-10所示。身体活动水平、自主性身体活动和静态行为3个监测指标的全球平均水平达到D级，其余6个监测指标达到C级。

非洲儿童青少年在9个监测指标方面的结果集中在B、C和D三个等级。其中，上下学交通方式达到B级，身体活动水平、组织化体育参与、自主性身体活动和政府政策4个监测指标达到C级，其余均为D级。亚洲儿童青少年在9个监测指标方面的结果集中在C、D和F三个等级。其中，上下学交通方式和政府政策2个监测指标达到C级，其余监测指标均为D和D级以下。大洋洲儿童青少年在9个监测指标上的表现较好，均达到C和C级以上的水平，其社区及建成环境指标的水平较高，达到B/A级。欧洲儿童青少年9个监测指标的水平分布在B、C和D等级，学校综合环境、社区及建成环境和政府政策3个指标的水平最高，达到B级别。北美洲儿童青少年在9个监测指标上的结果分布在B、C和D三个等级，社区及建成环境达到B级，政策支持的级别稍低（C/B级），组织化体育参与、家庭和同伴的支持和学校综合环境3个监测指标达到C级，剩余的均为D级。南美洲儿童青少年在9个监测指标上的结果分布在C和D级，上下学交通方式、社区及建成环境和政府政策较好，达到C级。

全球范围内，不同国家及地区的儿童青少年在9个监测指标结果上的差异较大。身体活动水平的级别由A−到F，斯洛文尼亚的等级最高为A−，日本未报告这一监测指标的结果。组织化体育参与的级别由A到F，丹麦的等级最高为A，7个国家未报告这一监测指标的结果。自主性身体活动的级别由B到F，加纳、肯尼亚和荷兰3国的等级最高为B，19个国家及地区未报告这一监测指标的结果。上下学交通方式的级别由A−到F，津巴布韦的等级最高为A−，2个国家未报告这一监测指标的结果。静态行为的级别由B+到F，斯洛文尼亚的等级最高为B+，有3个国家及地区未报告这一监测指标的结果。家庭和同伴的支持的级别由B到F，荷兰和泰国的等级最高为B，17个国家及地区未报告这一监测指标的结果。学校综合环境的级别由A到D−，斯洛文尼亚的等级最高为A，4个国家未报告这一监测指标的结果。社区及建成环境的级别由A到F，荷兰的等级最高为A，11个国家未报告这一监测指标的结果。政府政策的级别由A−到F，丹麦的等级最高为A−，5个国家及地区未报告这一监测指标的结果。

表7-10　全球儿童青少年身体活动等相关指标的基本情况

国家及地区	身体活动水平	组织化体育参与	自主性身体活动	上下学交通方式	静态行为	家庭和同伴的支持	学校综合环境	社区及建成环境	政府政策
洲际									
非洲									
加纳	D	C	B	C	D	F	D	F	D
肯尼亚	C	C	B	B	B	D	C	D	C
莫桑比克	C	F	D	C	INC	INC	D	F	F
尼日利亚	C	INC	C	B	F	INC	C−	INC	B
南非	C	C	INC	C	F	C−	D	C−	B
津巴布韦	C+	B	D+	A−	B	INC	D	F	D
平均	C	C	C	B	D	D	D	D	C
亚洲									
中国	**F**	**D−**	**D+**	**C+**	**F**	**D+**	**D+**	**F**	**F**
印度	C−	INC	INC	C	C	INC	INC	INC	D
日本	INC	C	INC	B	C	D	B	D	B
马来西亚	D	INC	INC	D	D	INC	B	INC	B

续　表

国家及地区	身体活动水平	组织化体育参与	自主性身体活动	上下学交通方式	静态行为	家庭和同伴的支持	学校综合环境	社区及建成环境	政府政策
卡塔尔	F	D	INC	/	D	D	INC	INC	B
韩国	D−	C−	INC	C+	F	INC	D	INC	C
泰国	D−	C	F	B	D−	B	C	C	C
沙特阿拉伯	D−/F−	INC	INC	D−/F−	C−	C−	D	INC	B+
平均	D	D	F/D	C	D	D	D	F	C
太平洋									
澳大利亚	D−	B	INC	C−	D−	C+	B−	A−	D
新西兰	B−	C+	B−	C	C	C	C+	B	B−
平均	C	C/B	B	C	D/C	C	C/B	B/A	C
欧洲									
比利时	F+	C−	C+	C−	D−	INC	B−	INC	C+
丹麦	D+	A	INC	B	INC	INC	B	B+	A−
英格兰	D−	D	INC	C−	INC	INC	B+	B	INC
爱沙尼亚	F	C	INC	INC	F	C	C	B	C
芬兰	D	C	C	B	D	C	B	B	B
爱尔兰	D	C−/C+	INC	D	C−	INC	D	B+	INC
荷兰	D	B	B	A	C	B	C	A	INC
波兰	D	D	INC	C	D	C	B	C	C
葡萄牙	D	B	D	C	D	C	B	D	C
苏格兰	F	INC	INC	C	F	D−	/	B	B
斯洛文尼亚	A−	B−	D	C	B+	INC	A	INC	B+
西班牙	D−	B	C+	C	D	INC	C	INC	INC
瑞典	D	B+	INC	C+	C	INC	C+	B	B
威尔士	D−	C	C	C	D−	D+	B	C	B−
平均	D	C	C	C	D	C	B	B	B
北美洲									
加拿大	D−	B	D+	D	F	C+	B	A−	B−
墨西哥	C	D	D−	C	D	INC	D−	D	C
美国	D−	C−	INC	F	D−	INC	D+	B−	INC
平均	D	C	D	D	D	C	C	B	C/B
南美洲									
巴西	C−	INC	INC	C+	D+	C+	INC	INC	D
智利	F	D	INC	C−	D	D	D	C	C
哥伦比亚	D	C	INC	D	D	INC	D	C	B/B
委内瑞拉	D	INC	INC	INC	D/F	INC	INC	INC	D
平均	D	D/C	/	C	D	C/D	D	C	C
总体	D	C	D	C	D	C	C	C	C

注：INC表示未报告该项指标的结果，下同。

（二）行为层次指标间比较

考虑到当前国际和国内的综合环境，本部分选取行为层次5个指标的中国水平分别与国际平均水平、亚洲平均水平、全球主要国家及地区与全球最好水平进行比较。

1. 身体活动水平

表7-11显示了身体活动水平不同等级的国家及地区分布情况，大部分国家及地区都处于相对较低的水平（D和F）。与国际平均水平和亚洲平均水平相比，中国儿童青少年这一指标为F级，均低于国际水平和亚洲水平（均为D）。这说明无论是在全球还是亚洲范围，中国儿童青少年的身体活动水平都处于较低的位置。

与全球主要国家及地区相比，中国儿童青少年这一指标的水平也处于较低的位置，均低于选择进行比较的国家及地区。由于日本未报告这一指标的结果，所以无法进行中日比较。与全球范围内的最好水平相比（斯洛文尼亚A–），中国儿童青少年这一指标的水平与前者的差距较大，可以借鉴该国经验提高自身的水平。

表7-11　不同级别身体活动水平的国家及地区分布

级　别	国家及地区
A+	/
A	/
A–	斯洛文尼亚
B+	/
B	/
B–	新西兰
C+	津巴布韦
C	肯尼亚、墨西哥、莫桑比克、尼日利亚、南非
C–	巴西、印度
D+	丹麦
D	哥伦比亚、芬兰、加纳、爱尔兰、马来西亚、荷兰、波兰、葡萄牙、瑞典、委内瑞拉
D–	澳大利亚、加拿大、英格兰、西班牙、韩国、泰国、美国、威尔士
F	比利时、智利、**中国**、爱沙尼亚、卡塔尔、苏格兰、沙特阿拉伯
INC	日本

2. 组织化体育参与

表7-12显示了组织化体育参与不同等级的国家及地区分布情况，大部分国家及地区都处于中等到相对较低的水平（C和D）。与国际平均水平和亚洲平均水平相比，中国儿童青少年这一指标为D–，低于国际平均水平和亚洲平均水平（分别为C和D），但与之差距不大。尽管如此，仍需要进一步提高。

与全球主要国家及地区相比，中国儿童青少年这一指标处于不佳的位置，在所有报告这一指标的国家中排位最后；与全球最好的水平（丹麦A）相比，中国在儿童青少年组织化体育的参与上还需要进一步提高。

表7-12 不同级别组织化体育参与的国家及地区分布

级 别	国家及地区
A+	/
A	丹麦
A−	/
B+	瑞典
B	澳大利亚、加拿大、荷兰、葡萄牙、西班牙、津巴布韦
B−	斯洛文尼亚
C+	新西兰
C	哥伦比亚、爱沙尼亚、芬兰、加纳、爱尔兰、日本、肯尼亚、南非、泰国、威尔士
C−	比利时、韩国、美国
D+	/
D	智利、英格兰、墨西哥、波兰、卡塔尔
D−	**中国**
F	莫桑比克
INC	巴西、印度、马来西亚、尼日利亚、苏格兰、沙特阿拉伯、委内瑞拉

3. 自主性身体活动

表7-13显示了自主性身体活动不同等级的国家及地区分布情况，大部分国家及地区的分布较为分散，但是有相当一部分国家及地区未报告这一指标的数据，因此结论尚不明确。与国际平均水平和亚洲平均水平相比，中国儿童青少年这一指标为D+，高于国际平均水平和亚洲平均水平（分别为D和F/D），但总体差距不大。

由于全球有相当一部分国家及地区未报告这一指标的结果，其中包含很多主要国家及地区，就这一指标，中国同世界主要国家及地区的比较由于数据缺乏而无法有明确结论。

表7-13 不同级别自主性身体活动的国家及地区分布

级 别	国家及地区
A+	/
A	/
A−	/
B+	/
B	加纳、肯尼亚、荷兰
B−	新西兰
C+	比利时、西班牙
C	芬兰、尼日利亚、威尔士
C−	/
D+	**中国**、加拿大、津巴布韦
D	莫桑比克、葡萄牙、斯洛文尼亚
D−	墨西哥

续 表

级　别	国家及地区
F	泰国
INC	澳大利亚、巴西、智利、哥伦比亚、丹麦、英格兰、爱沙尼亚、印度、爱尔兰、日本、马来西亚、波兰、卡塔尔、苏格兰、南非、韩国、瑞典、沙特阿拉伯、美国、委内瑞拉

4. 上下学交通方式

表7-14显示了上下学交通方式不同等级的国家及地区分布情况，大部分国家及地区都处于中等水平（C）。与国际平均水平和亚洲平均水平相比，中国的这一指标为C+，略好于国际水平和亚洲水平（均为C）。

与全球主要国家及地区相比，中国的这一指标处于较好的位置，在所有报告这一指标的国家及地区中排位靠前，仅低于日本，高于其他主要国家及地区。但是，相比于全球最好的水平（荷兰A），中国儿童青少年的上下学交通方式水平需要进一步提高。

表7-14　不同级别上下学交通方式的国家及地区分布

级　别	国家及地区
A+	/
A	荷兰
A−	津巴布韦
B+	/
B	丹麦、芬兰、日本、肯尼亚、尼日利亚、泰国
B−	/
C+	巴西、**中国**、韩国、瑞典
C	加纳、印度、墨西哥、莫桑比克、新西兰、波兰、葡萄牙、苏格兰、斯洛文尼亚、韩国、西班牙、威尔士
C−	澳大利亚、比利时、智利、英格兰
D+	/
D	加拿大、哥伦比亚、爱尔兰、马来西亚
D−	/
F	沙特阿拉伯、美国
INC	爱沙尼亚、卡塔尔、委内瑞拉

5. 静态行为

表7-15显示了静态行为不同等级的国家及地区分布情况，大部分国家及地区都处于相对较低的水平（D和F）。与国际平均水平和亚洲平均水平相比，中国的这一指标为F级，低于国际水平和亚洲水平（均为D），但差距不大。尽管如此，中国仍需要进一步提高，减少儿童青少年的静态行为。

与全球主要国家及地区相比，中国的这一指标处在较低水平的位置，与加拿大和南非两国处于同一水平，低于其他全球主要国家及地区的水平。同样，相比于全球最好的水平（斯洛文尼亚B+），中国在儿童青少年静态行为上需要进一步改善。

表7-15　不同级别静态行为的国家及地区分布

级　别	国家及地区
A+	/
A	/
A−	/
B+	斯洛文尼亚
B	肯尼亚、津巴布韦
B−	/
C+	/
C	印度、日本、荷兰、新西兰、瑞典
C−	爱尔兰、沙特阿拉伯
D+	巴西
D	智利、哥伦比亚、芬兰、加纳、马来西亚、墨西哥、波兰、葡萄牙、卡塔尔、西班牙
D−	澳大利亚、比利时、泰国、美国、委内瑞拉、威尔士
F	加拿大、**中国**、爱沙尼亚、尼日利亚、苏格兰、南非、韩国
INC	丹麦、英格兰、莫桑比克

（三）环境层次指标间比较

考虑到当前国际和国内的综合环境，本部分选取环境层次4个指标的中国水平分别与国际平均水平、亚洲平均水平、世界主要国家和地区与全球最好水平进行比较。

1. 家庭和同伴的支持

表7-16显示了家庭和同伴支持不同等级的国家及地区分布情况，大部分国家及地区都处于相对较低的水平（C和D），但是要注意到有相当一部分国家及地区未报告这一指标的数据。与国际平均水平和亚洲平均水平相比，中国的这一指标为D+级，高于国际水平但低于亚洲水平（分别为D和C）。尽管相比于国际和亚洲平均水平，中国的水平与之相差不大，但需要进一步提高。

与全球主要国家及地区相比，中国儿童青少年这一指标处于中等的位置，低于澳大利亚、巴西和加拿大。但是，要注意到一些全球主要国家及地区，如英格兰和美国未报告这一指标的数据，这给比较带来了一定的限制。相比于全球最好的水平（荷兰和泰国B），中国儿童青少年在家庭和同伴上需要获得更多支持。

表7-16　不同级别家庭和同伴支持水平的国家及地区分布

级　别	国家及地区
A+	/
A	/
A−	/
B+	/
B	荷兰、泰国
B−	/

续 表

级 别	国家及地区
C+	澳大利亚、巴西、加拿大
C	爱沙尼亚、芬兰、新西兰、波兰、葡萄牙
C−	南非、沙特阿拉伯
D+	**中国**、威尔士
D	智利、日本、肯尼亚、卡塔尔
D−	苏格兰
F	加纳
INC	比利时、哥伦比亚、丹麦、英格兰、印度、爱尔兰、马来西亚、墨西哥、莫桑比克、尼日利亚、斯洛文尼亚、韩国、西班牙、瑞典、美国、委内瑞拉、津巴布韦

2. 学校综合环境

表7-17显示了学校综合环境不同等级的国家及地区分布情况，大部分国家及地区都处于较好到较差的水平段（B ～ D）。与国际平均水平和亚洲平均水平相比，中国的这一指标为D+，低于国际水平但高于亚洲平均水平（分别为C和D），总体差距不大。尽管如此，仍需要进一步提高。

与全球主要国家及地区相比，中国的这一指标处于不佳的位置，在所有报告这一指标的国家及地区中排位靠后，和美国处于同一级别，仅好于南非的水平。同样，相比于全球最好的水平（斯洛文尼亚A），中国的学校综合环境需要进一步优化。

表7-17 不同级别学校综合环境水平的国家及地区分布

级 别	国家及地区
A+	/
A	斯洛文尼亚
A−	/
B+	英格兰
B	加拿大、丹麦、芬兰、日本、马来西亚、波兰、葡萄牙、威尔士
B−	澳大利亚、比利时
C+	新西兰、瑞典
C	爱沙尼亚、肯尼亚、荷兰、西班牙、泰国
C−	尼日利亚
D+	**中国**、美国
D	智利、哥伦比亚、加纳、爱尔兰、莫桑比克、南非、韩国、沙特阿拉伯、津巴布韦
D−	墨西哥
F	/
INC	巴西、印度、卡塔尔、苏格兰、委内瑞拉

3. 社区及建成环境

表7-18显示了社区及建成环境不同等级的国家及地区分布情况，大部分国家及地区的水平分布相

对分散,有部分国家未报告这一指标的结果。与国际平均水平和亚洲平均水平相比,中国的这一指标为F级,持平于亚洲平均水平但低于国际平均水平(分别为F和C)。尽管相比于国际和亚洲平均水平,中国的水平与两者相差程度不同,但仍需要进一步提高。

与全球主要国家及地区相比,中国的这一指标评价处于不佳的位置,在所有报告这一指标的国家及地区中排位最后。同样,相比于全球最好的水平(荷兰A),中国在社区及建成环境方面需要进一步改进。

表7-18　不同级别社区及建成环境水平的国家及地区分布

级　别	国家及地区
A+	/
A	荷兰
A−	澳大利亚、加拿大
B+	丹麦、爱尔兰
B	英格兰、爱沙尼亚、芬兰、香港、新西兰、苏格兰、瑞典
B−	美国
C+	/
C	智利、哥伦比亚、波兰、泰国、威尔士
C−	南非
D+	/
D	日本、肯尼亚、墨西哥、葡萄牙
D−	/
F	**中国**、加纳、莫桑比克、津巴布韦
INC	比利时、巴西、印度、马来西亚、尼日利亚、卡塔尔、斯洛文尼亚、韩国、西班牙、沙特阿拉伯、委内瑞拉

4. 政府政策

表7-19显示了政府政策不同等级的国家及地区分布情况,大部分国家及地区都处于相对较高至中等的水平(A ～ C)。与国际平均水平和亚洲平均水平相比,中国的这一指标为F级,低于国际平均水平和亚洲平均水平(均为C),差距较为明显,需要进一步提高。

与全球主要国家及地区相比,中国的这一指标评价处于不佳的位置,在所有报告这一指标的国家及地区中排位最后。同样,相比于全球最好的水平(丹麦A−),中国在儿童青少年身体活动的政府政策支持上需要进一步加强。

表7-19　不同级别政府政策水平的国家及地区分布

级　别	国家及地区
A+	/
A	/
A−	丹麦
B+	斯洛文尼亚、沙特阿拉伯
B	哥伦比亚、芬兰、日本、马来西亚、尼日利亚、卡塔尔、苏格兰、南非、瑞典
B−	加拿大、新西兰、威尔士

续 表

级 别	国家及地区
C+	比利时
C	智利、爱沙尼亚、肯尼亚、墨西哥、波兰、葡萄牙、韩国、泰国
C−	/
D+	/
D	澳大利亚、巴西、加纳、印度、委内瑞拉、津巴布韦
D−	/
F	**中国**、莫桑比克
INC	英格兰、爱尔兰、荷兰、西班牙、美国

五、总结与建议

总体上，全球儿童青少年的身体活动及其相关支持的水平处于中等至较低的水平，各洲的水平相当，都处于相对较低的水平。中国的情况总体较差，部分指标处于最低级别，仅上下学交通方式处于中等水平。与全球其他国家及地区相比，中国的情况也处于靠后的位置，特别是行为层次中的身体活动水平和静态行为，环境层次中的社区及建成环境和政府政策上的薄弱，需要引起高度重视。

因此，在未来的发展中，作为全球话语体系的核心国家之一、世界第二大经济体和最大的发展中国家，中国在高速发展经济、推动社会改革和提高国际地位的进程中需要在儿童青少年的身体活动及其相关支持上做出以下改进：

（一）思想层面

“少年强则中国强。”儿童青少年是民族的希望，实现中国梦和民族复兴目标的基石。拥有健康的体魄则是这些目标的前提。要站在民族兴亡的战略高度对待儿童青少年的身体活动。一是要树立“身体活动关乎个人生存”的宏观社会思想，充分认识并理解身体活动对儿童青少年健康的重要作用；二是要促进政府、社区、家庭等认识到身体活动对儿童青少年全面发展的中观基础作用，形成“让儿童青少年动起来”的积极氛围；三是要培养广大儿童青少年积极参加身体活动的微观个体能动性，鼓励儿童青少年“自主动起来”。

（二）社会层面

要充分调动各类社会资源，参与和支持儿童青少年的身体活动。一是要鼓励各类社会性体育组织开展丰富多彩的以体育为载体的不同活动，为儿童青少年的身体活动参与提供基础的平台。二是要进一步加强儿童青少年居住社区及周边环境的体育资源优化开发，配置便利、充足的体育软硬件设施，如：体育教练、体育指导员、场地器材等，创造良好的社区及周边环境，切实满足儿童青少年的身体活动需求。三是要加大社区体育资源的资金投入，保障体育资源的优化和发展。

（三）学校层面

要切实提高儿童青少年在学校环境下的身体活动水平。一是抓好体育课的质量，在保证实现体育课教学目标的前提下，提高体育课的活动强度和活动量。二是在保证现有课外体育活动，如早操、课间操、体育锻炼活动质量的基础上，积极创造其他身体活动的条件，拓展儿童青少年参与身体活动的机会。三是要进一步优化学校综合环境，保证儿童青少年身体活动参与的制度、设施、师资等力量，为提高儿童青少年的身体活动提供保障。

（四）家庭层面

要在家庭环境中融合“多动少坐”的理念，通过父母或监护人的引导提高儿童青少年的身体活动水平，减少静态行为时间。一是父母或监护人通过自身行为吸引、鼓励或带领儿童青少年主动进行不同类型的身体活动，如做家务、骑车或步行上下学。二是父母或监护人为儿童青少年提供身体活动参与的一些支持，如给予一定经费参加体育俱乐部、购买运动器材等，为参加身体活动提供一些必要条件。三是父母或监护人要适当引导、教育和限制儿童青少年的静态行为时间，如：规定使用电脑、iPad等智能屏幕电子设备的时间，在静坐时间过长时进行提醒，打破这种“不动”的状态，减少静态行为时间。

（五）国际层面

要站在国际比较的高度，全面审视当前我国儿童青少年的身体活动情况，积极吸收国际经验，为提高我国儿童青少年的身体活动水平，减少静态行为提供借鉴。一是要加强国际合作，继续参与AHKC的国际监测项目，通过科学的测量方法评估我国儿童青少年的身体活动状况，观察变化趋势。二是要积极吸取国际上有关儿童青少年身体活动促进的有效方法和策略，通过论证分析这些方法和策略在我国的可行性，进而为提高我国儿童青少年的身体活动水平，优化身体活动的相关支持提供帮助。三是要通过国际科研合作，通过高质量的科学研究为儿童青少年的身体活动干预提供坚实的科学依据。

刘阳、张加林、陈思同、孙建刚、李博